I0277462

PUBLICATIONS

DE

L'ÉCOLE DES LANGUES ORIENTALES VIVANTES

XIX.

陸雲僊歌演

LỤC VÂN TIÊN CA DIỄN

POÈME POPULAIRE ANNAMITE.

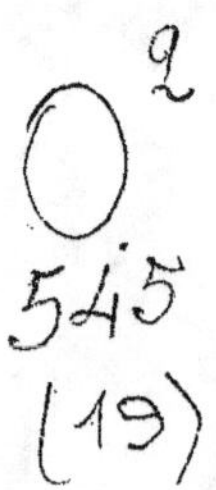

Ouvrages du même auteur :

I. — Discours prononcé à l'ouverture du cours de Cochinchinois à l'École annexe de la Sorbonne. 1869.

II. — Les six intonations chez les Annamites. 1869.

III. — Du système des intonations chinoises et de ses rapports avec celui des intonations annamites. Imprimerie nationale. 1869.

IV. — Huit contes en langue cochinchinoise, suivis d'exercices pratiques sur la conversation et la construction des phrases, par P. Trương vĩnh ký, transcrits en caractères figuratifs par A. E. des Michels. 1869.

V. — Essai sur les affinités de la civilisation chez les Annamites et chez les Chinois. 1869.

VI. — Dialogues cochinchinois, publiés en 1838 sous la direction de Monseigneur Taberd, évêque d'Isauropolis, expliqués littéralement en français, en anglais et en latin avec étude philologique par A. E. des Michels. 1871.

VII. — Chrestomathie cochinchinoise, recueil de textes annamites publiés, traduits pour la première fois, et transcrits en caractères figuratifs. 1872. (Premier fascicule.)

VIII. — Chữ nôm annam. Petit dictionnaire pratique à l'usage du cours d'annamite. 1877.

IX. — 三字經 Tam tự kinh (Sān tszé kīng) ou le Livre des phrases de trois caractères, avec le grand commentaire de Vương tấn thăng. — Texte, transcription annamite et chinoise, explication littérale et traduction complètes *(Publications de l'École des langues orientales vivantes)* 1882.

Prêt a mettre sous presse.

Les Poèmes de l'Annam :

2. — Le Kim Vân Kiều tân truyện, traduit pour la première fois, avec notes, texte en chữ nôm et transcription en quốc ngữ.

En préparation très avancée :

I. — Les Poèmes de l'Annam :

3. Le Đại nam quốc Sử diễn ca.

4. Le Thạch Sanh Lý thông thơ (transcrit en caractères latins pour la première fois).

II. — Les Chuyện đời xưa, contes plaisants annamites.

Ces trois derniers ouvrages sont également traduits pour la première fois.

LES POÈMES DE L'ANNAM

陸雲僊歌演

LỤC VÂN TIÊN

CA DIỄN

TEXTE EN CARACTÈRES FIGURATIFS

TRANSCRIPTION EN CARACTÈRES LATINS ET TRADUCTION

PAR

ABEL DES MICHELS
PROFESSEUR A L'ÉCOLE DES LANGUES ORIENTALES VIVANTES.

PARIS
ERNEST LEROUX, ÉDITEUR
LIBRAIRE DE LA SOCIÉTÉ ASIATIQUE,
DE L'ÉCOLE DES LANGUES ORIENTALES VIVANTES, ETC.
28, RUE BONAPARTE 28,

1883.

INTRODUCTION.

Depuis le 31 août 1858, jour où les vaisseaux de l'amiral Rigault de Genouilly commencèrent, en bombardant les forts de Tourane, la glorieuse campagne qui nous a valu la possession de toute la Basse-Cochinchine, un quart de siècle s'est écoulé déjà.

Ces régions lointaines, qui n'étaient guère connues que par les relations des missionnaires, ont été depuis très étudiées, soit par nos officiers et nos fonctionnaires, soit par les colons qui sont allés s'y établir. On s'est rendu compte de bien des choses; on s'est familiarisé avec les mœurs et les coutumes des habitants; on a examiné la faune, la flore, la météorologie et les conditions climatériques du pays. On connaîtra bientôt, sous ce rapport, l'ancien Nam kỳ aussi parfaitement que l'on connaît les contrées les plus peuplées de notre Europe.

Est-ce à dire cependant que l'on a épuisé tous les objets d'étude, et ne reste-t-il rien d'inconnu? Que sait-on, par exemple, de la littérature nationale? Il faut malheureusement avouer qu'il reste, à ce point de vue, beaucoup à faire; on pourrait même dire presque tout!

Une des principales causes de cette lacune se trouve dans un préjugé singulier qui a régné longtemps, et règne même peut-être encore aujourd'hui; on ne croit pas à l'existence d'une littérature nationale en Cochinchine! La langue annamite, d'après ce que l'on se figure généralement, ne serait autre chose qu'un dialecte du chinois, et la littérature du pays, absente, serait remplacée par celle du Céleste Empire. Nous croyons avoir, dans la préface de notre Chrestomathie cochinchinoise, suffisamment réfuté cette double erreur, et prouvé qu'en dehors même des nombreux ouvrages religieux et philosophiques qui ont été publiés depuis plus de deux cents ans par les missionnaires catholiques ou sous leur inspiration, l'on trouve en Cochinchine une quantité considérable de poèmes et de pièces de théâtre écrits dans la langue vulgaire, laquelle est, quoi qu'on en ait dit, absolument distincte du chinois, auquel elle ne ressemble pas plus que le français ne ressemble au latin. Les poèmes, surtout, présentent un haut intérêt, et l'on en peut citer qui sont de véritables chefs d'œuvre, pleins d'originalité, de force et de grâce.

Nous ne pensons donc pas faire un travail inutile en entreprenant de mettre sous les yeux du public savant, sous la forme d'une collection que nous intitulons : «Les poëmes de l'Annam», la traduction d'un certain nombre de ces œuvres; et nous croyons devoir en commencer la publication par celle de toutes qui est la plus répandue en Cochinchine; nous avons nommé le Lục Vân Tiên, le poëme populaire par excellence du pays. Nous comptons faire suivre cette traduction de celle du Kim Vân Kiều tân truyện que nous avons, dès à présent, complètement terminée, et de plusieurs autres dont on ne trouvera pas, nous l'espérons, la lecture inutile ou trop fastidieuse.

Le Lục Vân Tiên est, croyons-nous, le seul poëme annamite qui ne soit pas absolument inconnu des orientalistes. M. le commandant Aubaret, après la campagne qu'il avait faite en Cochinchine aux premiers temps de la conquête, eut l'heureuse inspiration d'en donner, dans le Journal Asiatique, une traduction fort bien écrite.

Nous n'avons certes pas l'intention de porter un jugement défavorable sur le travail de ce savant officier; cependant il faut bien dire que la traduction de M. le commandant Aubaret, dont, étant données les divergences extraordinaires qui existent entre les différentes éditions du texte, il serait impossible de déterminer l'exactitude, nous semble avoir été faite au point de vue purement littéraire, et ne serait pas d'un secours suffisant pour les orientalistes qui veulent se livrer à une étude approfondie de la poésie cochinchinoise. Il aurait pu en être autrement si, comme nous avons cru devoir le faire, M. Aubaret avait joint à sa traduction un texte accompagné de notes explicatives et philologiques. Les loisirs restreints que lui laissaient ses importantes fonctions militaires ne lui ont probablement pas permis de donner à son œuvre un développement plus scientifique. Nous avons essayé de suppléer à cette lacune; c'est aux lecteurs à juger si nous avons atteint le but que nous nous proposions.

Un fonctionnaire savant et regretté, G. Janneaux, a publié à son tour à Saigon, en 1867, un texte du Lục Vân Tiên transcrit en caractères latins modifiés dits « Quốc ngữ». Ce qu'il y a de meilleur dans cet ouvrage, ce sont les notes, qui sont excellentes et pleines d'intérêt. Si Janneaux, qui était, dit-on, très versé dans la connaissance de la langue annamite eût vécu plus longtemps, il aurait probablement été conduit à compléter et à perfectionner son livre en traduisant le texte qu'il avait publié, et l'ouvrage que nous offrons aujourd'hui au public orientaliste, n'ayant point de raison d'être, n'aurait certainement pas vu le jour. Malheureusement pour les lettres cochinchinoises, la mort est venue enlever trop tôt ce savant administrateur qui semblait être appelé à rendre d'éminents services à la colonie et à son pays.

Pour nous, quand nous nous sommes décidé à entreprendre la publication d'une traduction philologique du Lục Vân Tiên, nous nous sommes trouvé assez embarrassé. S'il se fût agi d'un ouvrage latin, grec ou même chinois, nous n'aurions eu qu'à choisir une bonne édition du texte et à la traduire. Mais lorsqu'il s'agit d'un poëme annamite, où trouver une bonne édition? Au lieu d'un texte du Lục Vân Tiên nous en avions trois; les deux premiers, l'un manuscrit, et l'autre imprimé, étaient écrits en caractères figuratifs ou « Chữ nôm »: le troisième était précisément l'édition en « Quốc ngữ» publiée par Janneaux. Or, dans ces trois textes, il n'y avait peut-être pas, passé la première page, cent vers qui fussent parfaitement semblables! Nos lecteurs, quelque bienveillants qu'ils soient, seraient peut-être tentés de penser que nous leur en imposons, si nous ne leur donnions immédiatement l'explication de cette singularité. Elle tient à l'extrême tendance qu'ont les lettrés de la Cochinchine à altérer les textes des poèmes composés en annamite vulgaire; tendance qui est, croyons-nous, due à deux causes : d'une part l'amour-propre dont ils paraissent posséder une dose respectable; de l'autre la publicité assez restreinte qui est donnée à ces œuvres poétiques et qui tient au défaut absolu de fixité des caractères figuratifs à forme chinoise qui servent à leur impression. Ces caractères, qui sont sujets à des variations individuelles innombrables, présentent fort souvent de telles difficultés à la lecture que les lettrés annamites les plus instruits sont très embarrassés d'en préciser le sens exact[1]. Pour ces deux motifs, et peut-être pour d'autres qui nous échappent, le lettré indigène qui se charge de publier une nouvelle édition se croit en droit de perfectionner et d'augmen-

[1] *La difficulté que présentent les poëmes de la Cochinchine ne réside pas seulement dans les caractères de l'écriture; elle se retrouve encore dans la composition elle-même. Il n'est pas rare, en effet, de voir deux ou plusieurs lettrés différer complètement d'avis sur le sens d'un vers ou d'un passage; et les plus instruits ne peuvent toujours arriver à saisir intégralement le texte de certaines œuvres poétiques. Dans notre pays, toute personne d'une instruction moyenne comprend nos poètes et les lit couramment; mais dans l'Annam il n'en est pas ainsi. Tel poëme demande, pour être compris, un degré ordinaire d'instruction; tel autre, tel que le Kim Vân Kiều tân truyện, par exemple, n'est intelligible que pour les plus savants, et reste, en tout ou en partie, lettre close pour les autres! Cela vient de l'étrangeté et de l'obscurité de métaphores souvent à double entente, de la multitude des citations, de la concision parfois extrême à laquelle se prêtent les langues monosyllabiques à caractères figuratifs, et enfin de la passion du parallélisme, à laquelle trop souvent l'auteur sacrifie la clarté.*

ter pour ainsi dire à sa fantaisie le texte de l'ancienne.

Il nous fallait donc choisir entre les trois textes que nous avions à notre disposition, et nous n'étions pas peu embarrassé. En effet, la transcription de Janneaux est fort infidèle dans les détails; elle semble avoir été faite d'après un manuscrit rédigé de mémoire par un indigène que ses souvenirs auraient assez souvent trahi, ou sur une copie dont l'écriture idéographique trop obscure n'aurait pas toujours pu être déchiffrée exactement. Une quantité considérable de mots y sont mal écrits; certains vers, inexactement transcrits, n'y présentent même aucun sens; d'autres sont incomplets, d'autres manquent. Il y existe enfin d'énormes lacunes, si nous en jugeons par la comparaison que nous en avons faite avec nos deux textes en caractères Chữ nôm. En revanche, l'édition d'après laquelle a été faite cette transcription paraît être celle qui, dans l'ensemble, se rapproche le plus du texte primordial, et, en outre, elle est forcément la plus répandue dans la Basse-Cochinchine, à cause de la grande facilité qu'offre la lecture des caractères Quốc ngữ aux Annamites, déjà nombreux, qui ont appris à les connaître.

D'autre part, le texte imprimé que nous avions entre les mains, contenait, comme c'est l'ordinaire, une foule de signes obscurs et inexacts[1], *tandis que le manuscrit, résultat des corrections faites par un*

[1] *Les orientalistes à qui la langue chinoise est familière ne peuvent cependant comprendre les poèmes annamites écrits en caractères figuratifs vulgaires dits « Chữ nôm » ; mais, à l'inspection de cette écriture, ils sont portés à croire qu'elle est aussi nette et aussi facile à déchiffrer que le chinois. Malheureusement il n'en est rien ! Les caractères offrent la même apparence au premier aspect ; mais pour peu qu'on veuille les étudier de plus près, l'impression change bien vite. En effet, il n'y a rien, surtout en poésie, de moins fixe, de plus arbitraire que cette écriture. Fondée sur l'adaption des clefs et des phonétiques chinoises aux monosyllabes de l'annamite vulgaire d'espèce ou de son analogue, elle varie nécessairement suivant la connaissance individuelle plus ou moins profonde que chaque lettré possède du chinois, et aussi suivant les groupes de l'écriture de cette langue qu'il est individuellement porté à adopter de préférence. Il arrive souvent qu'un poète annamite est capable de composer de fort beaux vers dans son idiome maternel, tandis que son instruction en chinois est renfermée dans des limites très bornées. Dans ce cas il est impossible de se faire une idée des étranges caractères qu'il imaginera pour écrire son œuvre. Tantôt la phonétique employée sera fausse, tantôt ce sera la clef, parfois elles le seront toutes deux. Tel mot, répété deux fois, sera, dans des vers différents et quelquefois dans le même, représenté par deux caractères absolument dissemblables. D'autres fois, à la place de la phonétique qui suffirait, on trouve un caractère complet (c'est-à-dire composé de ses deux éléments) auquel sa clef imprime une signification générique absolument différente de celle que l'auteur avait voulu lui donner. Mais cela n'est rien encore ! Comme il n'existe en Cochinchine pour les caractères Chữ nôm que les imprimeries à l'usage des missionnaires, desquelles il ne sort guère que des ouvrages religieux, les lettrés annamites qui veulent publier un poème en langue vulgaire, ne peuvent les faire éditer qu'en Chine ; aussi ces livres viennent-ils tous, ou à peu près tous, des imprimeries de Canton. L'ouvrage est fait par un ouvrier chinois qui le compose sans y rien comprendre. De là des erreurs de traits, de groupes, de caractères employés à faux ; en somme, un texte tel*

Annamite doué d'une rare expérience de cette sorte de caractères sur un texte, fort mal imprimé aussi, mais extrêmement complet, présentait une grande supériorité à ce point de vue. Les choses étant ainsi, et dans l'impossibilité absolue où nous nous trouvions de nous procurer le texte primordial que Nguyễn Đình Chiểu, l'auteur du poëme, a peut-être été seul à posséder, voici comment nous avons cru devoir procéder pour avoir un texte qui fût à la fois le plus complet et le plus châtié possible.

Nous avions d'abord pris la peine de transcrire nous-même en caractères figuratifs le texte publié par Janneaux, refaisant ainsi, en sens inverse, le même travail que lui. Nous aurions pu nous en contenter et l'annexer à la transcription de cet auteur, de qui l'œuvre pure et simple nous aurait alors servi de base

qu'assez souvent les lettrés de la Cochinchine les plus versés dans la poésie sont arrêtés net dans la lecture par des caractères dont les recherches les plus acharnées ne peuvent leur donner la clef. En tous cas, pour lire de semblables textes on se voit obligé de se livrer à de perpétuelles conjectures, absolument comme nous le faisons lorsque nous avons à déchiffrer une de ces missives telles qu'en écrivent les personnes tout-à-fait illettrées, pour qui l'orthographe est chose inconnue et le tracé des lettres une opération de fantaisie. La lecture d'une pièce de prose écrite en caractères vulgaires offre déjà parfois de grandes difficultés; celle d'un poème annamite, dans lequel, en sus de celles que nous venons de signaler, les expressions sont bien autrement insolites et cherchées qu'elles ne le sont dans nos poésies européennes, devient souvent un véritable casse-tête.

pour la traduction que nous nous proposions de faire. Mais comme, ainsi que nous venons de le dire, notre manuscrit était beaucoup plus étendu, nous chargeâmes le savant lettré Trân Nguon Hanh[1] *de le fondre avec le texte de Janneaux, en transcrivant de nouveau ce dernier, qui se trouvait ainsi complété par l'introduction dans ce travail de plusieurs passages très considérables qui manquent dans le texte en Quôc ngữ et que le manuscrit contient. Une fois en possession d'un texte en Chữ nôm qui pût nous servir de base, nous avons commencé par en établir la*

[1] *M. Trân Nguon Hanh, Huyện de première classe à Saigon, avait été envoyé en France par le gouvernement de la Cochinchine pour être attaché comme répétiteur indigène à la chaire d'annamite que nous occupons à l'École spéciale des langues orientales vivantes. Nous sommes très heureux de reconnaître ici le secours dont nous a été ce lettré pour l'intelligence exacte de certains passages obscurs que l'on rencontre dans le livre dont nous publions aujourd'hui la traduction, de même que dans le Túy kiều, le Dại nam et le Thúc Sanh que nous espérons mettre sous les yeux du public orientaliste dans le plus bref délai possible, eu égard à la lenteur inhérente à la composition et à l'impression des ouvrages de ce genre. Dépourvu des secours que trouvent dans le pays les personnes qui l'habitent, il nous aurait été souvent très difficile d'affirmer le sens précis d'un bon nombre de mots et d'expressions. Les dictionnaires annamites qui ont été publiés jusqu'à présent sont d'une pauvreté véritablement désespérante. Le grand ouvrage de Mgr Taberd ne contient peut-être pas le tiers des mots de la langue, et il est notamment à peu près muet sur l'immense majorité des expressions qui constituent ce que l'on pourrait appeler la langue poétique de l'Annam. C'est aussi le cas du nouveau dictionnaire de la Mission, quoiqu'il semble bien supérieur au précédent, au moins en ce qui concerne les expressions usuelles.*

transcription exacte en caractères Quốc Ngữ, ce qui nous a amené à opérer dans le texte de Janneaux une quantité très considérable de corrections. De plus, outre la restitution des passages qui y manquent, nous avons dû introduire, presque dans chaque vers, des modifications plus ou moins importantes. Nous avons, avant tout, établi une ponctuation rationnelle, et placé entre guillemets les passages que l'auteur met dans la bouche des personnages de son livre. Pour qui sait combien est vague la distinction des interlocuteurs dans les poëmes annamites, ce dernier point aura plus d'importance qu'il ne semble au premier abord. Janneaux avait cru devoir faire le contraire et supprimer toute espèce de ponctuation, afin, disait-il, de mieux exercer les orientalistes à la lecture des poëmes en Chữ nôm, qui, de même que la plupart des ouvrages chinois, ne sont jamais ponctués. Nous respectons cette manière de voir, mais nous ne la partageons pas. Il nous semble que c'est prendre le taureau par les cornes. La traduction d'un poëme annamite est, en elle-même, pour un Européen, une chose d'une difficulté parfois extrême; il n'est donc pas besoin de la compliquer encore prématurément pour l'immense majorité des étudiants, qui ont assez à faire de saisir le sens des phrases, même coupées par les points d'arrêt en usage dans nos langues européennes. Lorsqu'ils seront suffisamment versés dans la poésie annamite et dans l'écriture en Chữ nôm, il sera temps pour eux de s'habituer à lire sans ponctuation. Ils pourront alors s'aider pour cet exercice du texte en caractères figuratifs que nous publions concurremment avec le texte en caractères latins, et dans lequel nous nous sommes, à cette fin, abstenu de répéter la ponctuation que nous avions introduite dans le premier.

Dans l'arrangement de cet ouvrage, nous avons rejeté le texte en Chữ nôm à la fin du livre, de manière à ce qu'il fût possible de relier cette partie séparément, et d'avoir ainsi plus de commodité pour la comparer avec le texte en Quốc ngữ, qui est imprimé en regard de la traduction. Nous avons tenu à faire cette dernière vers par vers, *d'abord parce que ce procédé nous paraît plus scientifique, et ensuite parce qu'il facilitera considérablement aux jeunes orientalistes l'étude du poëme; car ils pourront ainsi se rendre plus nettement compte de la construction et de la signification de chacun des vers cochinchinois. Ils trouveront aussi, nous l'espérons, un secours efficace dans les notes assez nombreuses que nous avons mises au bas des pages. Nous n'avons pas cru qu'il fût utile de reproduire les explications historiques ou mythologiques que comportent les citations contenues dans le Lục Vân Tiên. Janneaux les a données aussi parfaites que possible. Nous n'aurions certainement pas mieux fait que lui, et notre rôle, sur ce point, se serait forcément borné à répéter ce qu'il a déjà dit fort clairement. Nous y renvoyons donc le lecteur qui, à ce point de vue, consultera certainement son livre avec le plus grand fruit. En revanche, nous nous sommes attaché principalement à élucider certains points omis par ce savant et regretté administrateur, et surtout à rendre plus aisé, par des explications sur la construction et l'interprétation littérale des vers les plus difficiles, le travail de ceux qui voudront faire une étude sérieuse du poëme au point de vue de la philologie orientale; ne perdant pas de vue l'objet principal de ce livre, qui doit être de faciliter l'étude de la poésie annamite aux élèves de l'École des langues orientales vivantes, aux philologues et aux orientalistes.*

La clef de la langue et particulièrement de la poésie cochinchinoise se trouve, comme pour le chinois, dans la connaissance et l'application de la règle de position. Comme ce fait paraît avoir été jusqu'à présent ignoré ou passé sous silence par les savants qui se sont occupés de l'étude de l'annamite, nous avons pensé qu'il ne serait point inutile, pour bien le mettre en évidence, d'insister à plusieurs reprises sur ce point dans nos notes explicatives. L'interprétation littérale que nous y donnons des vers difficiles à comprendre est basée sur ces principes. Il en est résulté des suites de mots qui paraîtront nécessairement fort barbares, mais auxquelles on trouvera, nous l'espérons, le mérite de l'exactitude. Nous y avons, du reste, placé entre parenthèses, soit les mots qui, sans avoir leur représentant dans le texte cochinchinois, n'en doivent pas moins être logiquement sous-entendus, soit les doublures dont l'intercalation nous a paru parfois nécessaire pour faire mieux saisir l'explication littérale, lorsque la scrupuleuse exactitude que nous sommes efforcé d'observer nous faisait craindre de n'être pas assez clair.

Comme certains passages qui manquent dans le texte publié par Janneaux sont considérables, et qu'étant amenés dans notre manuscrit d'une manière tout-à-fait différente ils ne peuvent être facilement reliés au reste, nous avons préféré les reporter à la fin du livre sous forme de suppléments. Pour ces passages comme pour le corps du poëme, nous avons donné le texte en caractères, la transcription en lettres latines, la traduction et des notes explicatives.

Le génie de la langue annamite, surtout en poésie, diffère tellement de celui des langues européennes qu'il est parfois absolument impossible de traduire intelligiblement en français les métaphores contenues dans le texte. Si dans ce cas on s'attachait par trop scrupuleusement à la lettre, l'on fabriquerait des phrases tout-à-fait incompréhensibles. Plus souvent encore la structure monosyllabique de l'annamite, les ressources qu'y offre le jeu de la règle de position et du parallélisme amènent une concision telle que ce serait une prétention irréalisable de vouloir l'imiter. En conséquence, nous avons dû nous borner à être le plus exact possible, en nous restreignant toutefois aux formules et aux figures que permet le génie de notre langue. Nous avons cru devoir aussi sacrifier quelquefois la concision à la clarté; mais nous avons toujours donné l'interprétation littérale dans une note explicative, ce qui permettra au lecteur de saisir le sens d'ensemble du vers, en même temps qu'il pourra en étudier la facture originale.

Nous espérons que, sous la forme que nous lui donnons, cette publication d'un certain nombre de poëmes annamites traduits que nous nous proposons d'offrir au public lui permettra d'apprécier le caractère d'une littérature qui peut paraître étrange à notre esprit européen, mais, qui présente, en somme, une grande originalité, et même un attrait réel pour qui commence à être quelque peu familiarisé avec elle. Nous n'abordons pas, sur ce point, le jugement des orientalistes sans une certaine appréhension. Nous espérons cependant qu'ils voudront bien tenir compte de la peine que l'on éprouve à traduire vers par vers ces poésies, qui présentent une difficulté peu commune. Le style est parfois gêné dans cette forme de traduction; mais, comme nous l'avons déjà dit, les étudiants en peuvent ainsi retirer un plus grand profit. Quoi qu'il en soit, nous avons fait de notre mieux. Si, au jugement des lecteurs, le résultat ne répond pas à notre désir, nous espérons au moins avoir acquis par nos efforts quelque droit à leur indulgence.

Château de Jeanval, le 15 septembre 1881.

A. des Michels.

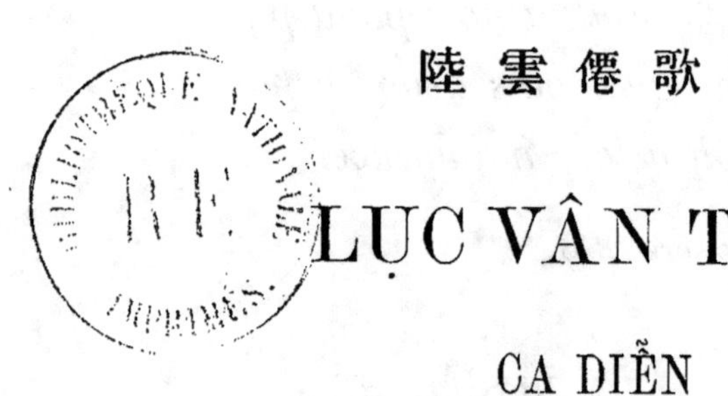

陸雲僊歌演

LỤC VÂN TIÊN

CA DIỄN

POÈME POPULAIRE ANNAMITE

LỤC VÂN TIÊN

Trước đèn xem truyện tây *Minh*,

Gẫm cười hai chữ «*nhơn tình*» éo le!

Hỡi ai! Lẳng lặng mà nghe!

Giữ răn việc trước, lánh dè thân sau!

1) Cette dynastie des *Minh occidentaux* est imaginaire. L'auteur, pour entrer en matière, présente, par une fiction poétique, les aventures de son héros comme un épisode de l'histoire de cette prétendue dynastie, à laquelle le roi *Sở vương,* dont il est parlé à la fin du poème, est supposé appartenir.

La véritable dynastie des *Minh* (ou Ming, d'après la prononciation chinoise,) a régné en Chine de 1368 à 1644 de l'ère chrétienne. Son fondateur *Minh thái tổ* (Mîng t'ái tsòu), fut un grand amateur de livres et combla les lettrés de faveurs. Il aimait à leur demander des conseils, et fit rétablir, dans toute l'étendue de l'empire, les écoles que la dynastie mongole avait laissé tomber. Sous les *Minh*, des bibliothèques furent instituées dans chaque ville, et de nouveaux commentaires des livres classiques, un nouveau code virent le jour. C'est probablement pour cela que l'auteur annamite du *Lục Vân Tiên,* ayant pris pour héros de son poème un illustre lettré, a choisi de préférence le nom d'une dynastie chinoise qui a tant favorisé les lettrés, tout en y ajoutant le mot d'*occidentaux*, pour faire voir qu'il n'y a là qu'une fiction.

Cette explication que je donne des mots *Tây Minh* me paraît fondée sur une hypothèse assez plausible; mais je n'oserais, pourtant, en garantir l'exac-

LỤC VÂN TIÊN

Comme je lisais, à la lumière de ma lampe, l'histoire des *Minh* occidentaux [1],

je me pris, en la méditant, à rire de la versatilité des affections humaines [2].

Ô vous, qui que vous soyiez, faites silence, écoutez!

Tirez du passé ses enseignements, pour éviter les malheurs de l'avenir!

titude; car ces deux mots sont l'objet d'une controverse entre les lettrés annamites eux-mêmes.

D'après M. Trần Nguơn hanh, qui n'ose guère être plus affirmatif que moi, l'auteur aurait voulu désigner par là une des bibliothèques ou cabinets d'étude de *Tô đông pha* (Soū tōng p'ō), fils de *Tô lão tuyền* (Soū lào t'siouĉn) et célèbre lettré du temps des *Tống* (Sóng). On lit dans la vie de ce savant qu'il en possédait deux, appelées l'une *Đông minh* (gravures de l'Orient), et l'autre *Tây minh* (gravures de l'Occident). *Truyện Tây minh* signifierait dans ce cas «une histoire tirée de la bibliothèque de *Tô đông pha,* appelée *Tây minh*».

2) Litt. : «*(En la) méditant — je ris — (de ce que les) deux — caractères : — «des hommes — les affections» — (sont) bizarres (versatiles)*».

Cette manière de s'exprimer est très fréquente chez les poètes annamites. Les lettrés de la Cochinchine, comme ceux de l'Empire du Milieu, professent le plus grand respect pour le texte des livres classiques et canoniques, qui forment la base de leurs études. Aussi, lorsque l'idée qu'ils expriment se trouve renfermée dans ces livres, aiment-ils à la citer intégralement; et comme ces ouvrages sont écrits en caractères chinois ou *chữ*, ils reproduisent directement ces caractères.

Trai thời trung hiếu làm đầu,

Gái thời tiết hạnh là câu trau mình.

Có người ở quận *Đông thành*,

Tu nhơn tích đức, sớm sanh con hiền.

Đặt tên là *Lục vân Tiên*.

Tuổi vừa hai tám, nghề chuyên học hành.

Theo thầy nấu sử xôi kinh;

Tháng ngày bao quản? Sân Trình lao đao.

Văn đà khởi *Phụng* đằng *Dao*;

1) Le mot *quận* signifie littéralement «*le quart du territoire d'un état*».

2) Litt. : «*(En) suivant — (son) maître — il faisait cuire — les annales, — il faisait cuire à la vapeur (sic) — les livres classiques et canoniques*».

3) Litt. : «. . . *(Dans) l'enceinte — des Trình — il se fatiguait l'esprit*».

Les *Trình* étaient deux frères, lettrés célèbres, élèves de *Mạnh tử*, qui vivaient sous la dynastie des *Tống*. Après la mort de leur maître, ils transmirent à la postérité les doctrines de Confucius.

Le premier, *Trình hạo* ou *Trình tử hạo*, était né à *Lạc dương*, ville de la province de *Hà nam*, dans le courant du onzième siècle. Son nom honorifique était *Bá thuần*; mais, après sa mort, on le désigna généralement par son nom posthume de *Minh đạo*, qui signifie littéralement «*éclairé quant à la doctrine*». *Châu hy* et d'autres l'ont accablé d'éloges véritablement extravagants, et on le place, dans la liste des lettrés illustres, immédiatement après *Mạnh tử*. C'était du reste, sans aucun doute, un homme d'une grande érudition.

Trình hy, frére cadet de *Trình hạo* l'égale presque en célébrité. Son nom honorifique est *Chính thục*, et son nom posthume *Y xuyên*. (V. Dr. Legge, *The chinese classics, v. Ier prolegomena.*)

«L'enceinte des *Trình* (l'enceinte où s'illustrèrent les *Trình*)», est une expression poétique qui signifie *une école du degré supérieur*.

«Pour maintenir le niveau des hautes études, dit M. Luro dans son ex-»cellent livre, le gouvernement annamite entretient dans chaque province »un professeur du titre de *Đốc học*, inspecteur des études, mandarin du

Les principales vertus, chez l'homme, doivent être la fidélité, la piété filiale;

la chasteté et la modestie sont la vraie parure de la femme.

Dans le quân [1] de *Đông Thành,* vivait un homme

qui pratiquait assidûment l'humanité et la vertu; il eut de bonne heure un fils doué d'une nature intelligente et sage,

et l'appela *Lục Vân Tiên.*

A peine âgé de seize ans, le jeune homme se livrait assidûment à l'étude.

Sous la direction de son maître, il se donnait tout entier à l'étude des belles lettres [2].

Sans nul souci des jours et des nuits, dans l'enceinte de l'école [3], il travaillait sans relâche.

Pour les lettres, on l'eût comparé à l'oiseau *Phụng,* ou au dragon *Dao* [4] lorsqu'il s'élève dans les airs;

» quatrième degré. Un professeur du titre de *Giáo thơ,* mandarin du sixième » degré, est directeur des études dans chaque département; un autre pro- » fesseur, du titre de *Huấn đạo,* mandarin du septième degré, est revêtu des » mêmes fonctions dans chaque arrondissement.

« Les directeurs de ces écoles de département et d'arrondissement sont » des licenciés ès lettres *(Cử nhơn),* ou des bacheliers *(Tú tài).* La préférence » est toujours donnée aux licenciés; les bacheliers pourvus d'une chaire sont » généralement des fonctionnaires âgés. Les inspecteurs des études de la » province sont toujours pris parmi les docteurs *(Tấn sĩ).* Après l'épreuve » d'un certain temps de professorat, les inspecteurs des études sont ordi- » nairement nommés chefs du service judiciaire en province, et les directeurs » d'école de département ou d'arrondissement sont nommés préfets ou sous- » préfets. En faisant ainsi du professorat la condition et comme l'entrée des » hautes fonctions administratives, l'état stimule le zèle du professeur et » assure le recrutement des chefs de l'administration dans la classe la plus » instruite de la nation.

« Dans chaque commune il y a au moins un maître d'école qui ne dé- » pend point de l'état: il dispense ce que nous appellerons l'instruction » primaire . . . . . (Luro, *Le pays d'Annam*).

4) Litt. : « *(Quant à) la littérature, — il s'était élevé en haut — (comme l'oiseau) Phụng, — et montait en l'air — (comme le dragon) Dao* ».

Le mot *Phụng,* qu'on traduit souvent par « Phénix », désigne un oiseau fabuleux, dont l'apparition constituerait un heureux présage. *Phụng* est le

Võ thêm tam lược lục thao ai bì?
Xãy nghe mở hội khoa thi;
Vân Tiên vào tạ tôn sư, xin về.
«Bấy lâu cửa thánh dựa kề,
«Đã tươi khí tượng, lại xuê tinh thần.
«Nay đà gặp hội long vân;
«Ai ai mà chẳng lập thân buổi nầy?
«Chí lăm bẳn nhạn ven mây,
«Danh tôi đặng rạng, tiếng thầy đồn xa!
«Làm trai trong cõi người ta
«Trước lo báo bổ, sau là hiển vang!»

nom du mâle; la femelle s'appelle *Hoàng*. Le type de cet oiseau, graduellement embelli et exagéré, semble avoir été le faisan *Argus*.

Le *Dao* est une espèce de dragon que l'on suppose habiter dans les buissons et dans les marécages. Il aurait des écailles, mais point de cornes. La description de cet animal, sa taille, sa forme, sont très analogues à celles de l'Iguanodon fossile. Il est possible que ce mot ait désigné, dans l'origine, une grande espèce de salamandre ou *Amblyrinchus*. L'idée populaire exprimée par le nom du *Mã nghĩ dao* (dragon fourmi), lequel se formerait peu à peu dans la terre par la transformation d'une innombrable quantité de ces insectes, rappelle singulièrement les serpents que l'on trouve dans les fourmilières du Brésil, près de Bahia. (V. Wells Williams, *A syllabic dictionary of the chinese language*, art. *făng'* et *chiao*.)

1) Le *Tam lược* et le *Lục thao* sont deux traités célèbres sur l'art militaire. Le premier, dont le nom signifie «les trois degrés d'habileté», est dû à *Khương thái công*, illustre général du roi *Võ vương*. Le second est attribué par les uns au même auteur, par les autres à *Huỳnh công thanh*, général du roi *Cao tổ*.

et, quant à l'art militaire, il n'avait point de rival dans la pratique des trois *Lược* et des six *Thao*[1].

Tout à coup l'on entend publier l'édit qui annonce l'ouverture du concours.

Vân Tiên entre dans l'appartement intérieur; il remercie son vénérable maître, et lui demande la permission de retourner dans sa famille.

« Depuis que j'habite cette sainte retraite[2],

« mon corps », dit-il, « a pris de la vigueur, et mon esprit s'est orné.

« Voici qu'aujourd'hui je vais toucher au but de mes espérances[3]!

« En ce moment, parmi nous, il n'est personne qui ne veuille conquérir » sa place dans le monde[4].

« J'atteindrai l'oiseau *Nhạn*[5] au milieu des nuages,

« afin d'illustrer mon nom, et de porter au loin la renommée de mon » maître!

« Tout homme, alors qu'il est jeune,

« veut d'abord payer à ses parents sa dette de reconnaissance; puis, » ensuite, il cherche la gloire.

2) Litt. : « . . . . . *la porte — sainte — je m'appuie — près de* ». Le mot annamite *cửa*, de même que le mot chinois *môn*, est souvent pris dans le sens d'*école*.

3) Litt : « *Maintenant — j'ai rencontré — (le moment de) la réunion — du dragon — (et) des nuages* ». Les nuages sont réputés être le séjour favori du dragon, qu'ils accompagnent toujours dans les dessins chinois et dans les peintures des pagodes. Le moment où il peut s'y rendre est donc pour lui celui du bonheur, car il peut alors satisfaire le besoin de s'élever qu'il ressent. Comme, de même, les lettrés attendent avec impatience l'époque du concours, on comprend que *Vân Tiên*, s'assimilant au dragon, puisse comparer l'arrivée de cette époque à l'instant fortuné où l'animal fabuleux est libre de s'élever au sein des nues.

4) Litt. : « *établir sa personne* ». Notre expression familière « *se faire une position* » a beaucoup d'analogie avec cette manière de parler.

5) L'oiseau *Nhạn* est une espèce d'oie sauvage, blanche, et de plus petite taille que l'oie commune, laquelle est de couleur brune. Ses migrations annuelles coïncident avec les changements de saison; on l'offrait an-

Tôn sư bàn việc tai nàn:
«Gẫm trong số hệ khoa tràng còn xa!
«Máy Trời chẳng dám nói ra;
«Xui thầy thương tớ, xót xa trong lòng!
«Sau, dầu tỏ nỗi đục trong,
«Phải toan một phép để phòng hộ thân.
«Rày con xuống chốn phong trần;
«Thầy cho hai đạo phù thần đam theo.
«Chẳng may mà gặp lúc nghèo,
«Xuống sông cũng vững, lên đèo cũng an.»
Tôn sư vào chốn hậu đàng;
Vân Tiên ngơ ngững, lòng càng sanh nghi.
«Chẳng hay mình mắc việc chi,
«Tôn sư người dạy khoa kỳ còn xa!
«Hay là bối rối việc nhà,
«Hay là đức bạc, hay là tài sơ?

ciennement à l'Empereur. (Wells Williams, au mot *yén*.) Comme cet oiseau vole très haut, «l'atteindre au milieu des nuages» signifie poétiquement «subir avec succès les épreuves du concours».

1) Litt. : «*Dans la suite, — bien que — (tu doives) éclaircir — les circons-*

Le vénérable maître calcule dans son esprit la portée des malheurs (qu'il prévoit).

« J'ai médité sur ton destin, dit-il; l'époque du concours est, pour toi, » encore éloignée.

« Je n'ose mettre au jour les desseins cachés du Ciel;

« (mais) il me remplit de compassion, et mon cœur souffre pour toi!

« Bien qu'il doive t'être donné plus tard de discerner le vrai du faux[1],

« il me faut trouver quelque moyen de te protéger (contre le mal).

« Maintenant, ô mon fils! tu descends dans l'arène du monde[2];

« je te donne ces deux talismans qui t'assureront le secours des génies. » Porte les sur ta personne.

« Si, par malheur, tu venais à te trouver en des conjonctures péril» leuses,

« en sûreté tu traverseras les fleuves, en paix tu graviras les mon» tagnes!

Le maître retourne dans ses appartements particuliers.

Vân Tiên demeure indécis, sa perplexité s'est accrue encore.

« J'ignore », se dit-il, ce qui entrave (ma carrière),

« et fait dire à mon vénérable maître que l'heure du concours est » encore éloignée pour moi.

« Devrai-je ce retard à quelque embarras de famille,

« à l'insuffisance de ma vertu, à mon incapacité?

tances — du troublé — (et) du limpide ». *Vân Tiên* doit tomber dans un piége, et rencontrer sur son chemin de vrais et de faux amis.

2) Litt. : « *Maintenant — mon fils — descend — (dans le) séjour — du vent — (et) de la poussière* ».

«Bấy lâu ra sức công thơ!
«Hồi nầy chẳng gặp, còn chờ hồi nao?
«Nên hư chẳng biết làm sao;
«Chi bằng hỏi lại lẽ nào cho minh,
«Đặng cho tỏ nỗi sự tình,
«Ngỏ sau ngàn dặm đăng trình mới an?»
Tôn sư ngồi. Hởi! Thở than!
Ngó ra trước án, thấy chàng trở vô.
Hỏi rằng: «Vạn lý trường đồ!
«Sao chưa cất gánh? Trở vô việc gì?
«Hay là con hãy hồ nghi
«Thầy bàn một việc khoa kỳ còn xa?»
Vân Tiên đặt gối thưa qua:
«Tiểu sanh chưa hẳn việc nhà dường nào.
«Thung huyên tuổi hạc đã cao;

1) Les mots *vạn lý trường đồ* sont chinois, et signifient : «*La route est longue de dix mille lý*». Le *Lý*, stade chinois, est une mesure itinéraire de cinq cent soixante-sept mètres ou trois cent soixante pas chinois; mais lorsqu'il constitue une division géographique, il est plus considérable. Il équivaut alors à quatorze cent cinquante-huit pas plus une fraction. Dix de ces *lý* forment une lieue française, et deux cent cinquante équivalent à un degré.

2) Litt. : «Le *Thung* — *(et)* le *Huyên,* — *(quant à leur) âge* — *(d'oiseau)*

«J'ai, depuis si longtemps déjà, dirigé tous mes efforts vers l'étude
» de la littérature!

«Si, cette fois, je ne réussis point, quel concours me faudra-t-il
» attendre?

«J'ignore ce qui m'est favorable; je ne sais ce qui m'est contraire!

«Le mieux est de solliciter de mon maître une explication complète,

«afin d'être entièrement fixé sur cette affaire;

«puis, demain, l'esprit en paix, je commencerai mon long voyage.»

Le vénérable maître était assis; il soupirait!

Regardant du côté de la salle d'étude, il voit revenir le jeune homme.

«Devant toi, lui dit-il, se déroule un long chemin[1];

«pourquoi n'as-tu point encore chargé ton bagage sur tes épaules, et
» quel motif te ramène?

«Peut-être (en ton esprit) subsiste-t-il quelque doute

«sur ce que je t'ai révélé de l'époque du concours aujourd'hui encore
» éloignée pour toi?»

Vân Tiên, s'agenouillant, répond:

«Votre humble disciple est sans nouvelles de sa famille.

«La vieillesse de mes parents est bien avancée déjà[2]!

Hạc, — dès à présent — sont élevés». Ce vers renferme une double métaphore.

Le père, dans les poésies, est souvent comparé au *Thung*, parce que l'arbre de ce nom vit très longtemps. Quant au *Huyên*, c'est une plante de la famille des Liliacées, dont le nom botanique est *Hemerocallis graminea.* On l'appelle communément *Vong hưu thảo,* parce qu'il est réputé faire oublier les chagrins. La mère est désignée poétiquement par le nom de cette plante à cause d'une croyance populaire d'après laquelle les femmes, en la portant

«Xin thầy bày tỏ âm hao cho tường!»
Tôn sư nghe nói thêm thương;
Dắc tay ra chốn tiền đường coi trăng.
Nhơn cơ tự sự phân rằng:
«Việc người chẳng khác việc trăng trên trời!
«Tuỳ là soi khắp nơi nơi,
«Khi mờ, khi tỏ, khi vơi, khi đầy.
«Sau con cũng tỏ lẽ nầy;
«Lựa là trước phải hỏi thầy làm chi?
«Số con hai chữ *«khoa kỳ»*;
«*Khôi Tinh* đã rạng; *Tử vi* thêm lòa!
«Hêm vì Ngựa hãy còn xa!

sur elles, engendrent des enfants mâles. C'est à cause de cela qu'on l'appelle encore *Nghi nam thảo.* (V. Wells Williams, art. *Chũn* et *Huẽn.*)

L'oiseau *Hạc* est une espèce de grue qui habite les côtes de la mer. Comme cet animal est doué d'une très longue existence, on en a fait l'emblème de la longévité. Lorsqu'il a cent soixante ans, on lui donne le nom de *Huyên,* et, parvenu à la deux millième année de son existence fabuleuse, on dit qu'il change de couleur et devient noir.

1) Litt. : *La destinée — de mon fils — est (renfermée dans) les deux — caractères : «de l'examen — le terme».*

2) V. la note de Janneaux, p. 14.

Le maître lit d'avance dans l'avenir la destinée de *Vân Tiên,* qui, après avoir remporté les palmes du concours, doit parvenir aux plus hautes dignités. *Khôi tinh* est le même que *Văn xương đế quân,* le génie de la littérature, que l'on suppose résider dans l'étoile *Dẩu khôi,* laquelle fait partie de la Grande ourse, et est appelée aussi «*Văn xương cung,* le palais de *Văn xương*».

«Ô mon maître! clairement révélez-moi ma destinée!»

A ces paroles, le docteur vénérable sent redoubler sa compassion.

Il prend son élève par la main, le mène au-dehors, et lui montrant l'astre des nuits,

il lui explique en ces termes l'origine des choses et l'ordre des évènements.

«Comme au ciel se conduit la lune, ainsi va-t-il des affaires des » hommes.

«Bien qu'en tous lieux elle répande sa lumière

«aujourd'hui obscurcie, demain claire, tantôt elle décroît, et tantôt »elle est pleine.

«Plus tard, ô mon fils, nettement tu comprendras tout ceci;

«à quoi bon d'avance interroger ton maître?

«De l'époque de l'examen dépend ta destinée entière[1].

«Voilà que *Khôi tinh* s'est levé, puis *Tử vi,* plus brillant encore[2]!

«Mais hélas! le Cheval[3] est encore éloigné!

Ce *Văn xương* est supposé avoir été un lettré dont l'esprit aurait été mis au rang des dieux par l'empereur *Diên hưu* de la dynastie mongole des *Nguyên* (1314 de l'ère chrétienne). Les lettrés lui rendent un culte, et l'on trouve, dans le sud de la Chine, des pagodes à trois étages qui lui sont consacrées. Il est représenté debout sur une seule jambe et tenant un pinceau.

Le groupe d'étoiles désigné sous le nom de *Tử vi* se trouve dans la même région du ciel. On l'appelle aussi «*les astres royaux*». (V. WELLS WILLIAMS, *passim.*)

3) Pour saisir le sens de ce vers et des trois suivants, il faut savoir que, dans l'Annam, les grands concours ont lieu tous les trois ans, aux quatre divisions du cycle duodénaire désignées par les caractères *Tí* (le Rat), *Ngọ* (le Cheval), *Meọ* (le Lièvre) et *Dậu* (le Coq).

Les examens auxquels *Vân Tiên* se proposait de se présenter avaient lieu en l'année *Meọ;* mais son maître lui fait comprendre que ce n'est ni

«Thỏ vừa lố bóng; gà đà Gáy tan!
«Bao giờ cho tới bắc phang,
«Gặp chuột ra đàng, con mới nên danh.
«Sau, dầu đặng chữ «*hiển vinh*»,
«Mấy lời thầy dạy tiền trình chẳng sai.
«Trong cơ bỉ cực thới lai,
«Giữ mình cho vẹn, việc ai chớ sờn!»
Vân Tiên vôi vả tạ ơn;
Trăm năm xin gắng keo sơn như lời!
Ra đi vừa rạng chơn trời;
Ngùi ngùi ngó lại, nhớ nơi học đường!
Tiên rằng: «Thiên các nhứt phương!

dans cette année là, ni même dans l'année *Dậu* qu'il peut espérer être reçu. «L'année *Meọ* vient d'arriver», lui dit-il, «et l'année *Ngọ* est encore éloignée; »quant à l'année *Dậu* qui doit venir ensuite, elle arrivera à son tour; mais »c'est seulement en l'année *Tí*, placée au Nord du 八卦(北方壬子), »que tu pourras subir les épreuves. Ce sera alors l'année du *Rat.*» C'est pour cela qu'il lui annonce qu'il rencontrera cet animal sur sa route, et cela, dans la *région du Nord;* ce qui veut dire que le caractère cyclique *Tí* se trouvera associé au caractère *Nhâm* pour former la désignation complète de cette année, considérée d'ailleurs comme étant située alors au nord du *Bát quái (Bắc phương Nhâm Tí).* On sait en effet que, d'après les combinaisons du *Diệc kinh*, elle doit successivement correspondre à chacun des points cardinaux, puis au centre. Ce sera donc au juste pendant l'année *Nhâm Tí* du cycle sexagénaire courant, laquelle réunit les conditions voulues, que *Lục Vân Tiên* subira avec succès les épreuves du concours.

1) De même que le coq annonce par son chant la fin des veilles de la

« Le Lièvre à peine est sorti de l'ombre, le Coq a chanté la venue du » jour[1].

« Quand, arrivé dans la région du Nord,

« tu rencontreras un rat sur ta route, tu pourras alors acquérir de la » gloire.

« Si, plus tard, ton nom devient illustre,

« tu comprendras la vérité de ce que te dit ton maître au sujet de » ton élévation future.

« Quand les malheurs sont finis, le bonheur vient.

« Conserve ton cœur pur, et ne t'inquiète point des affaires d'autrui. »

Vân Tiên s'empresse de remercier son maître.

Toujours il suivra ces avis, qui, jusqu'au dernier mot, resteront gravés dans son cœur[2].

Il part dès que les premières lueurs du jour se montrent à l'horizon[3].

Tristement il regarde en arrière, il regrette le séjour de l'école.

« Une longue distance, dit-il, va nous séparer l'un de l'autre[4].

nuit *(tan)* de même l'année *Dậu*, qui est symbolisée par cet animal, annoncera la fin des épreuves de *Vân Tiên* et la venue de l'époque de sa gloire; c'est-à-dire de l'année du prochain concours, l'année *Tí*, ou du *Rat*, qu'elle précède.

2) Litt. : « *(Pendant) cent — années (toute sa vie) — il demande à — faire ses efforts pour — coller (dans son cœur) — (en guise de) laque — (exactement) comme — (ont été proférées) — les paroles (de son maître)* ».

3) Litt. : « *Il part — juste au moment où — commence à s'éclairer — le pied — du ciel* ». Par le *pied* (ou le support) du ciel, on désigne poétiquement l'horizon, qui semble en effet le point où la voûte du firmament repose sur la terre.

4) Cette expression chinoise signifie littéralement : « *Quant au ciel, chacun sera sous une région (particulière) — chacun habitera son ciel propre* ». Nous usons, en français, d'une manière de parler presque identique, lorsque nous disons : « habiter sous d'autres cieux ».

«Thầy đeo đoạn thẳm, tớ vương mối sầu!
«Quan bảo thân trẻ dãi dầu?
«Mang đai *Tử lộ*, quảy bầu *Nhan Huyên!*
«Bây giờ ngư thủy gặp duyên;
«Rạng danh con thảo, phỉ nguyền tôi ngay!»

. . . .

Kể từ tách dặm đến nay,
Mỏi mê tính đã mấy ngày xông sương!
Đoái nhìn phong kiểng, thêm thương;
Bơ vơ dặm củ, nẻo đường còn xa!
Chi bằng vào chốn lân gia,

1) Litt. : «*Le maître — porte au cou — (un des) bouts (du lien) — de tristesse, — l'élève — est pris dans — (l'autre) bout (du lien) — de chagrin*». «*Thảm sầu*» signifie «une profonde tristesse». On regarde comme très élégant dans le style élevé, et surtout en poésie, de diviser certaines expressions doubles, et d'attribuer chacun des termes qui les composent à deux propositions corrélatives et parallèles différentes, qui dans un langage moins recherché, admettraient chacune le terme bisyllabique dans son entier.

2) *Tử lộ* et *Nhan huyên* étaient deux disciples marquants de Confucius, dont le *Mạnh tử* et le *Luân ngử* parlent en maints endroits. *Nhan huyên* était le plus distingué parmi ses trois mille compagnons. Il vivait en paix, et, quoique fort pauvre, il se montrait satisfait de son sort. Habitant, dans la campagne, une pauvre cabane, dans un dénuement tel qu'il devait «*pour boisson, se contenter d'eau fraîche et se faire de son bras un oreiller*», il ne perdit jamais courage et n'abandonna point l'étude, à laquelle il se livrait avec assiduité. Malheureusement une mort prématurée vint, à l'âge de trente et un ans, l'enlever à sa tâche inachevée. Un des vers du présent poème fait, plus loin, allusion à son triste sort.

Quant à *Tử lộ*, il suivit fidèlement son maître dans ses pérégrinations

« Le chagrin vous accable, ô maître! votre élève est bien triste aussi[1]!

« Peu m'importent les fatigues du chemin qui vont briser mes jeunes » membres!

« Je porte les bagages de *Tử lộ;* à mon bâton j'ai suspendu la gourde » de Nhan Huyên[2].

« Aussi heureux aujourd'hui que le poisson au sein de l'onde,

« je vais faire briller ma piété filiale; mes aspirations de fidèle sujet » vont être satisfaites!

. . . .

Depuis que *Vân Tiên* s'est mis en route,

la lassitude a presque brisé son corps; car, depuis bien des jours déjà, il endure les fatigues du chemin[3]!

Il considère les sites (qui s'offrent à sa vue), et sa tristesse augmente encore.

Le voilà seul, dépaysé! bien loin derrière lui sont les lieux qu'il quitta; bien loin, devant lui, le but qu'il veut atteindre[4]!

Ce qu'il a de mieux à faire[5], c'est de chercher quelque lieu habité,

à travers les états de *Tống, Vệ, Trần* et *Khuông;* et quelques fussent les persécutions que le sage avait à subir, il ne l'abandonnait jamais.

3) Litt. : « . . . . . . *(pendant) combien de — jours — il a pénétré (marché dans) — la rosée!* »

4) Ce vers est d'une concision extrême. Il signifie littéralement : « *(Il est) dépaysé — (quant aux) dặm — anciens (son pays); — (quant aux) chemins (qu'il doit parcourir pour arriver au lieu du concours), — (il est) encore — loin* ».

5) Litt. : « *Quoi — (est) comme — entrer dans — (un) lieu — de voisinage?* » cette expression « chi bằng » a la plus grande analogie avec l'expression chinoise « poŭ joŭ, *rien n'est comme* », dans le sens de « *il vaut mieux* ». L'influence chinoise a été si grande dans le développement de la nationalité annamite, qu'elle se fait sentir même dans la tournure des idées. Lorsqu'on étudie la structure grammaticale de la langue, on en retrouve fréquemment la trace, même dans les expressions composées exclusivement de mots appartenant à l'ancien idiôme du pays. (Voir, pour l'influence que joue l'élément chinois dans la composition actuelle de la langue annamite, la préface du 1er fascicule de ma *Chrestomathie cochinchinoise.*)

Trước là tìm bạn, sau là nghĩ chơn?
Việc chi la khóc tưng bừng,
Đều đam nhau chạy, vào rừng, lên non?
Tiên rằng: «Bớ chú cõng con!
«Việc chi nên nỗi bon bon chạy hoài?
Dân rằng: «Tiểu tử là ai?
«Hay là một lũ *Sơn Đài* theo tao?
Tiên rằng: «Có sự làm sao?
«Hãy dừng gót lại mà trao một lời!»
Dân nghe tiếng nói khoan thai,
Kêu nhau đứng lại, vài lời phân qua:
«Nhơn rày có đảng lu la;
«Tên là *Đỗ Dự*, hiệu là *Phong Lai*.
«Nhóm nhau ở chốn *Sơn Đài*;
«Người đều sợ nó có tài khôn đương.
«Bây giờ xuống cướp thôn hương,
«Thấy con gái tốt qua đường, bắt đi.
«Xóm làng chẳng dám nói chi;

pour y trouver un compagnon, et reposer ses membres (fatigués).

Mais que signifient ces pleurs, ces lamentations bruyantes?

Pourquoi court-on vers la forêt? Pourquoi gravit-on la montagne?

« Amis qui, sur vos épaules, emportez ainsi vos enfants,

« Pourquoi, dit-il, vous enfuyez-vous, courant ainsi sans vous arrêter? »

« Quel est ce jeune homme? » dit la foule;

« est-ce encore un de ces *Sơn Đài* qui sont à notre poursuite? »

Tiên reprend : « Que se passe-t-il donc?

« Arrêtez-vous un moment! Échangeons quelques mots (ensemble)! »

A ces paroles prononcées d'une voix calme et douce,

les fuyards s'appellent entre eux; ils s'arrêtent, ils expliquent tout.

« C'est qu'il y a là, disent-ils, une bande de brigands;

« le chef se nomme *Đỗ Dự*, et son surnom est *Phong lai*.

« La montagne de *Sơn Đài* est le lieu de leur repaire;

« Tout le monde les redoute, et nul ne peut leur résister.

« En ce moment, descendus (de la montagne), ils dévastaient nos
» demeures.

« Ayant, sur le chemin, aperçu deux belles jeunes filles, ils s'en sont
» emparés,

« sans que, dans le village, on ait osé dire un mot.

«Cám thương hai gả nữ nhi mắc nàn!
«Con ai vóc ngọc, mình vàng,
«Má đào, mày liễu, dung nhan, lạnh lùng?
«E khi mắc đảng hành hung!
«Uổng trang thục nữ sánh cùng thất phu!
«Thôi thôi!» Chẳng dám nói lâu!
«Chạy đi cho khỏi, kẻo âu tới mình!»
Vân Tiên nổi giận lôi đình;
Hỏi thăm lũ nó còn đình nơi nào.
«Tôi xin ra sức anh hào,
«Cứu người cho khỏi lao đao buổi nầy!»
Dân rằng: «Lũ nó còn đây;
«Qua xem tướng bậu thơ ngây; đã đành!
«E khi họa hổ bất thành,
«Khi không mình lại chôn mình xuống hang!»

1) Litt. : «*Aux joues — de pêche, — aux sourcils — de saule, — belle — (et) froide?*»

Đào qui est un mot chinois, signifie proprement «pêche»; mais, en Cochinchine, cette dénomination se rapporte plus spécialement à la pomme d'acajou, et même, dans le style poétique, à tous les arbustes d'agrément qui se couvrent de fleurs gracieuses. Les sourcils d'une jolie femme sont fréquemment comparés à la feuille du saule, à cause de sa forme allongée, souvent un peu courbée, et délicatement terminée en pointe.

« Nous sommes émus de compassion en pensant à ces deux infor-» tunées !

« A qui appartient cette enfant, dont la personne est pleine de charmes,

« les joues rosées, les sourcils bien fournis, et la beauté ravissante[1] ?

« Nous craignons qu'il ne lui faille essuyer les outrages de ces bandits !

« C'est grand dommage de voir une jeune fille distinguée associée à » des misérables !

« Mais c'est assez ! nous n'osons prolonger cet entretien !

« Fuyons, de peur de tomber nous mêmes entre les mains (de ces » brigands) ! »

Vân Tiên sent gronder dans sa poitrine une colère terrible[2].

Il s'informe du lieu où campe actuellement la bande.

« Je veux, dit-il, déployer la force d'un héros

« pour soustraire cette jeune fille à l'infortune qui l'accable ! »

« Cette bande, dit la foule, est encore près d'ici ;

« mais nous voyons à ton visage que tu n'es qu'un faible enfant.

« Tu vas échouer, nous le craignons, dans ton entreprise insensée[3],

« et, sans résultat, t'ensevelir toi-même dans la caverne (du tigre). »

2) Litt. : « *Vân Tiên — s'éleva — (quant au fait de) se mettre en colère — (à la façon du) tonnerre — (qui) gronde* ». Cette tournure « *s'éleva quant à la colère* », pour « *la colère s'éleva dans son cœur* » est à noter comme assez fréquente, surtout dans les vers, où bien des expressions analogues seraient absolument incompréhensibles si on perdait de vue ce procédé de traduction.

3) Litt. : « *Nous craignons que — quand — tu peindras — le tigre, — ne pas — tu réussisses* ». « Faire le portrait d'un tigre » est chose plus que

Vân Tiên ghé lại bên đàng,
Bẻ cây làm gậy, nhắm làng xông vô.
Kêu rằng: «Bớ đảng hung đồ!
«Chớ quen làm thói mồ hồ hại dân!»
Phong Lai mặt đỏ phừng phừng;
«Thằng nào lại dám lẫy lừng vào đây?
«Trước gây việc dữ tại mầy!»
Truyền quân bốn phiá phủ vây bịt bùng.
Vân Tiên tả đụt hữu xông,
Khác nào *Triệu Tử* mở vòng *Dương Dang*.
Lu la bốn phiá vỡ tan,
Đều quăng gươm giáo, nhắm đàng chạy ngay.
Phong Lai chẳng kịp trở tay;
Bị *Tiên* một gậy, thác rày, thân vong.
Dẹp rồi lũ kiến chòm ong:
«Hỏi ai than khóc ở trong xe nầy?»
Thưa rằng: «Tôi thiệt người ngay!

périlleuse; d'où l'emploi de cette métaphore pour désigner l'action de se lancer étourdiment dans une entreprise insensée.

Vân Tiên s'approche du bord de la route;

il brise un arbre, s'en fait un bâton, et avisant le village, il s'y précipite en courant.

«Troupe cruelle! s'écrie-t-il,

«Gardez-vous de vous mettre à troubler le peuple, et à lui causer »du dommage!»

Le sang monte au visage de *Phong Lai.*

«Quel est, dit-il, ce jeune audacieux qui vient ici rôder parmi nous?

«Le malheur qui va t'arriver, c'est bien toi qui l'auras cherché!»

(Puis) il ordonne à sa troupe d'enserrer le jeune homme dans une enceinte infranchissable.

A droite, à gauche, *Vân Tiên* fond sur (ses adversaires).

Tel était *Triệu Tử* forçant le cercle de ses ennemis au pays de *Dương Đang.*

De même celui des brigands se trouve rompu de toutes parts.

Qui jette sa lance, qui son sabre; tous cherchent une issue, et s'enfuient droit devant eux.

Phong Lai, en un clin d'œil,

atteint par le bâton de *Tiên,* passe de la vie au trépas.

Ce dernier, ayant réprimé cette troupe malfaisante [1]

s'écrie : «Qui donc gémit et pleure au fond de ce char?»

«Nous sommes, répond une voix, des personnes honorables

1) Litt. : « *Après avoir réprimé — l'amas — de fourmis, — l'essaim — d'abeilles* ». — *Chòm ong xóm kiến* est une expression courante qui signifie *s'attrouper, se réunir* (dans une intention malfaisante).

«Sa cơ, nên mới lâm tay hung đồ.
«Trong xe chật hẹp, khó phô;
«Cúi đầu trăm lạy; cứu cô tôi cùng!»
Vân Tiên nghe nói động lòng;
Đáp rằng: «Ta đã trừ dòng lu la;
«Khoan khoan ngồi đó! Chớ ra!
«Nàng là phận gái, ta là phận trai.
«Tiểu thơ con gái nhà ai?
«Đi đâu, nên nỗi mang tai bất kỳ?
«Chẳng hay tên họ là chi;

1) Litt. : «*J'incline — la tête, — (et) cent (fois) — je fais le Lạy; — sauvez — la demoiselle — de moi — avec!*»

Le *Lạy*, à peu près semblable à ce que les Chinois appellent *Kŏ t'côu*, est une cérémonie qui consiste à se prosterner devant une personne à qui l'on veut témoigner un respect profond et exceptionnel. Les hommes et les femmes y procèdent d'une manière un peu différente. Les premiers commencent par joindre les mains en inclinant légèrement la tête; puis, se laissant tomber sur les deux genoux, ils s'inclinent d'un seul mouvement jusqu'à toucher la terre du front et des coudes. Les femmes, au lieu de se mettre à genoux, s'asseyent sur leurs jambes croisées et repliées d'un côté du corps; puis elles s'inclinent profondément, les mains jointes.

Les Annamites font généralement le *Lạy* devant les personnes envers lesquelles ils sont tenus à un profond respect; ainsi les gens du peuple le font devant les mandarins, les enfants devant leurs parents, la femme devant son mari, etc. Un Annamite le fait même devant son égal lorsqu'il veut le supplier de lui rendre un service signalé, l'en remercier, et même simplement imprimer un caractère de solennité à une recommandation ou à une promesse importante qu'il lui fait.

C'est ainsi que, dans le *Túy Kiêu,* l'on voit l'héroïne du poème, sur le point de quitter les siens, faire précéder de cette cérémonie les recommandations qu'elle va faire à sa sœur cadette.

« que leur mauvaise fortune a jetées dans les mains de ces brigands.

« Mais, à l'étroit dans ce char, il nous est difficile de nous expliquer.

« Humblement[1] je vous en supplie, venez en aide à ma maîtresse ! »

A ces mots *Vân Tiên* sent son cœur s'émouvoir.

« J'ai dispersé, répond-t-il, (cette) troupe de brigands.

« Restez tranquillement assise où vous êtes ; gardez-vous bien de » sortir !

« Car vous êtes une femme, et moi je suis un homme.

« A quelle maison appartenez-vous, mademoiselle ?

« Où alliez-vous ainsi, vous exposant au malheur qui, tout à coup, a » fondu sur vous ?

« J'ignore votre petit nom et votre nom de famille.

« Cậy em, em có chịu lời,
« Ngồi lên cho chị ; *lạy rồi* sẽ thưa !
« O ma sœur, j'ai recours à toi ! Accéderas-tu à ma demande ?
« Assieds-toi ; *laisse-moi me prosterner à tes pieds ; après cela* je parlerai ! »
(*Kim Vân Kiều truyện,* vers 729 et 730.)

On se contente, du reste, fort souvent (et c'est ici le cas) de prononcer le nom de cette cérémonie, sans l'effectuer en réalité. C'est alors une simple formule de politesse très respectueuse analogue à celle dont nous usons dans notre langue, lorsque nous disons à une personne qui a droit à un grand respect de notre part : « Je suis votre très humble serviteur ».

Le mot *cùng,* qui signifie proprement *avec,* se met très souvent à la fin d'une phrase qui renferme la demande d'un service. Il s'emploie à peu près comme *giùm,* mais généralement dans des cas où il s'agit d'une chose importante, et dans un langage plus élevé. En outre, le mot *giùm,* qui est un verbe auxiliaire dont le sens propre est *secourir,* ne s'emploie guère que dans la conversation.

Il est, du reste, assez difficile de traduire littéralement ce mot *cùng,* lorsqu'il est employé ainsi. Il renferme une idée d'adjonction, de coopération. Pour lui conserver ici sa signification véritable, qui est « *avec* », il faudrait traduire les mots *cứu cô tôi cùng* ainsi : « Sauvez ma demoiselle en mettant votre secours *avec* mon désir (en *coopérant* à mon désir) ».

«Quê môn phận gái việc gì tới đây?
«Trước sau chưa hẳn dạ nầy;
«Hai nàng ai tớ ai thầy? Nói ra!»
Thưa rằng: «Tôi *Kiều Nguyệt Nga;*
«Nầy con tỉ tắc tên là *Kim Liên.*
«Quê nhà ở quận *Tây Xuyên;*
«Cha làm tri phủ; ngồi miền *Hà Khê;*
«Sai quân đam bức thơ về,
«Rước tôi qua đó định bề nghi gia.
«Làm con nào dám cải cha?
«Ví dầu ngàn dặm đường xa, cũng đành!
«Chẳng qua là sự bất thành!
«Hay vậy, cũng chẳng thượng trình! Làm chi?
«Lâm nguy, bất gặp giải nguy;
«Tiếc trăm năm cũng bỏ đi một hồi!
«Trước xe quân tử tạm ngồi,

1) Le *dặm* est une mesure itinéraire qui n'a rien de très fixe. On peut dire cependant qu'elle équivaut à peu près au cinquième de notre ancienne lieue de 4,444 mètres.

2) Litt. : «*Je regrette — (l'affaire de) cent — ans, — (qui) tout aussi bien — a été abandonnée — (en) un moment!*»

«Que viennent faire en ce lieu, des personnes de votre sexe?

«Tout cela, je l'ignore encore.

«Laquelle de vous est la servante, et laquelle est la maîtresse?
»(Veuillez) me le faire savoir.»
«Je suis *Kiều Nguyệt Nga,* répond (l'une des deux jeunes filles).

«Celle-ci est ma suivante; elle se nomme *Kim Liên.*

«Le *quận* de *Tây Xuyên* est mon pays,

«et mon père est préfet du territoire de *Hà Khê.*

«Il m'a envoyé, par des satellites, une lettre dans laquelle il m'ordonne
» de revenir.
«Ils me conduiront à *Hà Khê* où l'on doit traiter de mon mariage.

«Une fille pouvait-elle résister au désir de son père?

«Eussé-je été à mille dặm [1] que j'aurais obéi de même!

«A présent, l'affaire est manquée!

«Si j'avais pu le prévoir, je ne me fusse point mise en route.

«Tombée dans le péril, je n'avais aucun moyen d'en sortir.

«Hélas! en un instant je voyais s'évanouir ce projet de mariage[2]!

«Veuillez, ami[3], vous asseoir quelques moments devant mon char,

L'expression *trăm năm, «cent ans»* est prise ici au figuré pour exprimer *une très longue durée, toute la vie.* L'affaire de toute la vie, c'est le mariage; car en général, on ne se marie qu'une fois dans le courant de son existence.

3) Le mot *quân tử* qui a, selon les cas, des significations différentes (v. les notes de ma traduction du *Tam tự kinh),* est ici une appellation senti-

«Ngỏ cho tiện thiếp lạy rồi sẽ phân.
«*Hà Khê* qua đó cũng gần;
«Xin theo cùng thiếp, đền ơn cho chàng.
«Gặp đây đương lúc giữa đàng,
«Của tiền chẳng có, bạc vàng cũng không!
«Tưởng câu «*báo đức thù công*»;
«Lấy chi cho phỉ tấm lòng cùng ngươi?»
Vân Tiên nghe nói mỉn cười:
«Làm ơn, há để trông người trả ơn?
«Nay đà rõ đặng nguồn cơn;
«Nào ai tính thiệt so hơn? Làm gì?
«Có câu «*Kiến ngãi bất vi*»;
«Làm người dường ấy cũng phi anh hùng!
«Đó đà biết chữ «*thỉ chung*»;
«Lựa là đây phải theo cùng? Làm chi?»
Nguyệt Nga biết ý chẳng đi;

mentale dont usent les jeunes filles en parlant à un jeune homme pour qui elles ressentent une inclination.

1) Litt. : «*Je pense à — (cette) phrase (des livres) : «— Payer de retour — le bienfait, — récompenser — le service*».

« afin que votre humble servante puisse vous présenter ses hommages, » et dire ensuite sa pensée.

« *Hà Khê* n'est pas loin de ces lieux ;

« venez y avec moi, et je saurai reconnaître le service (que vous » m'avez rendu).

« Nous nous sommes rencontrés au milieu d'un voyage,

« et je n'ai rien ici, ni objets, ni argent, ni or !

« Je voudrais bien (cependant), reconnaître votre bienfait[1] ;

« mais comment vous témoigner ma gratitude autant que le voudrait » mon cœur[2] ? »

Ces paroles amènent aussitôt le sourire sur les lèvres de *Vân Tiên.*

« Quand on est utile à quelqu'un, dit-il, est-ce en vue d'une récom- » pense ?

« Maintenant avec clarté je saisis (vos intentions) ;

« mais pèse-t-on la valeur (d'un service qu'on a rendu) ?

« Je me souviens de ces mots : Voir le bien, et ne pas le faire »[3] ;

« quiconque agit ainsi n'est pas un homme courageux !

« Vous savez à présent à quoi vous en tenir sur ce point.

« Qu'est-il donc besoin que je vous accompagne ? »

Nguyệt Nga comprend que *(Tiên)* est résolu à ne pas la suivre ;

2) Litt. : « *Prendre — (quoi) — pour — remplir — (mon) cœur — avec (en ce qui concerne) vous ?* »

3) Ces mots sont tirés du Luận ngữ (liv. 2, § 24). « Voir le bien » (dit le maître) « et ne point le pratiquer, c'est manquer de courage ». (見義不爲、無勇也 « Kiến ngãi bất vi, vô dõng dã ».)

Hỏi qua tên họ một khi cho tường.
Thưa rằng: «Tiện thiếp đi đường;
«Chẳng hay quân tử quê hương nơi nào!»
Xảy nghe lời nói thanh thao,
Vân Tiên há nở lòng nào phui pha?
«*Đông Thành* vốn thiệt quê ta;
«Họ là *Lục thị*, tên là *Vân Tiên.*»
Nguyệt Nga vốn đứng thuyền quyên;
Tai nghe lời nói, tay liền rút trâm.
Thưa rằng: «Nay gặp tri âm!
«Xin dâng một vật để cầm làm tin.»

1) Les deux mots chinois *tri âm* forment ici un substantif composé dont le sens littéral est : «*(une personne qui) connaît les sons*». Voici quelle est l'origine de cette expression, et la raison pour laquelle elle a été adoptée pour exprimer la nuance d'idée par laquelle j'ai cru devoir la traduire :

D'après une légende chinoise, *Bá nha,* ministre du roi de *Sở,* jouait avec un talent merveilleux l'instrument appelé *Ngũ huyền cầm,* espèce de guitare à cinq cordes, dont peu de gens, à cette époque, étaient capables de distinguer les sons. Il fut envoyé, en qualité d'ambassadeur, près du roi de *Tấn,* dans l'état duquel vivait un bûcheron nommé *Tử kỳ.*

Comme *Bá nha,* sa mission accomplie, s'en revenait dans son pays, il fut contraint par un orage de faire halte pendant la nuit, et dut amarrer sa barque au bord du fleuve. Se croyant seul dans ces parages, il se mit à jouer de son instrument pour tromper les heures de l'attente; mais le bûcheron *Tử kỳ,* qui revenait de la forêt, s'arrêta près de là pour écouter. Tout à coup, l'une des cordes du *cầm* se rompit, et *Bá nha* sut que quelqu'un l'avait entendu jouer; car son instrument était doué d'une vertu surnaturelle, et toute altération dans les sons qu'il rendait annonçait quelque chose d'inusité; à plus forte raison devait-il en être ainsi de la rupture d'une

elle prie le jeune homme de lui apprendre son petit nom et son nom de famille, afin de le reconnaître (plus tard).

« Je vais me mettre en chemin », lui dit-elle,

« et je ne sais, ami, quelle est votre pays! »

A ces mots, dits d'une voix pure et mélodieuse,

comment *Vân Tiên* resterait-il insensible? Quel cœur pourrait y résister?

« *Đông Thành* est mon pays, dit-il,

« mon nom est *Lục*, mon petit nom *Vân Tiên*. »

Nguyệt Nga est une jeune fille au caractère noble et élevé.

Elle n'a pas plutôt entendu ces paroles que, de sa chevelure, sa main arrache une épingle.

« Maintenant, dit-elle, mon cœur a rencontré un cœur qui le comprend[1].

« Permettez-moi de vous offrir cet objet, que vous garderez comme » un gage de ma foi. »

corde. *Bá nha* chercha donc la personne dont l'intervention avait causé cet accident. Il finit par découvrir *Tử kỳ*, l'amena dans son bateau, et lui demanda s'il comprenait le morceau qu'il venait d'entendre jouer. Non seulement le bûcheron fit voir qu'il était capable d'en discerner les sons, mais encore il interpréta la signification du morceau lui-même. *Bá nha*, transporté de joie, ressentit aussitôt une vive affection pour *Tử kỳ*, et lui promit qu'il reviendrait, l'année suivante, lui faire visite à la même date et dans le même endroit.

Au temps fixé, *Bá nha* fut fidèle au rendez-vous; mais il n'y trouva que le père de *Tử kỳ*. Le vieillard, tout en pleurs, lui apprit que son fils était mort quelques jours après leur rencontre. *Bá nha* se fit conduire à la tombe de son ami, y offrit un sacrifice, et se prosterna plusieurs fois. Puis, versant d'abondantes larmes, la voix entrecoupée par des sanglots, il brisa son instrument, en disant que désormais il lui était inutile, puisque, le seul homme qui en comprit les sons (en chinois *tri âm*) n'étant plus, personne désormais n'en pourrait saisir la mélodie.

C'est depuis ce temps que les deux mots chinois dont il s'agit ont signifié *un ami de cœur*.

Vân Tiên ngơ mặt chẳng nhìn;
Nguyệt Nga liếc thấy, càng thìn nết na.
«Vật chi một chút gọi là!
«Thiếp phân chưa dứt, chàng đà làm ngơ!
«Của nầy dầu của vất vơ,
«Lòng chê cũng phải; mặt ngơ sao đành?»
Vân Tiên khó nỗi làm thinh;
Chữ «*ân*» đã buộc; chữ «*tình*» xe dây!
Than rằng: «Đó khéo trêu đây!
«Ơn kia là mấy? Của nầy rất sang!
«Gặp nhau đang lúc giữa đàng,
«Một lời cũng phải, ngàn vàng cũng phai!
«Nhớ câu «*trọng nghĩa khinh tài*»;
«Nào ai chịu lấy của ai? Làm gì?»
Thưa rằng : «Chút phận nữ nhi

1) Litt. : «*Le caractère — bienfait — l'a déjà lié; — le caractère — affection — tord — le lien.*» — La torsion d'un lien préalablement fixé à ses deux extrémités a pour effet de le rendre plus solide, et aussi d'en rapprocher les deux points d'attache l'un de l'autre.

2) Litt. : «*Est-ce que — quelqu'un — (pourrait) accepter — (quelque) chose de — quelqu'un? — Pour — faire — quoi?*

Lorsque les Annamites parlent d'un sujet qu'il faut traiter avec délica-

Vân Tiên détourne la tête; il ne regarde pas (l'épingle).

Nguyệt Nga lui jette un regard furtif, et sa pudique réserve augmente.

«Ceci est peu de chose! dit-elle.

«Votre humble servante n'a pas achevé d'exprimer sa pensée, et déjà »vous détournez la tête!
«Il est vrai, cette épingle est bien insignifiante!

«Vous avez raison de la dédaigner; mais pourquoi en éloigner vos »regards?»
Vân Tiên a grand peine à garder le silence.

Déjà lié par son bienfait, il sent que l'amour vient river sa chaîne[1].

«Que vous êtes habile à faire naître la passion dans mon cœur!» dit-il avec un soupir.
«Le service que je vous ai rendu est bien peu de chose, et votre »cadeau est magnifique!
«En pareille rencontre, au milieu du chemin,

«un mot de vous est bien venu, et mille pièces d'or n'ont aucun prix.

«Je me souviens du passage qui dit: «Prisez l'affection, méprisez les »richesses».
«Pourrais-je donc jamais accepter quelque chose[2]?

Nguyệt Nga lui répond: «Hélas! moi, pauvre fille,

tesse, ou qui leur cause un certain embarras, ils ont l'habitude, surtout en poésie, de remplacer leur nom et celui de la personne avec qui ils traitent par le mot «quelqu'un». — En cochinchinois, pour «accepter quelque chose de quelqu'un», l'on dit: «accepter (un objet) chose de quelqu'un». Quant au *làm gì*, litt.: «Pour faire quoi?» il accompagne souvent les refus ou dénégations de ce genre, et exprime en réalité, qu'il n'y a pas convenance ou utilité à faire ce à quoi l'on se refuse.

«Vốn chưa biết lẽ; có khi mích lòng!
«Ai dè những mặt anh hùng
«Thấy trâm! Thôi! Lại thẹn cùng cây trâm!»
Riêng than : «Trâm hỡi là trâm!
«Đã vô duyên bấy! Ai cầm mà mơ?
«Đưa trâm, chàng đã làm ngơ;
«Thiếp xin đưa một bài thơ giã từ!»
Vân Tiên ngó lại rằng : «Ừ!
«Làm thơ cho kíp! Chừ chừ! Chớ lâu!»
Nguyệt Nga ứng tiếng rằng : «Hầu!»
Xuống tay, liền tả tám câu năm vần.
Thơ rồi : «Nầy! Thiếp xin dưng!
«Ngửa trông lượng rộng, văn nhơn thế nào».
Vân Tiên xem thấy ngọt ngào :
«Ai dè sức gái tài cao bực nầy?
«Đã mau, mà lại thêm hay!

1) Je possède ces vers en manuscrit; mais, comme ils sont plus que médiocres, et n'ont certainement pas été composés par l'auteur du *Lục Vân Tiên,* je n'ai pas cru opportun de les reproduire ici.

« Je ne comprends pas encore la portée des choses; peut-être vous » ai-je offensé!

« Qui pouvait penser qu'un héros

« jetterait un regard sur une épingle? Oh! cette épingle! J'en ai » honte! »

Et elle répète, en soupirant : « Pauvre épingle! Hélas! (Pauvre) » épingle!

« Tu n'as aucune grâce; qui te prendrait! qui voudrait de toi!

« Je vous ai présenté une épingle, et vos yeux s'en sont détournés;

« Permettez donc à votre humble servante de vous offrir une poésie » d'adieu. »

Vân Tiên reporte les yeux sur elle; « Oui! s'écrie-t-il.

« Oh! Tracez les, ces vers! Hâtez-vous, ne tardez pas! »

« Je suis à vos ordres », lui répond aussitôt *Nguyệt Nga.*

Sa main descend sur le papier, elle écrit huit vers de cinq mots [1];

Puis, lorsqu'elle a fini : « Permettez maintenant » dit-elle, « à votre » servante de vous les présenter;

« car vivement elle désire connaître votre opinion sur son talent en » poésie. »

Vân Tiên regarde les vers, et il les trouve excellents.

« Qui aurait, dit-il, pu penser qu'une faible jeune fille atteindrait à » cette hauteur?

« A la rapidité de la composition se joint encore l'élégance du style.

Ils constituent, à n'en pas douter, une de ces interpolations si familières aux lettrés annamites, qui ne se gênent nullement pour modifier à leur gré les poèmes qu'ils reproduisent. Il est facile de le reconnaître; car chacun de ces vers renferme sept caractères au lieu des cinq dont parle le texte.

«Chẳng phen *Tạ nữ*, cũng tày *Tây thi!*
«Có câu «*dữ xuất dữ kỳ*»;
«Cho hay tài gái kém gì tài trai!
«Như vậy ai nhẫn thua ai?»
Vân Tiên hoà lại một bài, trao ra.
Xem thời biết ý gần xa;
Mai hoà vần *điễu, điễu* hoà vần *Mai.*
Có câu «*xúc cảnh hứng hoài*»!
«Đường xa vọi vọi, dặm dài vơi vơi!
«Ai ai cũng ở trong trời;
«Gặp nhau, lời đã cạn lời; thời thôi!»
Vân Tiên từ giã phản hồi;
Nguyệt Nga than thở : «Tình ôi là tình!
«Nghĩ mình, mà ngán cho mình!

1) Litt. : «*(La syllabe) — Mai — s'accorde bien avec — la syllabe diễu; — la (syllabe) diễu — s'accorde bien avec — la syllabe — Mai.*

Le *Cây Mai bông vàng*, (*Rheedia* selon l'énumération polyglotte du comité agricole et industriel de la Cochinchine, *Eleocarpus integerrimus* selon l'Hortus floridus Cocincinae de Taberd) est un arbre dont les fleurs jaunes, très recherchées à cause de leur odeur suave, s'épanouissent au commencement de l'année. On va les cueillir avant le premier jour de l'an, et l'on en remplit des vases dont on orne l'autel des ancêtres. Le *Mai* joue un très grand rôle en poésie comme objet de comparaison. On suppose ici un de ces arbres sur lequel voltigent des oiseaux, comme on en rencontre souvent dans les tapisseries cochinchinoises. Si l'arbre est bien en harmonie avec les oiseaux,

« Si elle n'égale pas *Tạ nữ*, elle peut du moins rivaliser avec *Tây thi*.

« Le débit en est coulant, la composition distinguée.

« Certes, en fait de talent, cette jeune fille ne le cède en rien aux
» hommes !

« Mais, qui (de nous deux), en cette occurrence, supporterait d'être
» vaincu par l'autre ? »

Vân Tiên compose, lui aussi, une poésie, et la présente à *(Nguyệt
Nga)*,

qui, en la lisant, saisit parfaitement la pensée du jeune homme.

L'harmonie des figures est parfaite ; tout s'y correspond avec art [1],

et l'on y lit ces mots : « (Dans votre cœur) la vue (de ces vers) ré-
» veillera mon souvenir [2] »

« La route est longue, dit *Vân Tiên*, elle s'étend à perte de vue ;

« mais tous nous vivons sous le même ciel !

« On se rencontre, on se dit tout, et, tout est fixé désormais ! »

Vân Tiên prend congé ; il s'en retourne.

Nguyệt Nga soupire : « Amour ! dit-elle ; ô amour !

« Lorsque je réfléchis sur moi-même, un profond découragement
» me saisit [3] ;

il en résulte un effet agréable à l'œil. On comprend dès lors pourquoi, voulant exprimer l'harmonie qui règne dans la composition de *Vân Tiên*, *Nguyệt Nga* la compare à un semblable dessin.

Ce vers peut aussi être interprété comme une réflexion de l'auteur, qui exprime par là l'accord de sentiments qui règne entre son héros et son héroïne. Ces doubles, et parfois triples sens se rencontrent fréquemment dans les poésies annamites, et les lettrés les y considèrent comme une beauté de style.

2) Litt. : « . . . . *(par l') excitant — aspect — sera ravivé — le souvenir* ».

3) Litt. : « . . . *je suis dégoûtée de moi-même* ».

«Chữ *ân* chưa trả, chữ *tình* lại vương!
«Nặng nề hai chữ «*oan ương*»!
«Dây sầu ai khéo vấn vương vào lòng?
«Vái cùng *Nguyệt Lão*; hỡi ông!
«Trăm năm cho trọn chữ *tùng*, mới an!
«Hữu tình chi bấy, *Ngưu lang!*
«Tấm lòng *Chức nữ* vì chàng mà nghiêng!
«Thôi! Thôi! Em hởi! *Kim Liên!*
«Dẩy xe cho chị qua miền *Hà khê!*»
Trải qua dấu thỏ đường dê;
Chim kêu, vượn hú; tứ bề nước non!
«Vái Trời cho đặng vuông tròn,
«Trăm năm cho vẹn lòng son với chàng!»

1) Litt. : «*(Ils sont) lourds, — les deux — caractères — «Oan ương!»* (V. la note de Janneaux.)

2) Litt. : «*(Ce) lien — triste, — qui — est habile à — l'enlacer — à — (mon) cœur?*» Nous rencontrons encore ici le mot *ai*, employé à dessein comme désignation vague. *Nguyệt Nga* s'en sert parce que la réserve naturelle à son sexe lui interdit d'avouer directement à *Vân Tiên* qu'elle l'aime.

3) Litt. : «*(Pendant) cent — ans — donne (moi de) — compléter (observer dans toute son étendue) — le caractère — «suivre», — et alors — je serai en paix!*»

Les trois vertus ou devoirs de la femme sont 1° l'obéissance à son père; 2° l'obéissance à son mari; 3° l'obéissance *à son fils aîné* (du moins selon le code; car en Cochinchine la coutume a modifié ce dernier point). C'est ce que l'on entend par les *Tam tùng*, ou *les trois obéissances*. *Tùng* signifie proprement *suivre*, et par une dérivation naturelle *obéir*. En effet, cette

«car je n'ai pas reconnu le service, et mon cœur s'est épris d'amour!

«Le désir de m'unir (à ce jeune héros) m'accable comme un poids »écrasant [1]!
«Qu'il a su habilement enlacer mon triste cœur dans ces liens mys»térieux [2]!
«Ô *Nguyệt Lão!* Je t'invoque!

«Je veux lui consacrer ma vie; c'est à ce prix qu'est mon bonheur [3]!

«Comment, ô *Ngưu Lang* [4]! Puis-je t'aimer à ce point?

«Comment le cœur de *Chức nữ* peut-il ainsi s'incliner vers toi?

«Mais, c'est assez! *Kim Liên!* Ô ma jeune sœur!

«Active la marche du char, conduis ton aînée vers *Hà Khê!*»

Puis elles franchissent des régions que fréquentent seuls le lièvre et la chèvre sauvage;
Les oiseaux crient; le *vườn* hurle; partout des sources, des montagnes!
«Conserve-moi pure, ô Ciel! s'écrie *Nguyệt Nga,*

«que mon cœur, pendant toute ma vie, reste fidèle à ce jeune homme!

seconde idée est essentiellement corrélative à la première, et nous voyons en latin le mot *obsequi,* qui l'exprime, dériver directement de *sequi.* Ici, naturellement, *Nguyệt Nga* ne demande au génie du mariage que ce qui le concerne, c'est à dire l'observation du devoir *(tùng)* qui a pour objet le mari; ou pour parler plus exactement, le droit de pratiquer cette obéissance, résultant de son mariage avec *Vân Tiên.*

«Autrefois», dit LURO, «cette autorité du mari sur sa femme était ab»solue; la prohibition de vendre ou de louer sa femme à autrui, contenue »dans le code annamite actuel, est une preuve de l'existence d'un droit »absolu du mari sur sa femme, dans les temps anciens.» (LURO, *Le pays d'Annam.*)

4) Ce *Ngưu lang* est le même que *Khiên ngưu.* (V. le texte de JANNEAUX, p. 53, en note.)

Phút đâu đã tới phủ đàng.
Kiều Công xem thấy, lòng càng sanh nghi.
Hỏi rằng : «Nào trẻ tùy nhi?
«Cớ sao nên nỗi con đi một mình?»
Nguyệt Nga thưa việc tiền trình.
Kiều Công tưởng nỗi sự tình chẳng vui.
Nguyệt Nga dạ hãy ngùi ngùi.
Nghỉ đòi cơn, lại sụt sùi đòi cơn.
«Lao đao phận trẻ chi sờn?
«No nao trả đặng công ơn cho chàng!»
Kiều Công nghe nói liền thương.
Dạy rằng : «Con hãy tạm an mình vàng!
«Khi nào cha rảnh việc quan,
«Viết thơ qua đó, mời chàng sang đây.
«Sao sao, chẳng kíp thời chầy,
«Cha nguyền trả đặng ơn nầy; thời thôi!
«Hậu đường con khả tạm lui;
«Làm khuây dạ trẻ cho vui lòng già!»

Mais voilà que, tout à coup, elles arrivent au palais du préfet.

A leur vue, *Kiều Công* se livre à mille conjectures.

«Où sont donc, s'écrie-t-il, les serviteurs qui t'accompagnaient, ô
» ma fille !
«et pour quel motif voyages-tu toute seule?»

Nguyệt Nga fait le récit des aventures survenues pendant son voyage.

Kiều Công réfléchit sur cette affaire et montre du mécontentement.

Nguyệt Nga roule encore en son cœur de tristes et amoureux pensers.

Elle réfléchit à plusieurs reprises; plusieurs fois elle verse des larmes.

«(Ô mon père! dit-elle), qu'importe à votre enfant la fatigue?

«Ah! Puissé-je m'acquitter envers ce jeune homme du service (qu'il
» m'a rendu)! »
Kiều Công l'entend, et se sent ému de compassion.

«Quant à présent, ô ma fille! demeure en paix, lui dit-il.

«Lorsque j'en aurai fini avec les affaires de mon administration,

«j'écrirai à ce jeune homme, et l'inviterai à venir ici.

«Tôt ou tard, de toute manière,

«je te promets d'acquitter cette dette, et tout sera pour le mieux.

«En attendant, retire-toi dans les appartements intérieurs.

«Que ton cœur retrouve le calme, afin que la joie rentre dans celui
» de ton vieux père!»

Tây lâu trống điểm sang ba;
Nguyệt Nga luống những xót xa phận mình.
Dời chơn, ra chốn hoa đình;
Xem trăng, rồi lại chạnh tình cổ nhơn.
Than rằng : «Lưu thủy! Cao sơn!
«Ngày nào nghe đặng tiếng đờn tri âm?
«Chữ «*tình*» càng tưởng, càng thâm!
«Muốn pha, khó lợt; muốn đầm, khôn phai!
«Vơi vơi đất rộng trời dài!
«Hỡi! Ai nỡ để cho ai đeo phiền?»
Trở vào, bèn lấy bút nghiên;
Đặt bàn hương án, chúc nguyền thần linh.
Làu làu một tấm lòng thành;
Vẻ ra một bức tượng hình *Vân Tiên*.
Than rằng : «Ngàn dặm sơn xuyên!»

1) Ces quatres mots chinois signifient littéralement : «*coulantes eaux, hautes montagnes!*» Cette invocation aux rivières et aux montagnes est très fréquente dans la poésie annamite. *Nguyệt Nga*, en la proférant, exprime combien elle déplore la distance qui la sépare de son bien aimé.

2) Litt. : «*(Au) jour — quel — entendre — pourrai (-je) — le son — de l'instrument — de (mon)* «*tri âm!*» (V. p. 36, en note.)

3) Litt. : «*(Quant au) caractère* — «*amour*», — *plus — j'y pense — (et) plus — il est noir. — Je veux — l'effacer, — (mais) — difficilement — il se délaie; —*

Dans le pavillon occidental, déjà le tambour a battu la troisième veille,

Et toujours *Nguyệt Nga* déplore son triste sort.

Elle quitte les appartements; elle se rend dans le jardin de fleurs,

et regardant la lune, pleine d'émotion au souvenir de celui qu'elle aime,

Elle s'écrie en soupirant : «Eaux rapides, montagnes élevées[1]!

«Quand viendra le jour où la voix de l'ami se fera entendre à mon »oreille[2]?

«Plus je pense à mon amour, et plus il grandit dans mon cœur[3]!

«En vain je voudrais le chasser; rien ne peut l'effacer de mon âme!

«Ô vaste terre! ô ciel immense!

«Comment ai-je pu me laisser imposer ce lien de douleur[4]?»

Elle rentre, prend en main son pinceau et son écritoire,

dispose un autel de parfums, et adresse aux génies sa prière,

en les prenant à témoin de la sincérité de son cœur.

Elle trace un portrait; c'est l'image de *Vân Tiên;*

Puis, gémissant, elle s'écrie: «Montagnes et fleuves, espace immense[5]!

je veux — le tremper dans l'eau, — (mais) — ne pas — il se décolore.» — Ces deux vers peuvent être également considérés comme une espèce de maxime ayant une signification générale, et traduits comme il suit : «Plus on pense au caractère «amour» et plus il prend une teinte foncée; si on veut l'effacer, il se délaie difficilement, etc.»

4) Litt. : *«Hélas! — Qui — supporte de — faire que (laisser — à) — quelqu'un — porte comme un lien — la tristesse?»*

5) Litt. : «. . . . *Millier de — dặm, — de montagnes — et de rivières!»*

«Chữ *ân* để dạ; chữ *duyên* nhuốm sầu!»
Truyện nàng sau hãy còn lâu;
Truyện chàng xin kể thứ đầu chép ra.

Vân Tiên, từ cách *Nguyệt Nga*,
Giữa đường lại gặp người ra kinh kỳ.
Xa xem mặt mũi đen sì;
Hình cao vọi vọi, di kỳ rất hung.
Nhớ câu «*bình thủy tương phùng*»;
Anh hùng lại gặp anh hùng một khi!
«Chẳng hay danh tánh là chi;
«Một mình mang gói mà đi chuyện gì?»
Đáp rằng : «Ta cũng xuống thi!

1) Litt. : «*Le caractère* — «*bienfait*» — *est placé dans* — *(mon) sein;* — *le caractère* — «*union*» — *est teint de* — *tristesse!*»

2) Le *Bèo phù bình* ou lentille de marais *(Pistia stratiotes)*, prospère lorsqu'il flotte sur l'eau, dans laquelle il trouve à la fois un support et la nourriture qui lui convient. C'est pour cela que les poètes annamites se servent du nom de cette plante comme d'un terme de comparaison pour désigner, soit une épouse qui n'est heureuse que près de son époux, soit un ami, dont la joie n'est complète que lorsqu'il est réuni à son ami. Ce nom implique d'ailleurs, chez celui qui se l'attribue, un sentiment d'humilité, soit réel, soit simplement, comme c'est ici le cas, manifesté par politesse. En appliquant cette citation à *Hớn minh, Vân Tiên* fait entendre qu'il se réjouit,

«Dans mon cœur est gravé ce bienfait; mais à nos projets d'union »se mêle une sombre tristesse[1]!»

Longuement encore, dans la suite, nous parlerons de la jeune fille;

qu'à présent on nous permette de reprendre l'histoire du jeune homme.

Vân Tiên, après s'être séparé de *Nguyệt Nga,*

rencontra sur la route un homme qui se rendait à la capitale.

Il le regarda de loin. Son teint était d'un noir foncé,

sa taille colossale, son aspect étrange et terrible.

Tiên se souvient de la phrase : «*La lentille aquatique et l'eau sont »réunies*[2] »;

Voici en effet qu'un héros vient d'en rencontrer un autre!

«Je ne sais, lui dit-il, quel est votre nom de famille.

«Pour quel motif voyagez-vous seul, portant (ainsi) votre bagage?»

Le voyageur lui répond : «Moi aussi je vais au concours!

dans sa faiblesse, d'avoir trouvé un appui. (Voy. dans le même sens, au *Kim Vân Kiều truyện* :

> «*Rộng thương cỏ nội hoa hèn,*
> «*Chút thân bèo bọt dám phiền mai sau!*

«Soyez généreux envers l'herbe de la plaine; ayez compassion d'une »humble fleur,

«de ma chétive personne, faible comme le *bèo* et comme la mousse, qui »ose s'appuyer sur vous, et, tôt ou tard, vous pèsera!»

(*Kim Vân Kiều truyện*, vers 2206 et 2207.)

M. Wells Williams traduit ce dicton chinois par «*unexpectedly meeting abroad, like drift-wood on the waters*»; mais il me semble qu'il y a ici quelque chose de plus.

«*Hớn Minh* tánh tự; *Ô Mi* quê nhà».
Vân Tiên biết lẽ chánh tà;
Hẽ là dị tướng, ắt là tài cao!
Nhớ câu «*Bằng hữu chi giao*»;
Chốn nầy đã gặp; lẽ nào làm khuây?
«Nên rừng, há dễ một cây?
«Muốn cho có đó cùng đây luôn vần.
«Kia nơi vủ miếu cũng gần;
«Đôi ta vào đó nghỉ chơn một hồi!»
Cùng nhau bày họ tên rồi,
Hai chàng từ tạ, đều lui ra đường.
Hớn minh đi trước, tựu trường.
Vân Tiên còn hãy hồi hương thăm nhà.
Mừng rằng : «Nay thấy con ta!
«Cha già những tưởng; mẹ già những trông!
«Bấy lâu đèn sách gia công,

1) Voy. le 中庸 ch. XX, § 8.
«天下之達道五、所以行之者三、曰君臣也、
»父子也、夫婦也、昆弟也、朋友之交也....»

« Mon nom de famille est *Hớn Minh; Ô Mi* celui de mon pays. »

Vân Tiên (sur les visages) sait distinguer le bien du mal;

il sait qu'une figure étrange toujours indique un talent élevé.

« On lit, dit-il, dans les livres (ces mots) : « *les relations entre amis*[1] ».

« En ces lieux j'en ai trouvé une; comment la négligerais-je?

« Pour composer une forêt, ce n'est point assez d'un seul arbre.

« Je désire que vous et moi, nous fassions société ensemble.

« Voici, non loin de nous, une pagode;

« entrons y tous deux, pour nous y reposer un moment! »

Après s'être instruits réciproquement de leur nom et de leur famille,

les deux jeunes gens prirent congé l'un de l'autre, et se remirent en chemin.

Hớn Minh partit le premier, et se rendit au concours.

Quant à *Vân Tiên,* il retourna d'abord à son village, pour y visiter ses parents.

Ceux-ci, tout joyeux, s'écrièrent : « Enfin, voici notre fils!

« Ton vieux père ne cessait de penser à toi; ta vieille mère t'atten- » dait toujours.

« Depuis que tu t'adonnes à l'étude de la littérature[2],

« Les devoirs d'obligation universelle sont au nombre de cinq, les vertus au moyen » desquelles on les pratique au nombre de trois. Les devoirs sont ceux (qui existent) » entre le prince et les ministres, le père et le fils, le mari et la femme, les frères » aînés et les frères cadets, et (ceux qui concernent) les relations entre amis . . . . »

2) Litt. : « *Depuis si longtemps que — à la lampe — et aux livres — tu*

«Con đà nên chữ tang bồng cùng chăng?»
Vân Tiên đặt gối thưa rằng:
«Chẳng hơn người cổ, cũng bằng người kim!
«Dám xin phụ mẫu an tâm,
«Đặng con trả nợ thanh khâm cho rồi!»
Song thân thấy nói thêm vui;
Lại lo non nước xa xuôi ngàn trùng.
Cho theo một gả tiểu đồng;
Viết thơ một bức, dặn cùng *Vân Tiên.*

appliques — ton labeur.» Les lettrés se livrent de préférence à leurs études pendant la soirée ou la nuit, tant à cause du calme qui règne alors que parce que leur journée est occupée soit par les leçons, soit par des occupations rétribuées. De plus, en Cochinchine, la chaleur du jour rend les travaux d'esprit très pénibles pendant la plus grande partie de l'année. On comprend qu'en raison de ces habitudes, les deux caractères «lampe» et «livres» aient acquis une sorte de connexité, et qu'on ait fini par en former une expression métaphorique et quasi proverbiale signifiant *l'étude de la littérature.*

1) Litt. : *«Notre fils — est devenu — (un homme qui a droit aux) — caractères — tang bồng — avec (ou) non?»*

Tang est le nom sinico-annamite du mûrier. Quant au *Bồng,* ce serait, selon les uns, une espèce de *Rubus* ou de framboisier qui se rencontre à l'état disséminé dans les plantations de chanvre; selon les autres, une sorte d'herbe sauvage que le vent déracine facilement et entraîne à travers les plaines désertes. (Voy. Wells Williams, au car. 蓬.) Ce *Bồng* serait tendre, comestible, et posséderait certaines propriétés médicinales.

Dans l'antiquité, lorsqu'un garçon naissait, on façonnait une branche de mûrier en forme d'arc, et de six tiges de *Bồng* on faisait six flèches. On suspendait le tout à gauche de la porte d'entrée de la maison; puis, trois jours après, au sein d'une fête de famille, un parent ou un ami, représentant le nouveau né, prenait l'arc et décochait une première flèche vers le ciel, une seconde vers la terre, et les quatre autres dans la direction de chacun des points cardinaux. Cette cérémonie signifiait que, lorsque l'enfant aurait grandi, il devrait posséder un courage à toute épreuve pour

« ton cœur s'est-il trempé ? Peux-tu, d'un pas ferme, parcourir le » chemin des honneurs [1] ?

Vân Tiên fléchit le genou et répond avec respect :

« Si je ne surpasse pas les hommes d'autrefois, je ne suis pas, du » moins, inférieur à ceux de nos jours.

« Ô mon père ! Ô ma mère ! Veuillez avoir l'esprit en paix !

« Permettez que votre fils paie enfin de retour tous les bienfaits qu'il » a reçus de vous [2]. »

A ces mots, la joie de ses parents redouble ;

mais il s'y mêle un souci ; ils craignent pour leur fils les difficultés, la longueur du chemin [3].

Ils lui donnent, pour l'accompagner, un jeune enfant comme serviteur,

écrivent une lettre, et le chargent de la porter.

défendre son pays et savoir accomplir exactement tous les devoirs de sa position, de même que le tireur d'arc qui vise avec force et justesse envoie sa flèche droit au milieu de la cible.

« Lorsqu'un enfant vient au monde, dit le *Lễ ký (Chap. Xạ ngãi, dernier » paragraphe)*, on prend un arc (en bois) de mûrier et six flèches de *Bồng* » qu'on décoche dans la direction du ciel, de la terre et des quatre points » cardinaux. Au ciel, à la terre et aux quatre points cardinaux se rapportent » les devoirs qui incombent au jeune garçon ; c'est pourquoi il devra (plus » tard) mettre tous ses soins à l'accomplissement de ses obligations d'état. Après » cela seulement il lui sera permis d'aspirer à un traitement. (故男子 » 生桑弧蓬矢六以射天地四方天地四方者 » 男子之所有事也故必先有志於其所有事 » 然後敢用穀也。 *Cố nam tử sanh, tang hồ bồng thỉ lục dĩ xạ » thiên địa tứ phương. Thiên địa tứ phương giả nam tử chi sở hữu sự dã ; » cố tất tiên hữu chí ư kỳ sở hữu sự nhiên ; hậu cảm dụng cốc dã)* ».

2) Litt. : « *(Pour) obtenir (le fait que) — (votre) fils — s'acquitte de — la dette — de la layette — de manière à — (en) avoir complètement fini* ».

L'expression *Thanh Khâm (couleur verte des jeunes plantes — couvre-pied)* signifie proprement *layette*, et au figuré *les soins et les sacrifices prodigués par les parents à leurs enfants en bas âge.*

3) Litt. : « *En outre — ils sont inquiets (de ce que) — les montagnes — (et) les eaux — sont éloignées de — mille — degrés* ».

«Xưa đà định chữ «*lương duyên*»
«Cùng quan hưu trí ở miền *Hàn Giang*.
«Con người là *Vỏ Thể Loan;*
«Tuổi vừa hai bảy, dung nhan mặn mà.
«Chữ rằng : «*Hồ Việt nhứt gia*»!
«Con đi tới đó, trao ra thơ nầy.
«May dầu bước đặng thang mây,
«Dưới chơn đã sẳn một dây tơ hồng».
Song thân dạy bảo vừa xong,
Vân Tiên cùng gả tiểu đồng dời chơn.
Ra đi; tách dặm băng chừng.
Gió nam rày đã đưa xuân qua hè.
Xa xem dặm liễu đường huè!
Tin ong ngơ ngẩn, tiếng ve vang dầy;
Lại xem nước nọ, non nầy;
Nước xao, sóng dợn; non vầy đá cao.
Thức trời gấm trải biết bao!

1) Litt. : «*Heureusement — si — franchir — tu peux — l'échelle — des nuages*».

2) Litt. : «*Sous — (tes) pieds — déjà présent — est prêt — un — lien de soie — rouge*. (Voy. le texte de Janneaux p. 19, en note.)

«Autrefois, lui disent-il, nous décidâmes ton mariage

«avec (la fille d'un) mandarin retiré des fonctions publiques dont la »demeure est à *Hàn giang*.

«Elle se nomme *Võ Thể Loan;*

«à peine âgée de quatorze ans, elle est belle et gracieuse.

«Le livre dit : «*Hồ et Việt ne forment plus qu'une famille*»!

«Lorsque tu seras arrivé, tu remettras cette lettre à son adresse.

«Si tu réussis au concours [1],

«les liens du mariage sont, pour toi, préparés d'avance [2]».

A peine ses parents ont-ils achevé de lui donner leurs instructions,

que *Vân Tiên* se met en chemin avec son jeune serviteur.

Ils partent; marchant droit devant eux, ils se dirigent vers le (but de leur voyage).

Le vent du midi a chassé le printemps; voici que l'été le remplace,

et toujours, à perte de vue, se déroule un chemin bordé d'arbres!

L'abeille fait entendre son murmure insipide, la cigale pousse son cri retentissant;

puis voici de l'eau, puis voici des montagnes!

L'eau agitée roule ses ondes, les montagnes, autour d'eux, élèvent leurs grands rochers.

Telle qu'une interminable tenture de *gấm* [3], la voûte bleue s'étend devant les voyageurs.

3) Le *gấm* est une étoffe de soie brochée dont l'usage est réservé aux mandarins.

Trên nhành chim nói; dưới ao cá cười.
Quận thành nhắm kiểng, coi người.
Kiểng xinh như vẻ, người tươi như dồi.
Hàn Giang phút đã tới nơi;
Vân Tiên ra mắt, một hồi trình thơ.
Vỏ Công xem bức tâm thơ;
Mừng duyên *cầm sắc,* mối tơ đặng liền.
Xem qua tướng mạo *Vân Tiên;*
Khá khen họ *Lục* phước hiền sanh con
Mày tằm, mắt phụng, môi son.
Mười phân cốt cách, vuông tròn mười phân!
Những e kẻ *Tấn* người *Tần!*

1) Litt. : «*Se — réjouit de — l'union — du Cầm — (et) du Sắc, — (et de ce que) les bouts — de — soie — pourront — être réunis*».

J'ai dit incidemment, dans une note précédente, ce que c'est que le *Cầm.* Le *Sắc* est aussi une espèce de guitare, de grande dimension. Il a cinq, quinze, vingt-cinq et même cinquante cordes de soie, selon sa taille. La principale différence qui le distingue du *Cầm* consiste dans la manière dont ces cordes sont tendues. Comme ces deux instruments ont de grands rapports de structure, et qu'on peut exécuter les mêmes morceaux sur l'un comme sur l'autre, on les a comparés aux époux, et leur accord est devenue le symbole de l'union conjugale, et même de la concorde en général.

Cette figure, devenue en quelque sorte traditionnelle dans les poésies chinoise et annamite, a son origine dans la septième strophe de l'ode IV du premier livre de la seconde partie du *Thi kinh* ou Livre des vers. Elle s'y applique à l'union qui, dans une famille, règne entre le mari, la femme et les enfants.

L'oiseau ramage sur la branche, au fond des eaux se joue le poisson.

Nos jeunes gens, dans la campagne, considèrent le paysage; dans les villes, les habitants.

Le paysage ressemble à un tableau bien dessiné; les hommes sont beaux et l'ornent.

Voici que, tout-à-coup, l'on arrive à *Hàn giang*.

Vân Tiên se présente, et bientôt il remet sa lettre;

Vỏ Công en prend connaissance;

il se réjouit à la pensée de l'union qui va pouvoir se réaliser [1].

Il jette un coup d'œil sur le visage et la tournure de *Vân Tiên*,

et félicite en lui-même la famille *Lục* qui, favorisée par le sort, a donné naissance à ce fils

aux sourcils bien formés, au regard d'aigle, aux lèvres rouges [2].

Sa taille svelte est d'une parfaite élégance; il est sain et sans défaut.

Công avait craint que sa fille et *Tiên* ne fussent trop loin l'un de l'autre [3].

妻子好合
如鼓瑟琴
兄弟既翕
和樂且湛

« *Thê tử hảo hạp*
« *Như cổ sắc cầm;*
« *Huynh đệ ký hấp,*
« *Hoà lạc thả trạm.*

« L'union affectueuse avec une épouse et des enfants
« ressemble à la musique du *Sắc* et du *Cầm*;
« (mais) lorsque l'accord règne parmi des frères,
« (alors) l'harmonie et la joie sont calmes et profondes ».

En Cochinchine, le *Sắc* a seize cordes en cuivre.

2) Litt. : « *(Aux) sourcils — (en forme de) ver à soie, — (aux) yeux — de Phénix, — (aux) lèvres — de vermillon.* »

3) Litt. : « *Absolument — ils craignaient que — (l'un d'eux ne fût une personne) qui — (aurait été) de Tần — (et l'autre) une personne — de Tần* ».

Nào hay chữ *ngẩu* đặng gần chữ *giai?*
Nhắm đà đẹp đẻ hòa hai;
Kia dâu *Nam gián,* nọ trai *Đông sàng!*
Công rằng : «Mầng ngãi tế sang!
«Muốn lo việc nước, phải toan việc nhà».
Tiên rằng : «Nhờ lượng nhạc gia,
«Đại khoa dầu đặng, tiểu khoa lo gì?
Công rằng : «Con dốc xuống thi,
«Sao không kết bạn mà đi tựu trường?
«Gần đây có một họ *Vương,*
«Tên là *Tử Trực,* văn chương tốt đời.
«Cha đà sai trẻ qua mời,
«Cho con cùng gả thử chơi vài bài.
«Thấp cao cao thấp biết tài;
«Vầy sau trước bạn cùng mai mới mầu!»
Phút đâu *Tử Trực* tới hầu;
Vỏ Công sẳn dược một bầu rượu ngon.

1) Litt. : « *Qui — aurait su que — le caractère — ngẩu (couple) — pourraît — être rapproché de — le caractère — giai (excellent* — pour former l'ex-

Comment penser qu'ils pourraient, un jour, former une union assortie[1]?

Tous deux ils sont gracieux à voir.

Accomplie est la belle fille, irréprochable est le futur époux!

«Que le gendre qui m'arrive soit le bien venu, dit *Vỗ Công*»;

«(Mais), avant de s'occuper des affaires de l'Etat, il faut régler celles » de la famille.

Vân Tiên lui répond : «Grâce à vos bontés, ô mon beau-père,

«lorsque j'aurai surmonté la grande épreuve (des examens), la petite » épreuve (du mariage) ne me causera point de souci.

«Puisque tu es, lui dit *Vỗ Công,* décidé à te rendre au concours,

«pourquoi ne prends-tu pas un compagnon pour aller ensemble à » l'Académie?

«Près d'ici demeure un membre de la famille *Vương;*

«son nom est *Tử Trực;* il a consacré sa vie à l'étude de la littérature.

«J'ai ordonné à un de mes gens d'aller l'inviter à venir,

«afin que vous vous essayiez ensemble à quelques compositions.

«Nous saurons qui des deux l'emporte en habileté,

«et vous pourrez ainsi, ensuite, devenir compagnons l'un de l'autre.»

Tử Trực, sur ces entrefaites, arriva.

Vỗ Công avait préparé d'avance une gourde de bon vin.

pression *ngẫu giai,* qui signifie un couple bien assorti)? Il y a là une sorte de jeu de mot littéraire, qu'on ne saurait traduire directement en français.

Công rằng : «Nẫy bớ! Hai con!
«Thơ hay làm đặng, rượu ngon thưởng liền!
«Muốn cho *Trực* sánh cùng *Tiên!*
«Lấy câu «*bình thủy hữu duyên*» làm đề!»
Song song hai gả giao kể,
Lục Vương hai họ đua nghề một khi.
Cho hay kỳ lại gặp kỳ;
Bạch Hàm há dễ kém chi *Như Oành?*
Công rằng : «Đơn quế hai nhành!
«Bản vàng thẻ bạc đã đành danh nêu!

1) Litt. : «. . . *La lentille de marais — (et) l'eau — ont (entre elles) — (une) union* . . .»

2) Litt. : «*Il est donné à — savoir que — le terme (de l'un), — encore, — rencontra — le terme (de l'autre)*». De même qu'ils avaient commencé ensemble, de même ils finirent ensemble. *Kỳ* est le terme de l'épreuve, le moment où chacun des concurrents termine sa composition.

3) Voy. le texte de Janneaux, p. 23, en note. Stanislas Julien a publié une remarquable traduction de ce roman sous le titre de «*Les deux jeunes filles lettrées*». L'épisode auquel il est fait allusion ici est un combat poétique qui a lieu entre *Yên Bạch Hàm* et *Bình Như Oành.* Il se trouve dans le dixième chapitre intitulé : «*Xảo tác hiệp thi kiêu hổ tử*». — «*Ils composent habilement des vers liés et (chacun) est fier de son camarade*».

4) Le Cannellier *(Cây quế, Cinnamomum aromaticum),* arbuste de la famille des Laurinées, produit une écorce aromatique bien connue, et aussi estimée en Cochinchine qu'en Europe. Quant au *Đơn*, c'est un arbre dont la fleur est rouge (comme son nom chinois l'indique) et fort belle. Je ne pense pas que la famille botanique à laquelle il appartient ait encore été déterminée. En comparant les deux concurrents à ces deux arbres précieux, *Võ Công* veut faire entendre qu'il les tient pour des poètes doués d'un talent exceptionnel.

« Allons ! leur dit-il, mes enfants !

« Celui qui fera les meilleurs vers aussitôt recevra ce bon vin comme » récompense.

« Je désire que *Trực* se mesure avec *Tiên.*

« Prenez pour sujet cette phrase : « *Avec l'eau la lentille aquatique a » contracté une union*[1] ».

Les deux jeunes gens, s'asseyant côte à côte, entamèrent le combat.

Les deux familles *Lục* et *Vương,* (en leur personne,) firent assaut de talent.

Or, il arriva que tous deux se trouvèrent de même force[2],

et que *Bạch Hàm* en rien ne le cédait à *Như Oành*[3].

« Voilà, dit *Công,* un rameau de *Đơn* et un rameau de cannellier[4] !

« Ils méritent certainement les honneurs du tableau d'or et de la » tablette d'argent[5] !

5) Les candidats « dont les compositions méritent les places mises au » concours sont admis à l'examen de la cour *(Đình thi),* et leur nom est » inscrit sur une tablette d'honneur *(Chánh bản)*... A la suite de l'examen » de la cour, les trois premiers de la liste sont proclamés docteurs de pre- » mière classe. Les compositions suivantes, qui ont mérité d'être remarquées, » ne sont pas classées; mais leurs auteurs sont proclamés docteurs de deu- » xième classe. Quant aux compositions de mérite ordinaire, elles ne donnent » pas lieu à une nouvelle épreuve; mais les auteurs de ces compositions » n'ont droit qu'au titre de docteur adjoint.

« Les docteurs de première classe sont immédiatement pourvus d'une » charge de lieutenant criminel en province. Les docteurs de deuxième classe » obtiennent une place dans les ministères ou une préfecture. Les docteurs » adjoints sont pourvus les derniers, dès qu'il se produit des vacances ». (LURO, *Le pays d'Annam,* p. 153.)

Le *Nêu* est une perche que les Annamites payens ont l'habitude de planter devant leur porte à l'époque du jour de l'an. Comme cette perche se voit de loin, on emploie l'expression *làm nêu* « cela fait (l'effet d'un) *nêu* », pour dire qu'une chose est de toute évidence. Nous disons familièrement en français, dans le même sens : « *Cela crève les yeux* ».

«Tiếng chuông chẳng đánh sao kêu?
«Ngọn đèn đặng tỏ, trước khêu bởi mình!
«Thiệt trang lương đống! Đã đành!
«Khá khen hai họ tài lành và hai!»
Trực rằng : « *Tiên* vốn cao tài!
«Dám đâu én hộc sánh vai một bầy?
«Tình cờ mà gặp nhau đây.
« *Trực* rày xin nhượng *Tiên* nầy làm anh.
«Nay đà kết nghiã đệ huinh!
«Xin về! Mai sẽ thượng trình cùng nhau».
Xãy đâu trăng đã đứng đầu.
Vân Tiên vào chốn thơ lầu nghỉ an.

1) Les cloches annamites et chinoises n'ont point de battant; pour en tirer des sons, il faut en heurter la surface extérieure.

2) *Khêu* signifie proprement l'action de tirer au dehors la mèche d'une lampe, au fur et à mesure qu'elle se consume, pour en régulariser la lumière.

3) *Trang* veut dire un édifice; *lương*, le comble; *đống*, la poutre faîtière; ces deux derniers mots, réunis, signifient aussi *le faîtage d'une maison*. Le sens littéral de ce vers est donc : « *Véritablement de l'édifice (voilà) le faîtage! C'est évident!* » Quant à la signification figurée, elle est double. Si on prend l'expression *lương đống* dans son sens métaphorique le plus ordinaire, il faut traduire comme je l'ai fait. On dit en chinois : *Đống lương chi tài*, ou encore *Quốc gia lương đống* pour désigner un homme qui, par son talent, est le soutien de l'Etat; mais dans le cas présent, on peut aussi comprendre ce vers ainsi : « *L'affaire du mariage est définitivement conclue* ». En effet,

«Si l'on ne frappait point la cloche, elle ne rendrait aucun son[1],

«et pour qu'une lampe éclaire, il en faut aviver la mêche[2]!

«Vous serez, à n'en pas douter, plus tard, les soutiens de l'Etat[3].

«Louons les rejetons des deux familles; car tous deux sont doués
» d'un talent distingué!»
«Ce talent élevé, dit *Trực*, est l'apanage de *Tiên!*

«Comment le *Hộc* oserait-il se comparer à l'hirondelle[4], et (voler)
» en sa compagnie?
«C'est le hasard seul qui nous a réunis en ce lieu.

«Je cède le pas à *Tiên*, et le tiens pour mon frère aîné.

«De ce jour va régner entre nous une amitié fraternelle!

«Permettez que je retourne chez moi. Demain nous partirons en-
» semble.»
La lune, sur ces entrefaites, avait atteint le haut du ciel.

Vân Tiên, pour s'y reposer, se retire dans le cabinet d'étude[5].

de même que le faîtage d'une maison coordonne tout le reste et rend l'édifice complet, de même le mariage est l'affaire importante par excellence dans les familles, puisque seul il en assure la durée. Dans ce second sens, *lương đống* signifierait figurativement : «*l'affaire capitale*».

4) Litt. : «*(On) oserait — où cela — (faire que) l'hirondelle — (et) le Hộc — comparent — (leurs) épaules — (dans) un unique — vol?*» — *Sánh vai, comparer les épaules*, est une locution pittoresque qui correspond à notre expression française *aller de compagnie.*

On lit, avec le même sens, dans le poème *Kim Vân Kiều tân truyện*, vers 395—396 :

«*Sánh vai về chốn thư hiên*
«*Ngâm lời phong nguyệt, nặng nguyền non sông.*

«Ils se dirigent, en marchant côte à côte, vers la salle de littérature;
«ils murmurent des paroles passionnées, et se font de solennels serments.»

5) Litt. : «..... *le lieu — du palais des vers*».

Vỏ Công trở lại hậu đàng;
Đêm khuya dạy bảo *Thể Loan* mọi lời.
«Ngày mai, vừa rựng chưng trời,
«Tiểu nhi trang điểm, ra nơi lê đình;
«Gọi là chút nghĩa tống tình,
«Phòng sau cho khỏi bất bình cùng nhau».
Bỗng trăng vừa lộ nhành dâu,
Vân Tiên vào tạ; giây lâu xuất hành.
Ra đi vừa lúc bình minh.
Thể Loan đứng trước lê đình khâm dung.
Thưa rằng : «Quân tử phó công.
«Xin thương bồ liễu chữ *tùng* ngây thơ!
«Tấm lòng thương gió nhớ mưa!

1) Litt. : «*la salle de derrière.* (Voy. au vers 35.)

2) Litt. : «*(ce qui) s'appelle : — un peu de — sympathie — (pour) produire — l'amour.*»

3) Litt. : «*(Je vous) demande de — aimer — le jonc — et le saule — (moi, faible jeune fille), — et (mon) caractère — tùng (mon affection) — simple et naïf.*

Le *Bồ* est une espèce de jonc, et par conséquent une plante faible et sans consistance. Le saule est un arbre dont les rameaux flexibles et allongés sont le jouet des vents. C'est pourquoi la réunion des noms de ces deux végétaux est employée métaphoriquement pour désigner la faiblesse de la femme, qui ne peut se passer du soutien de l'homme.

J'ai expliqué, dans une note précédente, la valeur du mot *tùng.* — *Thơ ngây* ou *ngây thơ* signifie proprement *un enfant dénué de raison.* Au fond

De son côté, *Vỏ Công*, se rend dans ses appartements particuliers[1],

et, jusque bien avant dans la nuit, il donne, de point en point, ses instructions à *Thể Loan.*

« Demain, dit-il, dès le point du jour,

« pare toi, ô ma fille, et rends toi dans le jardin

« pour montrer à ton fiancé quelque sympathie, et poser, en lui fai» sant tes adieux, les bases de l'affection (conjugale)[2],

« afin d'éviter que, dans l'avenir, le désaccord ne se mette entre vous. »

Alors que, sous les rayons de la lune, les branches des mûriers projettent au loin leur ombre,

Vân Tiên entre et prend congé; puis, un instant après, il se met en chemin.

Il part au moment où vont briller les rayons du soleil.

Thể Loan, dans une attitude gracieuse et modeste, se tient debout à l'entrée du jardin.

« Le préféré de mon cœur va chercher la gloire, dit-elle.

« Qu'il veuille bien aimer une pauvre jeune fille[3], faible enfant dont » la vie est liée à la sienne!

« Votre amour ne quittera pas mon cœur; toujours ma pensée vous » suivra[4]!

l'idée est la même que celle qu'expriment les mots *bồ liễu;* à savoir *un être faible qui a besoin de l'appui d'un autre.*

4) Ce vers, qui signifie mot à mot : « *(Mon) cœur — (vous) aimera — (à la manière du) vent, — (et) se souviendra de vous — (à la manière de la) pluie* » est, comme une très grande quantité d'autres, impossible à rendre en français autrement que par un équivalent. Bien plus, les idées en sont si éloignées des nôtres et si alambiquées, qu'elles demandent elles mêmes une explication pour être bien saisies. L'idée du poète est celle-ci : « *Mon cœur, en vous aimant, vous accompagnera comme le vent accompagne le voyageur qui chemine au dehors; il se souviendra de vous comme l'eau, lorsque, se souvenant de la terre, elle retombe sur elle sous forme de pluie* ».

«Đường xa ngàn dặm; xin đưa một lời!
«Ngày nay thánh chúa trị đời;
«Nguyền cho linh phụng gặp nơi *Ngô đồng!*
«Quản bao chút phận má hồng
«Tháng chờ khôn xiết, ngày trông khó lương?
«Chàng dầu đăng chữ *hiển dương*,
«Thiếp xin hai chữ *tào khương* cho bằng.
«Xin đừng tham đó bỏ đăng,

1) Litt. : *«Le chemin — se prolonge au loin — (de) mille — dặm . . . .»*

2) Le mot *linh* est très difficile à rendre exactement en français. Il signifie à la fois *mystérieux, de bon augure*, apportant à l'homme un secours surnaturel et quasi-divin. On entend par *tứ linh, les quatre linh*, quatre animaux réputés doués de ces qualités, et qui sont respectivement, dans les idées chinoises et annamites, les types par excellence de tout animal pourvu d'écailles, de poils, de carapace ou de plumes. Ces *tứ linh* sont le dragon, le *Lân* ou Licorne, la tortue et enfin le Phénix, dont il est question ici *(long, lân, qui, phụng)*. Ce dernier est un oiseau sacré; son apparition annonce à coup sûr la naissance d'un saint personnage. Il se pose sur l'arbre *Ngô đồng (Elaeococca verrucosa* ou *Dryandra cordifolia* de Thunberg) qui, d'après le Livre des Vers, est son unique demeure.

鳳凰鳴矣
于彼高岡
梧桐生矣
于彼朝陽
菶菶萋萋
雝雝喈喈

«Phụng hoàng minh hỉ
«Vu bỉ cao cương.
«Ngô đồng sanh hỉ
«Vu bỉ triêu dương.
«Bổng bổng thê thê!
«Ung ung giai giai!

«Le Phénix mâle et le Phénix femelle font entendre [leur chant
«Sur cette colline élevée.
«Le *Ngô đồng* croît
«Sur ces pentes inclinées à l'Orient.
«Luxuriant est le feuillage!
«Harmonieux sont les chants!»

(*Thi kinh*, 3e partie, liv. II, ode VIII, st. IX.)

Thể loan souhaite que *Vân Tiên* réussisse dans son entreprise et par-

«Vous allez entreprendre un bien lointain voyage[1]; veuillez permettre
» que je vous adresse quelques paroles!
«En ces jours où un prince éclairé tient le monde sous ses lois,

«puisse le divin Phénix parvenir à l'arbre *Ngô đồng*[2]!

«Qu'importe que moi, humble et peu attrayante jeune fille,

«je vous attende pendant de longs mois; que durant des journées
» sans nombre, j'aspire après votre retour[3]?
«Si vous parvenez à la gloire[4],

«prenez-moi pour votre épouse, et mon cœur sera satisfait[5]!

«Ne m'abandonnez point pour une autre compagne[6],

vienne aux dignités, imitant en cela le Phénix lorsque ce dernier, à la recherche de l'arbre *Ngô đồng*, parvient à s'y percher.

3) Litt. : « *Que m'importe que — (moi), le peu de — condition — de joues — roses, — les mois — d'attendre (pendant lesquels j'attendrai), — ne pas — (je parvienne à les) — compter; — (que) les jours — d'espérer (pendant lesquels j'espérerai votre arrivée), — difficilement — (je puisse) les mesurer?* «*Má hồng*» signifie au figuré une jolie personne, parce que, dans l'extrême Orient, les femmes et les filles de condition ont coutume de se farder dans le but d'embellir leur visage. *Chút phận má hồng* signifie donc «une personne d'une situation et d'un visage tels, qu'elle n'a que peu de droits à cette épithète de *má hồng*».

4) Litt. : «*Jeune homme, — si — vous obtenez — les caractères — «illustre» — (et) «répandu au loin»*.

5) Litt. : «*La concubine* (terme d'humilité) *— demande (pour elle) — (les) deux — caractères «tào khương» — afin de — être satisfaite*». *Tào* est le nom du résidu des grains qui ont servi à la distillation, et *khương* la balle du grain. Cette expression, très usitée dans la poésie tant annamite que chinoise, tire son origine de cette idée que la femme doit être la fidèle compagne de son époux, partager avec lui la bonne et la mauvaise fortune et ne jamais l'abandonner, dût-elle en être réduite à se nourrir avec lui des vils aliments que désignent les deux caractères cités ici.

6) Litt. : «*(Je vous en) prie, — gardez-vous de — ambitionner — la nasse — (et d') abandonner — la seine*». Le *đó* ou nasse est placé au milieu du *đăng*, espèce de seine avec laquelle on barre les arroyos à leur embouchure afin d'en faire la pêche. C'est la partie la plus importante du filet, puisque c'est là que se rassemble et se prend le poisson. Aussi, par une

«Chơi lê quên lựu, chơi trăng quên đèn!»
Tiên rằng : «Như lửa mới nhen,
«Dễ trong một bếp mà chen mấy lò?
«May duyên rủi nọ là phô!
«Chớ nghi *Ngô Khỉ!* Hãy lo *Mãi Thần!*»
Loan rằng : «Sử mã kinh luân,
«Có câu *chính tiết,* có vần *chỉnh dung.*
«Trăm năm lòng gắng trinh trung,
«Lánh phòng *Trang tử*; chực phòng *Vương Nghi!*»
Thể Loan vội vã ra đi;
Vân Tiên cất gánh, một khi tựu trường.
Xa xa, vừa một dặm đàng,

modestie affectée, *Thể Loan* se compare-t-elle au *đăng,* et prie-t-elle *Vân Tiên* de ne point s'attacher au *đó,* c'est-à-dire à une autre compagne plus aimable et mieux douée qu'elle. La même idée se retrouve dans les figures du vers suivant.

1) Voy. le texte de Janneaux, en note. — L'auteur fait pressentir ici un épisode de la fin du poème. On y verra, en effet, comment *Vân Tiên* ne fait point mourir *Thể loan* comme *Ngô Khỉ* fit mourir sa femme, mais comment il imite *Mãi Thần,* au moins en citant ses paroles.

2) *Sử mã kinh luân* est un terme complexe et consacré par l'usage pour désigner toutes les branches d'étude en général (histoire, littérature, philosophie, etc.). *Sử,* ce sont les annales. *Kinh luân* désigne les connaissances de l'ordre supérieur en général, et, plus spécialement, les principes les plus purs, les règles de la morale. C'est l'abrégé de l'expression *Kinh luân châm vĩ,* qui signifie *ce qui relie ou englobe ces connaissances.*

Quant au mot *mã,* il est tiré de l'expression *Kim mã, cheval d'or,* qui

«séduit par le poirier, n'oubliez pas la grenade; attiré par la lune,
»ne laissez pas de côté la lampe!»
«Lorsque le feu, dit *Tiên,* est nouvellement allumé,
«peut-on, dans un âtre unique, introduire plusieurs foyers?
«Habile qui pourrait prévoir l'heur et le malheur de la vie!
«Ne craignez point que j'imite *Ngô Khỉ;* mais pensez à ce que fit
»*Mãi Thần*[1]!
«On lit, dit *Loan,* dans les livres[2],
«ces expressions : «*Garder la chasteté*». — «*Avoir un extérieur convenable*».
«Toute ma vie je veux être chaste et fidèle.
«Isolée du monde comme *Trang tử,* je vous attendrai, retirée, comme
»*Vương Nghi,* dans la solitude[3].»
Thể Loan se hâte de se retirer;
Vân Tiên prend son bagage, et part aussitôt pour le concours.
A peine a-t-il parcouru un *dặm,*

est un des noms donnés à l'académie chinoise des *Hàn lâm,* à cause du cheval de bronze qui y fut placé par l'empereur *Võ đế* des *Hán.*

Les lettrés disent proverbialement : «*Kim mã ngọc đường*», expression dont le sens développé est : «*L'homme instruit monte un cheval d'or, et se livre à l'étude dans une salle ornée de pierres précieuses*».

3) Litt. : «*Me retirer (dans) — la chambre — de Trang tử, — (vous) attendre (dans) — la chambre — de Vương Nghi*». Les deux philosophes désignés dans ce vers vécurent dans la solitude. «*Trang tử*», dit la notice du *Tam tự kinh,* «avait pour petit nom *Châu;* son nom honorifique était *Tử* »*hưu;* il était né à *Mông,* dans le royaume de *Sở* ..... Il parle par méta»phores du dégoût des choses du monde; ce qu'il y a de plus élevé à son »point de vue, c'est de se séparer de la multitude et de renoncer au siècle». Quant à *Vương Nghi,* il vivait à l'époque des *Chiến quốc* et était originaire de l'état de *Trịnh;* il se retira du monde pour échapper aux désordres qui désolaient alors la Chine. Ce philosophe aurait été, selon les missionnaires, divinisé par la suite, et serait devenu le *Ngọc hoàng* de la mythologie chinoise.

Gặp *Vương Tử Trực;* vầy đoàn, đều đi.
Trải qua thủy tú sơn kỳ;
Phỉ tình cá nhảy, gặp kỳ rồng bay.
Người hay lại gặp kiểng hay,
Khác nào tiên tử chơi rày *Bồng Lai.*
Cùng nhau tả chút tình hoài,
Năm ba chén rượu, một vài câu thơ.
Công danh ai chẳng ước mơ?
Ba tầng *Cửa Võ* một giờ nhảy qua!
Cùng nhau bàn bạc gần xa.
«Chữ *tài* chữ *mạng* xưa hòa ghét nhau!»

1) Il y a là une espèce de jeu de mots, intraduisible en français, et qui résulte du double sens du mot *hay,* lequel signifie à la fois *savoir* et *beau* ou *bon.*

2) *Bồng lai* ou *Bồng lai tiên cảnh* est le nom du pays des immortels, séjour analogue aux Champs Elysées des anciens, qui est réputé être situé sur une montagne de ce nom, loin des lieux habités par les hommes.

3) Dans la province de *Thái Nguyên* est un golfe où se trouve un grand rocher au pied duquel un jeu de la nature a formé trois degrés assez hauts, et disposés comme les marches d'un escalier. D'après une croyance populaire, l'on verrait tous les ans, à des époques déterminées, plusieurs espèces de poissons s'y réunir et lutter à qui bondira par dessus. Ceux qui seraient assez heureux pour arriver jusqu'au degré le plus élevé seraient, après y avoir séjourné un certain temps sans prendre aucune nourriture, transformés en animaux terrestres. A ces époques fixes, connues des habitants, un grand nombre d'entre eux s'y rendraient pour ramasser les poissons qui, ne pouvant franchir les trois degrés, se brisent la tête contre le rocher.

Il n'est pas impossible que ce phénomène se produise réellement. Il suffit de supposer, pour le comprendre, que les eaux de la mer qui baigne cette roche sont, à certaines époques, brusquement échauffées par les

qu'il rencontre *Vương Tử Trực;* ils se réunissent, et voyagent de compagnie.

Ils traversent des cours d'eau, broderie (naturelle de la terre); ils franchissent de merveilleuses montagnes,

joyeux comme le poisson qui bondit sous les eaux, comme le dragon qui, au temps favorable, s'élance dans le sein des nues.

Ces savants, au milieu de ce charmant paysage[1],

semblent des fils d'immortels errant, au gré de leur caprice, sur la montagne de *Bồng lai*[2].

Dans la compagnie l'un de l'autre, afin d'adoucir un peu le souvenir (du pays natal),

ils vident quelques tasses de vin, et composent quelques poésies.

Qui ne désire point la gloire?

En une heure ils ont, (dans leurs rêves d'avenir), franchi les trois degrés de la porte *Võ*[3].

Leur causerie familière effleure divers sujets.

« Le talent et la destinée, dit *Tiên,* ont de tout temps été en guerre[4]!

éruptions intermittentes de quelque volcan sous marin, et que les poissons, s'efforçant d'échapper à une mort imminente, franchissent ces degrés au-delà desquels ils espèrent trouver des eaux plus fraîches. Quant à leur prétendue transformation en animaux terrestres, cette croyance a pu être causée par la présence d'animaux carnassiers que l'odeur des poissons morts attirerait, et qui se rendraient là en grand nombre pour profiter de cette aubaine. Quoi qu'il en soit, le lieu où ce phénomène se produit ou est réputé se produire est une porte naturelle creusée dans la roche, telle qu'on en trouve un grand nombre sur les côtes de notre pays. De là son nom chinois de « *Võ môn tam cấp,* les trois degrés de la porte *Võ* », nom que l'auteur du *Lục Vân Tiên* a traduit littéralement en annamite vulgaire par les mots « *ba tầng cửa Võ* ». Les deux lettrés, rêvant à leurs épreuves futures, se comparent aux poissons qui se livrent à cette prétendue joûte.

4) *Tiên* veut dire par là qu'il craint que sa destinée ne s'oppose à sa réussite. Ce genre d'opposition est une figure poétique assez fréquente. On la retrouve presque en termes identiques au commencement du poème de *Túy kiều:*

« *Trăm năm, trong cõi người ta,*
« *Chữ tài chữ mạng khéo là ghét nhau!* »

Trực rằng : «Rồng xuống vực sâu,
«Mặc dầu dởn sóng, mặc dầu chơi mây!»
Tiên rằng : «Hồng hộc đều bay;
«E khi mỏi cánh lạc bầy về sau!»
Mãng còn bàn bạc cùng nhau,
Trông chừng kinh địa; đã hầu tới nơi.
Chinh chinh vừa xế mặt trời;
Hai người tìm quán nghĩ ngơi đợi kỳ.
Xảy đâu gặp bạn cố tri!
Đều bày tên họ một khi đặng tường.
Một người ở quận *Phan Chương;*
Tên *Hâm,* họ *Trịnh;* tầm thường nghề văn.
Một người ở phủ *Dương Xuân;*
Họ *Bùi,* tên *Kiệm;* tác chừng đôi mươi.
Hai người lại gặp hai người;
Đều vào một quán, vui cười ngã nghiêng.
Kiệm rằng : «Nghe tiếng anh *Tiên;*

1) Il fait allusion à la prédiction de son maître, d'après laquelle le mo-

« Quand le dragon, répond *Trực*, est descendu dans les profonds » abîmes

« il peut, à son gré, se jouer dans les flots et s'ébattre au sein de la » mer! »

« Le *Hồng* et le *Hộc* volent de compagnie, reprend *Tiên;*

« mais ce dernier, l'aile lassée, ne devra-t-il point retourner sur ses » pas, abandonnant ses compagnons[1]?

Tandis qu'ils devisaient ensemble,

ils aperçurent la capitale; ils approchaient du but de leur voyage.

Le soleil descendant alors vers l'horizon,

les deux amis se mirent en quête d'une auberge, pour s'y livrer au repos en attendant le moment du concours.

Mais, voici que, tout à coup, ils rencontrent d'autres étudiants!

Chacun décline son nom, afin de faire aussitôt connaissance.

L'un d'eux habite le *quận* de *Phan Chương;*

son petit nom est *Hâm* et son nom de famille *Trịnh;* c'est, en littérature, un homme d'un talent ordinaire.

L'autre demeure dans le *phủ* de *Dương Xuân;*

Son nom est *Bùi,* son surnom *Kiệm;* il a environ vingt ans.

Nos deux compagnons en ont trouvé deux autres;

tous entrent à l'auberge pleins de gaîté et riant aux éclats.

« Le renom de *Vân Tiên,* dit *Kiệm,* était parvenu jusqu'à nous;

ment où il lui sera donné d'affronter les épreuves du concours est encore très éloigné.

«Nay đà gặp mặt, phĩ nguyền ước ao!»
Hâm rằng : «Chưa biết thấp cao;
«Làm thơ, mới rổ bực nào tài năng!»
Bèn kêu ông quán, dặn rằng :
«Khá toan sắm sửa đồ ăn cho bề.»
Quán rằng : «Thịt cá ê hề!
«Khô Lân, chả Phụng, bộn bề thiếu đâu?
«Kià là thuốc lá ướp Ngâu;
«Nầy ve Tuyết điểm, nọ bầu Cúc hương.
«Để khi đãi khách giàu sang,
Đãi người văn vật, đãi trang anh hùng!»
Bỉ bàng trà rượu đã xong,
Bốn người ngồi lại một dòng làm thơ.
Kiệm Hâm còn hãy ngẩn ngơ,
Phút thơ *Tiên Trực* một giờ đều xong!
Kiệm Hâm xem thấy lạ lùng,
Gẩm nghi *Tiên Trực* viết tùng cổ thi.

1) Le *Ngâu* est un arbuste à fleur jaune dont la graine, de la grosseur de celle du chou, est mêlée avec le thé pour le parfumer.

«maintenant que nous le voyons lui-même, nous sommes au comble » de nos vœux!»

«(Cependant), reprend *Hâm*, nous ignorons encore à quel degré il » est habile;

«qu'il compose une pièce de vers, et nous aurons alors la vraie me» sure de son talent!»

Il appelle aussitôt l'aubergiste.

«Prenez, lui dit-il, vos dispositions pour nous servir un repas con» venable.»

«Viande et poisson, dit l'aubergiste, j'ai tout cela en abondance!

«Manqué-je, soit de *Lân* séché, soit de hachis de Phénix?

«Voici des feuilles de tabac assaisonnées de *Ngâu*[1],

«Un flacon de *Tuyết điểm*, une gourde de *Cúc hương*[2].»

«Tout cela est réservé pour les hôtes riches et nobles,

«pour les lettrés, pour les héros!»

Après cet excellent repas, quand le vin et le thé sont bus,

nos quatre compagnons s'asseyent côte-à-côte et composent des vers.

Kiệm et *Hâm* n'avaient rien trouvé encore,

que *Tiên* et *Trực*, au bout d'une heure à peine, terminaient déjà leur poésie!

Kiệm et *Hâm*, à cette vue, furent saisis d'étonnement,

et soupçonnèrent leurs compagnons d'avoir reproduit d'anciens vers.

2) Le *Tuyết điểm* et le *Cúc hương* sont deux espèces de vin ou plutôt d'eau de vie fort recherchées.

Chẳng hay ông quán cười chi,
Vỗ tay xuống chiếu, một khi cười dài.
Tiên rằng : «Ông quán cười ai?
Quán rằng : «Cười kẻ bất tài đồ thơ!
«Cười người *Tôn Tẩn* không lừa,
Trước đà thấy máy, không ngừa *Bàn Quyên.*»
Trực rằng : «Lời nói hữu duyên!
«Thế trong kinh sử có tuyền cùng chăng?»
Quán rằng : «Kinh sử đã tầng!
«Coi rồi, lại khiến lòng hằng xót xa!
«Hỏi, thời ta phải nói ra;
«Vì chưng hay ghét, cũng là hay thương!»
Tiên rằng : «Trong đục chưa tường,
«Chẳng hay thương ghét ghét thương lẽ nào.»
Quán rằng : «Ghét việc tầm phào!

1) Litt. : « . . . . *Je ris de — ceux qui — sont sans — talent — (quant à la manière de) composer — les livres* ».

2) Litt. : « *(Votre) force — dans — les Kinh — (et) les historiens — a — (le fait d') être complète — avec (ou) non?* » Les livres classiques et canoniques forment, avec les annales, la base fondamentale de l'éducation littéraire dans les pays de l'extrême Orient, et c'est de ces ouvrages que les lettrés

Ils ne savaient de quoi se moquait l'aubergiste,

qui, frappant de ses mains la natte, riait à gorge déployée.

«De quoi donc riez-vous, monsieur l'hôtelier?» dit *Tiên*.

«Je ris, dit celui-ci, des hommes sans talent, ignorants en littérature[1]!

«Je ris de l'imprévoyant *Tôn Tẩn*,

«qui vit les pièges de *Bàn quyên* et ne sut point y échapper!»

«Voilà, dit *Trực*, un langage distingué!

«Connaîtriez-vous donc à fond les *Kinh* et les historiens[2]?»

«Ils me sont familiers!» répondit l'aubergiste,

«et je ne puis les lire sans me sentir ému!

«Puisque vous m'interrogez, il faut bien que je m'explique;

«car j'y trouve des motifs de haine, et j'y vois aussi des sujets »d'amour[3]!»

«Nous ne sommes point encore fixés sur ce sujet», dit *Tiên*[4],

«et nous ignorons les motifs qui font haïr ou qui font aimer.»

«On doit, dit l'hôtelier, haïr les choses futiles;

et les poètes tirent la majeure partie des citations dont fourmillent leurs œuvres.

3) Ce vers est à double entente. L'aubergiste fait à la fois allusion aux faits relatés dans les livres et aux pensées secrètes des compagnons de *Vân Tiên*.

4) Litt. : « . . . . *(Quant au) trouble — (et au) limpide, — pas encore — nous les saisissons clairement* ».

«Ghét cay, ghét đắng, ghét vào tới tâm!
«Ghét đời *Kiệt Trụ* đa dâm,
«Để dân đến nổi sa hầm sỉa hang!
«Ghét đời *U Lệ* đa đoan,
«Kiến dân luống chịu lầm than muôn phần!
«Ghét đời *Ngũ Bá* phân vân,
«Chuộng bề dối trá, làm dân nhọc nhằn!
«Ghét đời *Thúc Quí* phân băng,
«Sớm đầu, tối đánh, lăng quăng rối dân!
«Thương là thương *Đức thánh nhân*,
«Khi nơi *Tống Vệ*, lúc *Trần*, lúc *Khuông!*
«Thương thầy *Nhan tử* dở dương,
«Ba mươi mốt tuổi tách đường công danh!
«Thương ông *Gia Các* tài lành,
«Gặp kỳ *Hán* mạt đã đành phui pha!
«Thương thầy *Đổng tử* cao xa,

1) Litt. : «*(Qui) laissèrent — le peuple — en arriver — au point de — tomber dans — le fossé — (et) trébucher dans — le trou*».

«les haïr cruellement, les haïr du fond du cœur;

«comme furent haïs *Kiệt* et *Trụ,* ces (monarques) débauchés,

«qui laissèrent glisser le peuple dans l'abîme du malheur[1];

«comme furent haïs *U* et *Lệ,* ces tyrans dissimulés et capricieux,

«qui lui firent endurer inutilement une longue et terrible misère[2];

«comme furent haïs les *Ngũ Bá,* fauteurs d'embarras et de troubles,

«amis du mensonge et fléaux du peuple,

«ainsi que les *Thúc Quí,* lesquels, tramant de stériles intrigues,

«tantôt soumis, tantôt vainqueurs, furent le tourment de leurs sujets!

«On doit (au contraire) aimer comme on aima le Saint homme

«errant de *Tống* à *Vệ,* et de *Trần* à *Khuông;*

«ou le savant *Nhan tử,* victime de son triste sort,

«qui dut, à trente et un an, quitter sa glorieuse carrière;

«comme on aima *Gia Các,* cet homme au talent élevé

«qui, alors que *Hán* touchait à sa fin, résolut (néanmoins) de répri-
»mer les factions;

«comme on aima le savant *Dổng tử,*

2) Litt. : «*(Qui) forcèrent — le peuple — (à) inutilement — supporter — la misère — dix mille — parties*». «*Muôn phần, dix mille parties*» est un idiotisme qui correspond à l'expression française «*au plus haut degré*».

«Chí, đà có chí; ngôi, mà không ngôi!
«Thương người *Nguyên Lượng* ngùi ngùi,
«Lở bề giúp nước, lai lui về cày!
«Thương ông *Hàn Dũ* chẳng may,
«Sớm dưng lời biểu, tối đày đi xa!
«Thương bấy *Liêm Lạc* đã ra,
«Bị lời xua đuổi về nhà giáo dân!
«Xem qua kinh sử mấy lần;
Nữa phần lại ghét, nữa phần lại thương».
Trực rằng : «Chùa rách Phật vàng!
«Ai hay trong quán ẩn tàng kinh luân?
«Thương dân, sao chẳng xuất thân,
«Gặp khi nắng hạ toan phần làm mưa?
Quán rằng : «*Nghiêu Thuấn,* thuở xưa,
«Khó ngăn *Sào Phụ,* khôn ngừa *Hứa Do.*

1) Litt. : «*(Qui, quant à) l'intention, — avait eu — l'intention; — (quant à des) dignités, — mais — fut sans — dignités*». *Mà* se trouve placé par inversion après *ngồi*, parce qu'ainsi le veut la loi du parallélisme, dont l'observation est une des premières conditions d'élégance dans la poésie annamite comme dans la poésie chinoise. En effet, par cette transposition, le second hémistiche cadre parfaitement avec le premier. *Ngôi,* substantif, le commence et le termine, correspondant à *chí,* substantif aussi, qui commence et termine le premier hémistiche; *mà,* particule secondaire, répond à *đà,* simple

«qui, doué pour le bien d'une énergique volonté, n'obtint pourtant
»pas de fonctions[1];
«comme on aima l'infortuné *Nguyên Lương*,

«qui, déçu dans son zèle pour le service de l'Etat, dut retourner à
»la charrue;
«comme on aima le malheureux *Hàn Dũ*,

«qui, le matin offrait au roi ses avis, et partait, le soir, pour un loin-
»tain exil;
«comme enfin l'on aima les sages de *Liêm* et de *Lạc*[2],

«qui, chassés par l'ordre du prince, retournèrent dans leur demeure,
»et y instruisaient le peuple.
« J'ai lu et j'ai relu les *Kinh* et les Annales,

«et j'y trouve, en nombre égal, des sujets de haine et d'amour[3]».

«Voilà, dit *Trực*, un Bouddha en or dans une pagode en ruines!

«Qui eut pensé trouver, enfouie dans une auberge, une si grande
»érudition[4]?
«Puisque vous aimez le peuple, pourquoi ne pas vous produire,

«afin de lui ménager la pluie au fort des chaleurs de l'été?

«*Nghiêu* et *Thuấn*, au temps jadis

«ne purent, dit l'aubergiste, entraîner *Sào Phụ*, faire violence à *Hứa Do*[5].

marque du passé. Enfin *không*, qui est ici, par position, un verbe exprimant la non-possession, fait le pendant de *có*, verbe possessif; l'opposition ne peut être plus parfaite.

2) Litt. : « *Aimer — la troupe — de Liêm — (et) de Lạc — (qui) était partie.* »

3) Litt. : « *(Pour) la moitié — encore — (on y) hait, — (pour) la moitié — encore — (on y) aime.* »

4) Litt. : « *Qui — saurait (que) — dans — (une) auberge — sont cachées — les connaissances de l'ordre supérieur ?* »

5) Le verbe bisyllabique « *ngăn ngừa, faire obstacle à* » est divisé par élé-

«*Di Tề* chẳng khứng giúp *Châu*.
«Một mình một núi, ai hầu chi ai?
«Ông *Y*, ông *Phó* ôm tài.
«Kẻ cày, người cuốc, đóai hoài chi đâu?
«*Thái công*, xưa, một cần câu,
«Hôm mai sông *Vị* mặc dầu vui chơi.
«*Nghiêm Lăng* đã mấy đua bơi?
«Cày mây, câu nguyệt, tả tơi áo cầu!
«*Trần Đoàn* nào có lo âu?
«Gió trăng, một túi, công hầu chiêm bao.
«Người nay có khác xưa nào?
«Muốn ra, ai cấm? Muốn vào, ai ngăn?»
Hâm rằng : «Lão quán nói nhăn!
«Dầu cho trải việc, cũng thằng bán cơm!
«Gối rơm theo phận gối rơm!

gance, et chacun des monosyllabes qui le composent est associé à l'un des deux régimes qu'il gouverne.

1) Litt. : « *Tout seuls — (sur) une — montagne, — qui aurait aidé — (en) quoi (que ce soit) — qui (que ce fût)?* » Voilà encore un de ces emplois du mot *ai* que j'ai signalés plus haut.

2) Il est impossible de rendre autrement que par une périphrase ce vers qui signifie littéralement : « *Il labourait les nuages et piochait la lune, légèrement déchiré quant à son manteau* ». *Áo cầu* est une espèce de par-dessus.

«*Di* et *Tề* ne daignèrent point accepter de fonctions des *Châu*.

«Seuls, chacun sur sa montagne, ils ne servirent personne[1].

«*Y* et *Phó* dissimulaient leur talent.

«Attachés, l'un à sa charrue, l'autre à sa pioche, ils n'avaient ni curio- »sité ni ambition.

«Autrefois *Thái Công*, armé d'une ligne à pêcher,

«se récréait le matin, à sa guise, sur les bords de la rivière *Vi*.

«*Nghiêm Lăng* prit-il part aux luttes (de l'humanité),

«alors que, librement et sans entraves, vêtu d'un manteau déchiré, »il s'adonnait aux choses de l'esprit, pour sa propre satisfaction[2]?

«*Trần Đoàn* n'avait nul souci de la gloire.

«Libre sous le ciel, porteur d'une besace, il tenait pour un vain rêve »les distinctions et les honneurs[3].

«En quoi les hommes d'aujourd'hui diffèrent-ils des hommes d'autre- »fois?

«Si je veux sortir, qui me le défendra? et si je veux rentrer, qui »m'en empêchera?»

Hâm dit: «Ce vieil aubergiste radote!

«Avec sa grande expérience, il n'est, après tout, qu'un marchand de »riz cuit!

«Quand on est un homme de rien, on reste un homme de rien[4]!

3) Litt. : «*(Au) vent — (et sous la) lune, — (avec seulement) une — besace, — (le titre de) công — (et) — (le titre de) hầu — il considérait comme un songe.* Il y a ici une inversion, et, en outre, le verbe *chiêm bao, rêver*, est au causatif. Le titre chinois de *công* est généralement assimilé au titre français de *duc*, et le titre de *hầu* à celui de *marquis*.

4) Litt. : «*L'oreiller — de paille (celui qui n'a que de la paille pour reposer sa tête) — suit — la condition — de l'oreiller — de paille.*»

«Có đâu ở thấp mà chờm lên cao?»
Quán rằng : «Gặp lúc mưa giào,
«Êch nằm đấy giếng thấy bao nhiêu trời?
«Nước trong, cá lội thảnh thơi!
«Xem hai con mắt sáng ngời như châu!
«Uổng thay đờn gảy tai trâu,
«Nước xao đầu vịt! Gẫm âu nực cười!»
Tiên rằng : «Ong quán chớ cười!
«Đây đà nhớ lại bẩy người *Trước lâm!*
«Cùng nhau kết bạn, đồng tâm.
«Khi cờ, khi rượu, khi cầm, khi thi,
«Công danh phú quí màng chi?
«Sao bằng thong thả một khi vui lòng?
«Rừng nhu biển thánh mênh mông!
«Dễ ai lặn lội cho cùng vậy vay?»

1) L'eau qu'on répand sur la tête d'un canard ne peut la mouiller; car, outre que cette tête est ronde, les plumes, qui sont très fines et très serrées, sont rendues imperméables par la matière grasse qui les imprégne.

2) Litt. : «*Tantôt — les échecs, — tantôt — le vin, — tantôt — le Cầm — tantôt les vers.*» *Vân Tiên* veut dire par là que lui et ses amis peuvent fort bien imiter le bon accord de ces sages, au lieu de se jalouser mutuellement.

3) Litt. : «*La forêt — des lettrés — (et) la mer — sainte — sont immenses.*»

«Comment, lorsqu'on est en bas, pourrait-on s'élever en haut?»

L'aubergiste répondit : «Quand vient le moment de l'averse,

«une grenouille au fond d'un puits aperçoit bien peu du ciel;

«mais lorsque l'onde est limpide, les poissons nagent librement!

«Regardez leurs deux yeux, ils brillent comme des perles!

«C'est bien en vain (d'ailleurs), qu'aux oreilles d'un buffle j'ai pincé
»de la guitare,

«et que j'ai répandu de l'eau sur la tête d'un canard[1]! Vraiment, en
»y pensant, je meurs d'envie de rire!»

«Monsieur l'hôtelier, ne riez point, dit *Tiên;*

«(car) vous vous souvenez assurément des sept hommes (appelés)
» *Trước lâm.*

«Ils avaient lié amitié ensemble, et n'avaient tous qu'un seul cœur.

«Tantôt jouant aux échecs, tantôt buvant du vin; jouant du *cầm* au-
»jourd'hui, et demain composant des vers[2],

«ils faisaient peu de cas de la gloire et de la richesse!

«Elles ne valent point la liberté, unie à la joie du cœur!

«Immense est le champ de la littérature[3]!

«Qui pourrait l'explorer à fond[4]?

4) Litt. : «*Est-il facile que — quelqu'un — (y) plonge — (et) nage — de manière à — atteindre le bout?* Le mot *dễ* que je traduis par son sens étymologique, est employé très souvent en poésie, lorsqu'il s'agit d'une interrogation qui implique en elle-même une affirmation. C'est une ellipse pour «*Há dễ?* Comment serait-il facile....?» — *Cùng, fin, bout,* devient verbe par position. — *Vậy vay* est une formule interrogative énergique, qui répond assez bien à notre *n'est-ce pas?* final.

Quán rằng : «Đó biết ý đây!
«Lời kia đã cạn! Rượu nầy thưởng cho!»
Kiệm Hâm là đứa so đo;
Thấy *Tiên* đường ấy, thêm lo trong lòng.
Khoa nầy *Tiên* ắt đầu công;
Hâm dầu có đậu, cũng không ra gì!
Mãn còn bàn bạc thị phi,
Xãy nghe trống điểm; một khi nhập trường.
Kẻ hòm, người trắp; chật đường.
Lao xao lũ bảy, chàng ràng đoàn ba.
Vân Tiên vừa bước chơn ra,
Bổng đâu xãy gặp tin nhà gởi thơ.
Khai phong, xem hẳn sự cơ,
Mình sa xuống đất; dặc dờ hồn hoa!
Hai hàng nước mắt nhỏ sa;
Trời nam đất bắc xót xa đoạn trường!

1) Litt. : « . . . . *(Celui qui est) là — connaît — l'intention — de (celui qui est) ici.»* *Đó* et *đây* sont assez souvent employés figurativement dans le sens de *vous* et de *moi*. L'aubergiste veut prévenir *Tiên* contre les deux faux amis qui plus tard chercheront à lui nuire.

2) Litt. : « . . . . *de (ces) individus — (qui) comparent — (et) mesurent»*. Ils

«Vous avez, dit l'aubergiste, compris quelle est mon intention[1]!
«Assez sur ce sujet! Je vous donne ce vin comme prix du concours!»
Kiệm et *Hâm* étaient de ces jaloux qui mesurent l'œuvre d'autrui[2];
voyant *Tiên* aussi savant, ils sentaient, dans leur cœur, s'accroître l'inquiétude.
Certes, au concours, *Tiên* obtiendrait le premier rang;
pour *Hâm*, en cas qu'il fût reçu, son succès serait peu de chose!
Pendant qu'ils étaient encore à peser le pour et le contre,
l'on entendit tout à coup résonner le tambour; aux examens tous allaient à la fois.
Qui portait sa boîte, qui son coffret de livres; le chemin était encombré de monde.
Par troupes de sept, par bandes de trois, les étudiants se mêlaient bruyamment.
A peine *Vân Tiên* venait-il de se mettre en route,
qu'il rencontra tout à coup un messager de sa famille chargé d'une lettre pour lui.
Il l'ouvre, en prend connaissance,
et, tout éperdu, se laisse tomber à terre!
De ses yeux coulent deux ruisseaux de larmes;
en se voyant si loin de sa famille, il sent son cœur se déchirer[3]!

se comparaient à *Tiên* et à *Trực*, et ils étaient jaloux du savoir de ces derniers.

3) Litt. : «*Le ciel — du sud — (et) la terre — du nord — lui faisaient ressentir une douleur cuisante — (au point de) — couper — (ses) entrailles.*» *Tiên* est en ce moment au midi tandis que son père est resté au nord; et la

Anh em ai nấy đều thương.
«Trời ôi! Sao nỡ phụ đường công danh?
«Nhửng lâm công toại danh thành,
«Nào hay từ mẫu u minh sớm dời?»
Gắng vào trong quán an nơi;
Tớ thấy than thở, liệu lời qui lai.
Tiểu đồng thở vắn than dài :
«Trời! Sao, Trời, nỡ phụ tài người ngay?»
Trực rằng : «Đã đến đỗi nầy,
«Tiểu đồng, bậu, hãy làm khuây, chớ phiền!
«Sớm hôm thang thuốc dưỡng an!
«Chờ ta vài bữa ra đường; sẽ hay.
«Bây giờ kíp rước thợ may,
«Sắm đồ thành phục nội ngày cho xong!
«Dây rơm, mũ bạc, áo thùng,

distance qui les sépare au moment même de la perte de sa mère lui cause une grande douleur. *Doạn trường* est une idiotisme métaphorique qui joue ici le rôle d'un adverbe composé.

1) L'expression chinoise consacrée est *toại thành công danh,* et signifie littéralement, en suivant l'ordre des caractères : «*donner une libre expansion à — (et) parfaire — (ses) mérites — (et sa) réputation*». L'auteur y a introduit une inversion tout à fait contraire aux habitudes des lettrés annamites,

Tous ses camarades sont saisis de compassion.

«Ô ciel, s'écrie-t-il, pourquoi me fermer ainsi le chemin de la re»nommée?

«Pendant que j'étais tout au soin de fonder ma réputation[1],

«qui aurait pensé que ma tendre mère allait partir si tôt pour le »sombre séjour?»

A grand peine il se traîne jusqu'à l'hôtellerie (dans l'espoir), d'y trouver le calme;

le maître et le serviteur y délibèrent en soupirant au sujet de leur retour.

L'enfant donne un libre cours à ses lamentations[2]:

«Ô ciel! s'écrie-t-il, peux-tu délaisser un homme savant et sincère?»

«Puisque, dit *Trực,* il en est arrivé à ce degré d'infortune,

«il faut te calmer, petit serviteur, et faire trêve à ton chagrin!

«Veille, matin et soir, aux remèdes nécessaires; soigne ton maître, »rends lui le calme!

«Attends-nous (ici) pendant les quelques jours que va durer notre »absence; ensuite nous aviserons.

«Hâte-toi, pour le moment, d'aller chercher un tailleur;

«qu'il prépare les vêtements de deuil; que tout soit prêt dès aujour»d'hui!

«Ceinture de paille, chapeau blanc, robe funèbre,

qui observent généralement une exactitude scrupuleuse dans les citations qu'ils font des textes chinois. Il est vraisemblable que, désireux de ne pas modifier le vers précédent qui est fort beau, et tenant également à conserver une citation dont il attendait un grand effet, il aura voulu parer par une inversion au détestable résultat qu'aurait produit une finale bisyllabique *(cong danh)* identique dans les deux vers.

2) Litt. : « *Le petit — serviteur — soupire — court — (et) gémit — long.* »

«Cứ theo trong lễ *Văn Công* mà làm!»
Tiên rằng : «Mẹ bắc, con nam!
«Nước non vọi vọi! Đã cam lỗi nghì!
«Trong mình không cánh, không vi!
«Lấy chi lướt dặm? Lấy chi tách đàng?
«Nhập trường, phút lại gặp tang!
«Ngẩn ngơ kẻ ở; lở làng người đi!
«Việc trong trời đất biết chi?
«Sao dời, vật đổi; còn gì mà trông?»
Hai hàng nước mắt ròng ròng;
Tưởng bao nhiêu, lại đau lòng bấy nhiêu.
Cạnh buồm bao quản gió xiêu?
Ngàn trùng non nước; chín chiều ruột đau!
Thương thay hai chữ *cù lao!*
Ba nam nhũ bộ, biết bao nhiêu tình?
Quán rằng : «Trời đất thình lình!

1) Litt. : «*Indécis et troublé — celui qui — resterait! — Déçu dans son espoir — l'homme (qui) — partirait!*»

2) Litt. : «*Des œuvres — (qui se font) dans — le ciel — (et) la terre, — on sait — quoi?*»

3) Litt. : «*L'angle — de voile — combien — s'inquiète-t-il — du vent — (qui) le pousse?*» — *Cạnh* signifie proprement *un des coins d'une voile*

«que tout soit conforme aux rites de *Văn công.*

«Ma mère était au nord, s'écrie *Tiên,* et son fils était au midi!

«Des eaux, des montagnes nous séparaient, espace immense! Je »porte la peine de mon infraction aux règles (de la piété filiale)!
«(Hélas!) Je n'ai ni ailes ni nageoires!

«Comment franchir l'espace? Comment couper au plus court?

«Au moment d'aborder l'examen, voilà que, tout à coup, je rencontre »le deuil!
«Si je reste, que ferai-je? Si je pars, mon espoir est déçu[1]!

«Qui peut prévoir quelque chose dans les événements de ce monde[2]?

«Les astres changent de place, les objets changent d'état; qu'ai-je »encore à espérer?»
Deux ruisseaux de larmes coulent sur son visage;

plus il pense à son infortune, et plus il souffre dans son cœur.

Qu'importe le vent à la voile qui en reçoit l'impulsion[3]?

A la vue de l'immensité, à la pensée des eaux et des montagnes, la douleur déchire son sein!
Avec émotion il rappelle à sa mémoire les mille soins que sa mère donna jadis à son enfance[4].
Pendant trois ans elle lui offrit son lait; qui pourrait dire avec quelle tendresse?
«Ô ciel! ô terre! s'écrie l'aubergiste; quelle infortune inopinée[5]!

triangulaire. Tiên veut dire par là qu'il s'abandonne aveuglément à sa destinée.

4) *Cù lao* est une expression chinoise qui signifie tout travail pénible et douloureux, et plus particulièrement les douleurs de l'enfantement et les fatigues de tout genre qu'entraîne l'éducation des enfants.

5) Litt. : «. . . . *Ciel — (et) terre! — Tout à coup!*»

«Gió mưa đâu phút gẩy nhành thiên hương!
«Ai ai xem thấy cũng thương!
«Lở bề báo hiếu, lở đường lập thân!
«Dầu cho chước quỉ mưu thần,
«Phong trần ai cũng phong trần như ai!
«Éo le xưa khéo đặt bài,
«Chữ *tài* lại với chữ *tai* một vần!
«Đường đi một tháng; chẳng gần!
«Khi qua, khi lại, mấy lần xông pha?»

1) Litt. : «*Il a échoué — du côté de — (l'action de) payer — (sa dette) de piété filiale; — il a échoué — (quant à) la voie — d'établir — sa personne.*»

2) Litt. : «*(Quant au) vent — (et à la) poussière (aux épreuves de ce monde), — qui (que ce soit), — tout aussi bien, — (serait exposé au) vent — (et à la) poussière (subirait ces épreuves) — comme qui (que ce soit).*»

L'expression «*phong trần*, litt. : *vent et poussière*», est très usitée, surtout en poésie, pour désigner *le monde*, considéré comme le séjour où l'homme doit subir des épreuves multipliées et où se déchaînent toutes les passions. On le compare à un lieu où le vent soulèverait des flots de poussière. Cette figure est très heureuse, et il serait difficile de trouver une image plus frappante du trouble perpétuel qui règne sur cette terre.

Pour bien comprendre ce vers, de même qu'une foule d'autres, il faut s'attacher à la règle de position. Avant le premier substantif composé *phong trần*, placé ainsi en tête du vers et suivi immédiatement du mot *ai* qui, joint à *cũng*, commence forcément une proposition, il faut nécessairement sous-entendre les mots «quant à» ou «pour ce qui est de»; et traduire : «*Quant à ce monde troublé*».

Le second *phong trần*, au contraire, suivi du mot *như*, *comme*, ne peut être qu'un adjectif, et un adjectif pris verbalement, puisqu'il n'y a point avant lui d'autre verbe exprimé. Or, quel adjectif peut-on former, étant

«Voilà que, tout à coup, la tempête a brisé les branches de l'arbre à »encens!

«Qui devant un pareil spectacle, ne se sentirait ému de pitié?

«Il n'a pu remplir son devoir filial, et (cependant) il voit son avenir »brisé[1]!

«Eut-il à son service la ruse des démons, la puissance des génies,

«tout homme, comme lui, subirait ces épreuves, triste apanage de »l'humanité[2]!

«Ô l'amère plaisanterie qu'imaginèrent ceux d'autrefois,

«lorsqu'ils firent rimer ensemble les mots *malheur* et *talent*[3]!

«La route est longue; il faudra marcher plus d'un mois,

«faire détours sur détours, et reprendre sans cesse une direction sans »cesse interrompue!

donné le contexte, avec ce mot double *phong trần* qui signifie «le monde *(considéré comme un lieu de troubles)*»? Evidemment ce sera «*exposé aux épreuves du monde*», ou quelque terme d'équivalent.

Quant au mot *ai*, dont la signification la plus ordinaire est «qui?», ce mot, comme ses congénères *nào, gì, chi,* cesse d'être interrogatif dans certains cas, parfaitement déterminés par la règle de position, et qu'il serait trop long d'énumérer ici. Il faut alors, pour en trouver la signification logique, sous-entendre après lui les mots «que ce soit». Dans l'espèce, le premier *ai*, suivi de *cũng*, constitue une expression elliptique dont le développement complet est *ai nẩy đều . . ., qui que ce soit, chacun, tout le monde.* Or, lorsque le mot *ai* commence et termine à la fois une proposition, et qu'il a, en tête, la signification que je viens de lui donner, il le conserve nécessairement à la fin, et il perd dans les deux positions sa valeur interrogative.

J'ai pensé qu'il ne serait pas inutile de donner ici, en passant, un aperçu que je crois exact des applications de la règle de position à la traduction de l'annamite. Là est la clef, non seulement de la traduction des pièces de style poétique, mais encore de la conversation la plus vulgaire; et c'est pour n'avoir soupçonné cette vérité, ou tout au moins pour n'en avoir pas été suffisamment pénétré, qu'on a pu aller jusqu'à dire que l'annamite était une langue infernale, dépourvue de règles, et absolument impossible à apprendre pour la plupart des européens.

3) *Tai* — *Tài.*

Xảy đâu bạn tác vừa ra;
Trực cùng *Hâm Kiệm* xúm mà đưa *Tiên.*
Hâm rằng : «Anh chớ ưu phiền!
«Khoa nầy chẳng gặp, ta nguyền khoa sau.
«Thấy nhau, khó nỗi giúp nhau!
«Một vừng mây bạc dàu dàu khá thương!
Vân Tiên cất gánh lên đường.
Trịnh Hâm ngó lại, đôi hàng lụy sa.
Đi vừa một dặm xa xa,
Bổng đâu ông quán bôn ba theo cùng.
Quán rằng : «Thương đứng anh hùng!
«Đưa ba hườn thuốc đễ phòng hộ thân.
«Chẳng may gặp lúc gian truân,
«Đương khi quá đói, thuốc thần cũng no.»
Tiên rằng : «Cúi đội ơn cho!
«Trong lòng ngại ngại hãy lo xa gần!»
Quán rằng : «Ta cũng bâng khuân!
«Thấy vầy, nên mới ty trần tới đây.

En ce moment les compagnons sortaient justement (de l'auberge).

Trực, Hâm et *Kiệm,* de concert, firent la conduite à leur ami.

« Ô mon frère! lui dit *Hâm,* ne t'abandonne pas à la tristesse!

« Tu as manqué ce concours, mais, si le Ciel écoute nos vœux, tu » réussiras au suivant.

« Bien que témoins de ta peine, il nous est difficile de t'apporter du » secours!

« Sur ta tête s'amoncellent les nuages du malheur; hélas! tu es bien » à plaindre! »

Vân Tiên charge son paquet sur son épaule, et part.

Trịnh Hâm le regarde (aller), et de ses yeux coulent des larmes.

A peine *Tiên* avait-il parcouru un *dặm,*

que l'hôtelier, tout à coup, le rejoignit en courant.

« Je vous aime, lui dit-il, ô jeune homme à l'âme élevée!

« Je vous apporte trois pilules qui vous conserveront la vie.

« Si votre mauvaise fortune vous entraînait dans quelque situation » critique,

« et que la faim vous pressât trop, ce remède magique l'apaiserait ».

« Humblement je vous rends grâce, lui répondit *Tiên.*

« Mon pauvre cœur perplexe est accablé de soucis! »

« Moi aussi, dit l'hôtelier, je suis en proie à la tristesse!

« Voyant ce qui en est, j'ai fui le monde et suis arrivé jusqu'ici.

«Non xanh, nước bích vui vầy;
«Một bầu bạch cúc, một gậy kim cang,
«Dẫn thân vào chốn an nhàn.
«Thoát vòng danh lợi, lánh đường thị phi!»
Nói rồi, quày quả ra đi.
Vân Tiên xem thấy càng nghi trong lòng.
Trông chừng dặm củ, thẳng xông;
Nghĩ đòi cơn, lại nào nồng đòi cơn.
Nên hư chút phận chi sờn?
Lo công dưỡng dục, đền ơn sanh thành!
Mang câu *bất hiếu!* Đã đành!

1) Le *Rượu bạch cúc* est une espèce de vin blanc. Le *Gậy kim cang* est une canne bizarrement contourée, analogue à celle que portaient en France les muscadins sous le Directoire. Son nom, qui signifie littéralement *bâton de diamant* est une allusion à sa solidité, et aussi au nom bouddhique de 手執金剛杵 *celui qui tient à la main la massue de diamant (vadjra pani),* donné à Indra en sa qualité de défenseur de la foi. Ce nom de *Kim cang ngọ* désigne aussi une sorte de massue dont se servent les prêtres dans leurs exorcismes et leurs prières, et qui est le symbole du pouvoir dominateur de Bouddha triomphant du péché par la sagesse *(pradjna).* (V. Wells Williams, aux mots 杵 et 金.) L'aubergiste protecteur de *Lục Vân Tiên* est un immortel *(ông tiên)* qui, après s'être fait son maître et l'avoir instruit, a pris ce nouveau déguisement dans le but de le prémunir contre les dangers qui le menacent et dont il l'a prévenu dans la prédiction qu'on a lue au commencement du poème. Il est donc naturel que l'auteur lui mette dans la main une canne dont le nom est celui du mystérieux 金剛杵.

2) Litt. : « *Je m'échappe de — le cercle — de la renommée — (et) du gain, — je me détourne de — le chemin — du vrai — (et) du faux.* »

«Allant joyeux au sein des montagnes verdoyantes, entouré de »ruisseaux limpides,

«pourvu d'une gourde de *Bạch cúc,* ainsi que du bâton *Kim cang*[1],

«je me rends en des lieux paisibles et tranquilles.

«Je fuis ce séjour de rivalités ambitieuses ou rapaces, cette voie où »s'agite une foule trompeuse[2]!»

Ayant ainsi parlé, promptement il se retire.

Vân Tiên l'examine, et un doute croissant pénètre dans son cœur.

Il part, et, sans hésiter, reprend le chemin du retour[3].

Plus il réfléchit en lui-même, et plus il est soucieux.

Que lui importent le succès ou l'échec?

Ce dont il a souci, ce sont les peines que causèrent à ses parents sa naissance et son éducation; il eut voulu payer ces bienfaits de retour[4]!

Il mérite, c'est trop certain, qu'on l'accuse d'avoir manqué à la piété filiale[5]!

3) Litt. : «*Il avise — le terme — des dặm — anciens, — (et) tout droit — il s'y précipite.*»

4) Litt. : «*Il est soucieux — (au sujet de) la peine — de l'avoir nourri, — (et du fait de) payer de retour — le bienfait — de l'avoir mis au monde.*»

5) Litt. : «*Il est sous le coup de — la phrase (les mots) : — «Sans — piété filiale». — C'est évident!*» — Dire d'un fils qu'il n'a point de piété filiale, c'est, chez les peuples de l'extrême Orient, le blâme le plus énergique qu'on puisse lui infliger. Dans l'*Avertissement donné au prince de Khang* (*Thơ kinh,* sect. V, liv. 9), *Châu công* parle ainsi à son frère cadet : «Tous ceux qui »commettent d'eux-même des crimes, volant, dérobant, se rendant coupables »de scélératesse et de trahison, tuant les autres ou leur enlevant brutale»ment ce qui leur appartient; ces hommes violents et qui ne craignent pas »la mort sont abhorrés de tous; (mais), ô *Phong!*» ajoute le prince, «si ces »fauteurs de crimes excitent une horreur générale, *combien, et de beaucoup,* »*sont plus détestables ceux qui n'ont point de piété filiale* et méconnaissent »le devoir qui relie les frères entre eux! (元惡大憝、矧惟不»孝不友 *Nguyên ác đại đôi, thẩn duy bất hiếu bất hữu* . . . .).»

Nghĩ mình mà thẹn cho mình làm con!
Những dồi một tấm lòng son;
Những lăm trả nợ nước non cho rồi!
Nào hay nước chảy, huê trôi?
Nào hay phận bạc như vôi thể nầy?
Một mình ngơ ngẩng đường mây,
Khác nào chích *nhạn* lạc bầy kêu sương!
Đến nay lâm sự, mới tường!
Hèn chi thầy dạy khoa trường còn xa?
Tiểu đồng thấy vậy thưa qua:

1) Litt. : « *Il réfléchit sur — lui-même, — et — a honte — à (concernant) — (la manière que) lui-même — fait — le fils (remplit ses devoirs de fils).* »

2) Litt. : « *Uniquement — il polissait (fortifiait en lui) — un — cœur — de vermillon.* »

3) Litt. : « *Son intention — était dirigée vers — (le fait de) payer — la dette — des eaux et des montagnes (sacrée) — d'une manière complète.* »

Nước non, les eaux et les montagnes, est une expression qui revient constamment dans les poèmes cochinchinois lorsqu'il s'agit d'exprimer l'importance d'un engagement; ainsi un serment *« sur les eaux et les montagnes »,* signifie *un serment solennel.* L'Annamite est très accessible aux émotions causées par la vue des grands accidents du paysage et des phénomènes de la nature; aussi les poésies de ce peuple fourmillent-elles de métaphores qui en sont tirées. Les eaux et les montagnes constituant ce qu'il y a de plus grandiose, on les a naturellement prises comme terme de comparaison pour exprimer ce qu'il y a de plus solennel dans les sentiments et dans les actes de la vie morale.

4) Litt. : « *Est-ce qu'(on pouvait) — savoir que — l'eau — coulerait — (et que) la fleur — surnagerait ?* » Il y a là une comparaison à double sens; car on peut aussi bien l'entendre de la mort de la mère de *Tiên.* Ces vers à double entente sont assez fréquents, et semblent constituer une beauté très goûtée par les lettrés de la Cochinchine.

Il réfléchit sur lui-même, et rougit d'être un fils ingrat[1]!

Il faisait des efforts constants pour conserver un cœur pur et sincère[2],

et avait résolu de s'acquitter de cette dette sacrée[3]!

Qui eût pensé qu'il allait, comme une fleur, être emporté par le courant des eaux,

et que la fortune ingrate lui réservait un pareil dénûment[4]?

Le voilà isolé, indécis au milieu de sa route[5],

tel qu'un *nhạn* égaré, qui tristement crie[6] loin de (ses compagnons)[7]!

A présent le malheur est arrivé; il connaît tout clairement!

Il comprend pourquoi son maître disait que pour lui le concours était encore éloigné!

Son petit serviteur, le voyant en cet état, lui adresse la parole en ces termes:

5) Litt. : « *Est-ce qu'(on pouvait) — savoir que — son sort — serait blanc — comme — la chaux — de cette manière?* » — *Bạc* veut en même temps dire *blanc* et *ingrat;* d'où cette espèce de jeu de mots.

6) Litt. : « *(Il est) seul — isolé et indécis — dans le chemin — des nuages.* » Le mot *mây, nuages* n'est ici qu'un ornement. Il existe dans les poèmes annamites un assez grand nombre d'épithètes de convention qu'il est dans l'usage d'ajouter à certains substantifs; ce sont des espèces de chevilles poétiques. C'est ainsi qu'on lit dans le poème fantastique 石生李通書 *(Thạch Sanh Lý Thống thơ),* vers 636—637 :

« *Tóc* mây *thỏ thỏ, má hồng tốt tươi;*
« *Môi* son *thỏ thỏ, miệng cười.* »

« Elle avait de beaux cheveux, des joues fraîches, des lèvres mignonnes, » une bouche souriante. (Litt. : Ses cheveux de *rotin (sic)* . . . ., ses joues » roses . . ., ses lèvres de *vermillon*). » La dernière de ces expressions se trouve aussi, d'ailleurs, dans le *Lục Vân Tiên.*

7) Le mot *sương, rosée* n'est pas une épithète, comme *mây;* mais il est placé là pour faire pendant à ce dernier mot. Le goût du parallélisme veut, en effet, que lorsqu'une des chevilles poétiques dont je viens de parler dans la note sur le vers précédent a été employée, soit dans le premier hémistiche d'un vers, soit dans le premier vers d'un distique tel que ceux

«Gẫm đây cho tới quê nhà còn lâu!
«Thầy sao chẳng ngớt cơn sầu?»
Mình đi đã mệt; dòng châu thêm nhuần!
E khi mang bịnh nữa chừng!
Trong non khó liệu; giữa rừng khôn toan!
Tiên rằng : «Khô héo lá gan!
«Ôi thôi! Con mắt đã mang lấy sầu!
«Mịt mù! Còn thấy chi đâu?
«Chơn đi đã mỏi; mình đau như dần!
«Có thân, phải khổ với thân;
«Thân ôi! Thân biết mấy lần chẳng may?»
Đồng rằng : «Trời đất có hay!
«Ra đi chưa đặng mấy ngày, lại đau!
«Một mình nhắm trước, xem sau,
«Xanh xanh bờ cõi, dàu dàu cỏ cây!
«Vốn không làng xóm chi đây!
«Xin lần tới đó tìm thầy thuốc thang!»

qui composent les poèmes de la nature de celui-ci, un mot analogue soit mis à la place correspondante, soit dans le second hémistiche du même vers, soit dans le second vers du distique.

«Pensez, ô maître! que, d'ici à notre pays, la route est longue à par-
» courir!

«Pourquoi ne point chercher à calmer votre douleur?

«La marche vous fatigue, et vos larmes toujours coulent plus abon-
» dantes!

«Je crains qu'à moitié chemin, la maladie ne vous saisisse!

«Que faire dans ces montagnes? Que décider au sein de ces forêts?»

«Mes entrailles sont desséchées! dit *Tiên*.

«Hélas! La tristesse a obscurci mes yeux!

«Tout est sombre autour de moi! Je ne distingue plus rien!

«Mes pieds sont las d'aller, je suis brisé de douleur[1]!

«Lorsque l'on possède un corps, il faut souffrir avec lui;

«mais sais-tu, ô mon corps! tous les coups dont je suis frappé?»

«Ciel et terre! Vous les savez! s'écrie le petit serviteur.

«Mon maître a marché peu de jours, et déjà le voilà malade!

«Nous sommes seuls ici! Que je regarde en avant, que je regarde
» en arrière,

«je ne vois que les bords verdoyants de la route, de l'herbe, des
» arbres sans fin!

«Pas un village, pas un hameau ne se montre!

«Essayez (ô mon maître), de vous traîner jusque-là bas; nous cher-
» cherons un médecin!»

1) Litt. : «*(Mes) pieds — en allant — [illegible] — sont fatigués; — (mon) corps — souffre — comme si — il était haché.*»

Vừa may gặp khách qua đàng;
Người thương, chỉ bảo vào lang *Đồng Văn*.
Dắc nhau, khi ấy hỏi phăn;
Gặp thầy làm thuốc tên là *Triệu Ngang*.
Ngang rằng : «Hãy tạm nghĩ an!
«Rạng ngày coi mạch, đầu thang, mới đành!
«Gặp ta, bịnh ấy ắt lành!
«Bạc tiền trong gói sẵn dành bao nhiêu?»
Đồng rằng : «Tiền bạc chẳng nhiều!
«Xin thầy nghĩ lượng đặng điều thuốc thang.
«May mà bịnh ấy đặng an,
«Bạc còn năm lượng; trao sang cho thầy!»
Ngang rằng : «Ta ở chốn nầy;
«Ba đời nối nghiệp làm thầy vừa ba!
«Sách chi cũng đủ trong nhà!
«*Nội Kinh* đã sẵn; *Ngọai khoa* thêm mầu.
«Trước xem *Y học* làm đầu;

1) Le livre de l'intérieur.

Ils rencontrèrent justement un étranger qui traversait la route.

Saisi de compassion, il leur indiqua le village de *Đồng Văn*.

Ils s'y rendirent en se tenant par la main, et ayant pris des informations,
ils trouvèrent un médecin dont le nom était *Triệu Ngang*.

«Reposez-vous quelque temps, leur dit-il;

«Demain, dès qu'il fera jour, je consulterai le pouls, je préparerai les »remèdes, et tout ira bien!
«Dès que vous m'avez rencontré, le malade est sûr de guérir!

«Mais combien avez-vous d'argent en réserve dans votre bourse?»

«Nous avons peu d'argent! répondit le petit serviteur;

«mais veuillez réfléchir, afin de sagement composer vos remèdes.

«Si par bonheur la maladie guérit,

«il nous reste cinq onces d'argent; nous vous les donnerons, ô maître!»

Ngang dit : «Je demeure en ce lieu,

«où se sont succédées trois générations; trois générations de médecins!
«Tous les livres, je les possède en ma demeure!

«Le *Nội Kinh*[1] est sous ma main; j'ai aussi le *Ngoại Khóa*[2], plus »efficace encore.
«Après avoir d'abord examiné le *Y học*[3],

2) Traité pratique des maladies externes.
3) L'étude de la médecine.

«Sau coi *Thọ thế*, thứ cầu *Đông y*.
«Gẫm trong *Ngân hãi tinh vi*,
«Cùng là *Cang Mục*, kém gì *Thanh nang*?
«Gẫm trong *Tập nghiệm lương phang*,
«Cùng là *Ngự toãn;* trải đàng *Hồi xuân*.
«Vị chi sẵn đặt quân thần.
«Thuốc, thời bào chế mười phần nỗ nan;
«Mạch, thời đọc phú *Lư sơn*.
«Đặt tay vào bịnh, biết đường tử sanh!
«*Lục quân Tứ vật* thang danh;
«*Thập toàn Bát vị;* sẵn dành *Nội thương*.
«Lại thông *Bát trận tân phương!*
«Lâm nhằm *Ngoại cảm*, đầu thang *Ngủ sài*.»
Đồng rằng : «Thầy thiệt cò tài!
«Xin vào coi mạch, luận bài thuốc chi!»

1) (L'art de) vivre longtemps dans le monde.
2) La médecine orientale.
3) Etude des détails subtils et délicats de la mer d'argent (de l'œil).
4) Le sac bleu.
5) Recherche pratique des bonnes méthodes curatives.
6) Litt. : «*(En fait de) saveurs (médicaments) — quoi que ce soit, — tout prêts — j'ai (là) pesés — les princes — et les sujets.*»
7) Litt. : «*(Quant à ce qui est des) médicaments, — d'une part — je les fais*

«je consulterai le *Thọ thê*[1]; j'interrogerai ensuite le *Đông y*[2].

«Je méditerai le *Ngân hãi tinh vi*[3],

«et aussi le *Cang mục* qui ne le cède en rien au *Thanh nang*[4].

«Je méditerai le *Tập nghiệm lương phang*[5],

«et le *Ngự toãn;* je parcourrai le *Hồi xuân.*

«J'ai là, tout prêts, les médicaments de premier et de second ordre[6].

«Je prépare mes remèdes avec une dextérité extrême[7],

«et pour ce qui est du pouls, j'ai étudié les principes contenus dans
»le livre *Lư sơn*[8].
«Que j'y mette la main pour savoir quel est le mal, et je reconnais
»aussitôt les voies qui mènent à la vie ou à la mort!
«J'ai encore les potions dites *Lục quân*[9] et *Tứ vật*[10],

«les *Thập toàn,* les *Bát vị;* j'ai à ma disposition le livre qui traite
»des maladies internes.
«Je sais, en outre, le *Bát trận tân phương*[11]!

«Si je tombe sur un mal extérieur, je prépare la potion *Ngủ sài.*»

«Vous avez vraiment du talent! lui dit le jeune serviteur;

«Veuillez entrer pour tâter le pouls (du malade), et voir ce qu'il
»faut ordonner.

digérer — (pour) les dix parties — bien à point.» Bào chế signifie proprement *faire digérer à chaud* une substance médicinale avec du sel, du vinaigre, de l'urine, ou d'autres ingrédients analogues.

8) Litt. : *«(Quant à ce qui est du) pouls, — d'autre part — j'ai lu — les leçons — de (l'ouvrage intitulé) Lư sơn (la montagne des recherches).»*

9) Les *Six princes,* ainsi nommés à cause de leur efficacité supérieure.

10) Les *Quatre substances,* moins efficaces que les *Lục quân.*

11) Les huit nouveaux moyens de combattre les maladies.

Ngang rằng : «Lục bộ đều suy;
«Bộ quan bên tả mạch đi phù hồng.
«Cứ trong *Kinh lạc* mà thông!
«Mạng môn tướng hỏa đã xông lên đầu;
«Tam tiêu tích nhiệt đã lâu.
«Muốn cho giáng hoả, phải đầu tư âm,
«*Huình liên, huình bá, huình cầm.*
«Gia vào cho bội, nhiệt tâm mới bình.
«Ngoài, thời cho điểm *Vạn minh;*
«Trong, thời cho uống *Huờn tình,* mới xong!
«Khá trao hai lượng bạc ròng,
«Bổ thêm vị thuốc, để phòng đầu thang.
«Chẳng qua làm phước cho chàng;
«Nào ai đòi cuộc đòi đàng chi ai?»

1) Les médecins annamites distinguent trois espèces de pouls, qu'ils appellent *bộ quan, bộ xích* et *bộ thốn;* lesquels, répétés des deux côtés, forment ce que l'on nomme les *Lục bộ,* c'est-à-dire les *six divisions.*

2) Le *Huỳnh liên* n'est point le nénuphar à fleur jaune, comme son nom semble l'indiquer, mais la *Chélidoine grande éclaire (Chelidonium majus),* que les médecins annamites employent contre les maux d'yeux. — Le *Huỳnh bá,* dont le nom signifie *cyprès* ou *cèdre jaune,* est l'écorce du *Vulnéraire jaune (Pterocarpus flavus),* qui contient une matière colorante utilisée dans la teinture des soies; enfin le *Huỳnh cầm,* d'après M. Wells Williams, est

«Il y a, dit *Ngang,* de la faiblesse dans chacune des six divisions[1],

«(Excepté pourtant) le *quan* gauche, dont les battements sont inégaux
»et forts.

«C'est dans le *Kinh lạc* que nous en trouverons l'explication appro-
»fondie!

«Le feu intérieur s'est porté à la tête,

«et, depuis longtemps, les trois organes digestifs souffrent d'une
»accumulation de chaleur.

«Pour faire descendre ce feu, il faut combiner les remèdes rafraîchis-
»sants,

«le *Huỳnh liên,* le *Huỳnh bá,* le *Huỳnh cầm*[2].

«J'en mettrai double dose, et l'ardeur intérieure se calmera.

«Je lui ferai, à l'extérieur, des instillations de *Vạn minh;*

«quant au dedans, je lui ferai prendre le *Hườn tình,* et tout ira bien!

«Il est bon que tu me donnes deux onces d'argent de bon aloi,

«afin que j'achète des médicaments supplémentaires, pour former
»les derniers éléments de la potion.

«Comme j'agis uniquement pour te rendre service,

«il est bien inutile de demander à parier![3]»

la racine de la *Scutellaria viscidula;* elle est commune dans la partie orientale de la Chine. La couleur en est jaunâtre, et on l'emploie en médecine comme tonique.

3) Les médecins annamites font souvent, en effet, un pari avec leur malade au sujet de la guérison, et, dans ce cas, ils ne sont payés que si elle a lieu. Mais, ici, *Triệu ngang,* qui est un charlatan et un ignorant, se garde bien d'agir ainsi; car il se sent incapable de guérir *Vân Tiên;* aussi commence-t-il par s'assurer des honoraires, en affectant de considérer un pari comme une chose au-dessous de la dignité d'un savant tel que lui.

Tiểu đồng những ngỡ thiệt tài;
Vội vàng mỡ gói, chẳng nài liền trao.
Mười ngày chàng bớt chút nào!
Thêm đau trong dạ; như bào như xoi!
Đồng rằng : «Vào đó! Thầy coi!
«Bịnh thời không giảm, mà đòi bạc thêm!»
Ngang rằng : «Nằm thấy khi đêm
«Tiên sư mách bảo một điềm chiêm bao.
«Quỉ thần người ở trên cao!
«E khi dường sá, lẽ nào . . . Biết đâu?
«Tiểu đồng người khá qua cầu
«Cùng ông thầy bói ở đầu *Tây Viên.*»
Tiểu đồng nghe nói đi liền;
Rước ông thầy bói, đặt tiền mà coi.
Bói rằng : «Ta bói hẳn hòi!
«Bói hay đã dậy! Người coi đã đầy!

1) Litt. : «*En augmentant — il souffre — dans — le ventre; — (c'est) comme (si) — (on y) rabotait, — comme (si) — (on y) piquait!*

2) *Tiên sư* est une expression chinoise qui signifie *les anciens sages;* mais par dérivation, les personnes qui pratiquent un art, un métier, l'em-

Le jeune serviteur, convaincu de la science (du médecin),

défait son paquet en toute hâte, et donne (l'argent) sans hésiter.

Dix jours se sont passés, et aucun mieux ne se fait sentir!

Les douleurs du malade augmentent; il sent à l'intérieur d'affreux élancements[1]!

«Venez (chez nous)! dit le jeune serviteur; ô maître, venez voir!

«Le mal ne diminue point, et vous réclamez encore de l'argent!»

«J'étais, lui répond *Ngang*, étendu, pendant la nuit, sur ma couche,

«lorsque le Père de la médecine[2] m'envoya un avis en songe.

«Les génies sont là haut, sur nos têtes!

«je crains que, de quelque manière, vous n'ayez en chemin ..... »qui sait?

«Le mieux, ô jeune serviteur, est que, passant le pont,

«tu t'adresses au devin qui demeure à l'entrée du village de *Tây viên.*»

L'enfant, à ces mots, part de suite,

demande le devin, lui fait son offrande et le consulte.

«Mes sorts, dit l'autre, sont véridiques!

«Ma réputation d'habileté s'étend au loin! Nombreux sont ceux qui »m'interrogent!

ploient pour désigner celui qui l'a exercé le premier. Comme il s'agit ici d'un médecin, j'ai dû naturellement la traduire par les mots «*le Père de la médecine*».

«Ta đây nào phải các thầy
«Bá vơ bá vất, nói nhây không nhằm?
«Ôn nhuần *Châu diệc* mấy năm?
«Sáu mươi bốn *quẻ,* ba trăm dư *hào.*
«*Huình kim Giá hạc* sách cao!
«*Lục nhâm Lục giáp* chỗ nào chẳng hay?
«*Cang chi* đều ở trong tay!
«Đã thông trời đất, lại hay việc người!
«Đặt tiền quan mốt bốn mươi,
«Khay trầu, chén rượu cho tươi, mới thành.
«Thầy bèn sủ quẻ thần linh,
«Chím tên tuổi ấy, lộ trình mắc chi.

1) Litt. : « *Mets — (en fait d') argent — une ligature plus un dixième — (et) quarante (sapèques).*

Pour bien comprendre ce vers, il faut se rappeler une particularité de la numération annamite.

Le mot *một,* placé après le nombre *cent* ou un multiple de *cent* et prononcé avec le ton *nặng,* conserve sa signification ordinaire, qui est *une unité de l'ordre primordial;* mais si l'on en change l'intonation, et qu'au ton *nặng* on substitue le ton *sắc,* le même mot ainsi modifié *(mốt)* exprimera bien toujours une unité; mais celle qu'il désignera ne sera plus l'unité simple et primordiale; ce sera l'unité d'ordre immédiatement inférieur à celui indiqué par les mots qui précèdent *mốt.* Ainsi, les mots *hai trăm mốt* signifieront *deux centaines, plus une unité de l'ordre inférieur à la centaine,* c'est-à-dire deux cent *dix*; *hai ngàn mốt, deux mille plus une unité de l'ordre inférieur au mille,* c'est-à-dire deux mille *cent,* et ainsi de suite.

«Crois-tu que je sois un de ces devins vulgaires

«qui bavardent à tort et à travers, et ne disent rien de vrai?

«J'ai longtemps pâli sur le *Châu diệc;*

«les soixante quatre *quẻ* me sont familiers, ainsi que plus de trois »cent *hào.*

«Je sais à fond le *Huình Kim* et le *Giá hạc;* des livres d'une haute »portée!

«Les cycles successifs de l'histoire n'ont rien de caché pour moi;

«je possède au bout de mes doigts celui de dix comme celui de douze!

«Ma science pénètre le ciel et la terre, et les affaires humaines me »sont également connues!

«Mets ici une ligature, un *tiền,* quarante sapèques[1],

«un plateau de bétel, un verre de vin bien frais, et tout sera par- »faitement en règle.

«Je vais de suite interroger le mystère des sorts[2],

«étudier le nom et l'âge (du malade), ainsi que l'accident qui lui est »survenu en chemin.

Or, une ligature se compose de six cent sapèques, divisées en dix *tiền,* qui en valent chacun soixante. Un *tiền* joue donc, par rapport à la ligature, le même rôle que l'unité numérale d'un ordre donné joue par rapport à l'unité d'ordre immédiatement supérieur, puisqu'il en est le dixième. C'est pour cela que, par analogie, les Annamites ont pris l'habitude de désigner également par le mot *mốt* un *tiền unique,* lorsque, dans les comptes, il est énuméré en sus d'une ou de plusieurs ligatures.

Quant aux mots *bốn mươi, quarante,* par leur position après l'expression *quan mốt,* ils expriment naturellement des sapèques, qui représentent la valeur d'ordre immédiatement inférieur au *tiền* désigné par le mot *mốt.* Il n'y a donc rien d'étonnant qu'en pareil cas, le môt *đồng* soit sous-entendu *brevitatis causâ.*

2) Litt. : «*(Moi,) le maître, — aussitôt — je consulterai — les sorts — surnaturels.*»

«Ưng vào *rùa* với cỏ *thi*
«Đặng thầy gieo quẻ một khi mới tường!»
Đồng rằng : «Người ở đông phương;
«Nhơn đi buôn bán, giữa đường chẳng an.
«Con nhà họ Lục là chàng;
«Tuổi vừa hai tám, còn đàng thơ ngây.»
Bói rằng : «*Đinh mão* năm nay!
«Hèn chi *Giáp Tý* ngày rày chẳng an?
«Mạng kim lại ở cung *Càn;*
«Tuổi nầy là tuổi giàu sang trong đời.
«*Cầu tài,* quẻ ấy xa vời!
«Khen người khéo nói những lời phỉnh ta!
«Cầm tiền, gieo xuống, xem qua!
«....Một *Giao,* hai *Sách,* lại ba hào *Trùng!*
«*Trang thành* là quẻ *Lục xung!*
«Thấy hào *phụ mẫu* khắc cùng *tử tôn,*
«Hoá ra làm quẻ *du hồn,*

1) Cette herbe divinatoire est, d'après M. Wells Williams, le *Ptarmica sibirica.* Elle ressemble à l'*Anthemis,* et croît aux environs du tombeau de Confucius, à *Kiu feou.* Aujourd'hui encore, de même que dans l'antiquité,

«Combinant les réponses de la tortue avec celles de l'herbe *Thi*[1],

«je pourrai jeter les *quẻ* et savoir tout clairement!»

«Le malade vient de l'Est, dit le jeune serviteur;

«il allait, se livrant au commerce, quand, sur la route, il est tombé
»malade.

«C'est un enfant de la famille *Lục;*

«son âge est encore tendre, il a seize ans à peine.»

«Nous sommes aujourd'hui en *Đinh mão!* dit le devin;

«de là vient le trouble qui se rencontre actuellement dans l'année
»*Giáp tí.*

«C'est à la case *Càn* que se trouve la destinée (du malade);

«son âge est celui de la richesse et de la gloire en ce monde.

«Quant à la *recherche de la fortune,* le *quẻ* qui l'indique est bien loin!

«Ta langue est habile à tromper, enfant!

«Prenons les sapèques, jetons les, et voyons ce qu'elles donnent!

«. . . . Un *Giao,* deux *Sách,* deux *Hào doubles!*

«C'est le *quẻ Trang thành,* un des *Six contraires!*

«Je vois le *hào* des parents, en opposition avec celui des *descendants,*

«produire le *quẻ* de *l'âme errante,*

on la vend en bottillons de soixante-quatre tiges pour servir à la divination. On s'en servait autrefois en guise d'épingles de tête. (V. WELLS WILLIAMS, au mot *chî.*)

«Lại thêm thế động khắc đồn tới quan.
«Cứ trong quẻ ấy mà bàn!
«Tuổi nầy mới chịu mẫu tang trong mình.
«Xui nên phát bịnh thình lình,
«Vì chưng ma quỉ lộ trình rất thiên!
«Muốn cho bịnh ấy đặng thuyên,
«Phải tìm thầy pháp chữa chuyên ít ngày.»
Đồng rằng : «Pháp ở đâu đây?»
Bói rằng : «Cũng ở chốn nầy; bước ra!
«Pháp hay! Tiếng dậy đồn xa!
«Tên là *Đạo Sĩ, ở Trà Hương* thôn.»
Tiểu đồng mới chạy bôn bôn;
Hỏi thăm *Đạo sĩ, Hương* thôn chốn nào.
Chợ đông, buôn bán lao xao.
Người ta chỉ vào nhà ở chẳng xa.
Đồng đi, một buổi tới nhà.
Đạo sĩ xem thấy, lòng mà mừng thay!
Đồng rằng : «Nghe tiếng thầy đây!

«et, par une action diabolique, embrouiller les voies qui mènent aux »honneurs.

«Continuons à déduire les conséquences de ce *quẻ!*

«Cette année (ton maître) a pris le deuil de sa mère.

«C'est ce qui a provoqué chez lui le développement subit d'une maladie;

«car les démons de la route sont très puissants!

«Si tu veux que son mal guérisse,

«il faut t'enquérir d'un sorcier qui le soumette, pendant quelques »jours, à ses conjurations.»

«Où demeure-t-il?» dit l'enfant.

«En ce lieu même, répond le devin, à quelques pas d'ici!

«C'est un sorcier habile; sa réputation s'étend au loin!

«Il se nomme *Đạo Sỉ,* et demeure au bourg de *Trà Hương.*»

Le jeune serviteur y court en toute hâte;

il s'informe de *Đạo Sỉ,* et demande où est situé le bourg de *Hương.*

La foule bruyante des marchands encombre le marché.

On lui indique la maison du sorcier, qui est peu éloignée de là.

L'enfant va; il arrive en un instant.

A sa vue, le cœur de *Đạo Sỉ* se réjouit!

«Votre renommée, dit le jeune serviteur, est parvenue jusqu'à moi, »ô maître!

«Trừ ma, ếm quỉ, phép thầy rất hay!»
Pháp rằng : «Ấn đã cao tay!
«Lại thêm phù chú xưa nay ai bì?
«Qua sông, cá thấy xếp vi;
«Vào rừng cọp thấy, phải quì lạy đưa!
«Pháp hay hú gió, kêu mưa,
«Sai chim, khiến vượn đuổi lừa vật trâu!
«Pháp hay miệng niệm một câu
«Tóm thâu muôn vật vào bầu *Hồ linh*.
«Phép hay sai đậu thành binh,
«Bện hình làm tướng phá thành *Diêm vương*.
«Pháp hay đạo hỏa, phó than,
«Ngồi gươm, đứng giáo, khai đường thiên oan!
«Khá trao ba lượng bạc sang,
«Đặng thầy sắm sữa lập đàng chữa cho!»

1) Cette conjuration *Ấn* consiste à croiser les doigts les uns sur les autres d'une manière particulière. Les sorciers annamites prétendent qu'elle a la vertu de mettre les démons en fuite.

2) On croit aussi chasser le diable en pratiquant le *Phù chú*, c'est-à-dire en dessinant sur des morceaux de papier la figure de la personne qui est le sujet de l'incantation.

3) En signe de respect.

«Vous êtes grandement habile à chasser les âmes errantes, à enchaîner
»le pouvoir des mauvais génies.»

«Faite par moi, répond le sorcier, la conjuration *Ấn*[1] est puissante,

«et pour la composition des talismans[2], qui peut jamais m'être com-
»paré?

«Quand je traverse un fleuve, le poisson, à ma vue, replie ses nageoires[3];

«à ma vue, si j'entre dans la forêt, le tigre est contraint de m'escorter,
»après s'être prosterné devant moi[4].

«Je sais houper le vent, je sais[5] appeler la pluie,

«envoyer au loin les oiseaux, commander au *Vượn* de chasser l'âne
»ou de terrasser le buffle.

«Avec une formule prononcée par ma bouche

«Je fais entrer tous les êtres créés dans la gourde *Hồ linh*.

«Je puis, en semant des haricots, enformer une armée de soldats,

«et d'un mannequin, que je façonne, leur faire un général capable
»de détruire la ville du roi des enfers.

«(Impunément) je marche dans le feu, et pénètre au milieu des
»charbons (embrasés).

«Je m'assieds sur (le tranchant des) sabres, et, debout sur la pointe
»d'une lance, je remets toutes choses en leur place[6].

«Il convient que tu me donnes trois onces d'argent,

«afin que je prépare tout ce qu'il faut pour conjurer la maladie.

4) Litt. : «*(Si) j'entre dans — la forêt — (et que) le tigre — me voie — il lui faut — s'agenouiller, — faire le prosternement appelé lạy, — (et) m'escorter.*»

5) Faire venir le vent au moyen d'un sifflement particulier.

6) Litt. : «*..... J'ouvre — le chemin — de changer — les malheurs immérités.*» Il veut dire par là qu'il change le mal en bien, c'est-à-dire qu'il guérit la maladie en la *remplaçant* par la santé.

Đồng rằng : «Tôi chẳng so đo!
«Khuyên thầy ra sức; chớ lo khó giàu!
«Bấy lâu thầy tớ theo nhau,
«Bạc dành hai lượng phòng sau đi đàng.
«Chữa chuyên bịnh ấy đặng an;
«Rồi tôi sẽ lấy đem sang cho thầy.»
Pháp rằng : «Về lấy sang đây,
«Cho thầy toan liệu lập bày đàng ra!»
Đồng rằng : «Tôi đã lo xa!
«Cực vì người bịnh ở nhà chẳng yên!
«Xin thầy gắn sức chịu phiền,
«Ra công bùa chú chữa chuyên cách nào!
Pháp rằng : «Có khó chi sao?
«Ngươi nằm, ta chữa, rồi trao phù về.»
Đồng rằng : «Tôi vốn thẳng hề!
«Bịnh chi mà khiến chịu bề chữa chuyên?»
Pháp rằng : «Ta biốt kinh quyên;
«Đau nam, chữa bắc mà thuyên, mới tài!»

«Je ne regarderai pas à la dépense, répond le jeune serviteur,

«Déployez, je vous prie, toute votre puissance sans vous inquiéter »de notre état de fortune.

«Depuis que mon maître et moi nous voyageons de compagnie,

«j'avais mis de côté deux onces d'argent pour les nécessités de la »route.

«Rendez, par vos conjurations, la santé au malade,

«et j'irai les chercher pour vous les offrir, ô maître!»

«Va les prendre, dit le magicien, et donnes les moi de suite,

«pour que je puisse prendre les mesures nécessaires et tout préparer »pour la guérison.»

«Je n'aurai garde de l'oublier, répond le jeune serviteur,

«mais je suis grandement en peine du malade qui souffre, à la maison, »sans relâche.

«Veuillez, ô maître, faire tous vos efforts

«pour arriver à trouver une amulette, un procédé magique capable »de conjurer le mal.»

«Qu'y a-t-il là de difficile? lui dit le magicien.

«Etends toi sur le sol, je ferai la conjuration, puis je te donnerai le »talisman pour que tu l'emportes avec toi.»

«Je ne suis, dit l'enfant, que le petit serviteur;

«Je ne suis point malade; pourquoi m'ordonner de me soumettre à »vos conjurations?»

«Je sais, répond le sorcier, transmettre (à d'autres) mon pouvoir.

«Traiter au Nord un malade qui se trouve au Midi, et réussir, voilà »le vrai talent!»

Tiểu đồng nghe lọt vào tai;
Lòng mừng vội vả nằm dài chữa chuyên.
Thấy liền cất tiếng hét lên;
Mời ông *Bàn Cổ* tọa tiền chứng miên;
Thỉnh ông *Đại thánh tề thiên*
Cùng bà *Vỏ Hậu* đều liền tới đây;
Thỉnh ông *Nguyên soái chinh Tây*
Cùng bà *Phiú Mẫu* sum vầy một khi.
Thỉnh ông Phật tổ *A Di,*
Thập phương chư Phật phò trì giúp công;
Lại mời công chúa *Ngũ long,*
Bình man *Ngũ hổ* hội đồng an dinh.
Thỉnh trong thiên tướng thiên binh
Cùng là tam phủ *Động đình Xích lân;*
Thỉnh trong khắp hết quỉ thần
Cũng đều xuống chốn phàm trần vui chơi.

1) Litt. : « *Le petit — enfant — entend — (les paroles qui) pénètrent — entrent dans — (ses) oreilles.* »

2) *Phật tổ, Bouddha l'ancêtre,* ou *Phật da, le vieux Bouddha,* est un terme

Le jeune serviteur se laisse persuader[1];

Tout joyeux, il se hâte de s'offrir étendu de tout son long, aux conjurations (du sorcier).

Ce dernier, criant d'une voix de tonnerre :

invite *Bàn Cổ* à s'asseoir devant lui, comme un témoin irrécusable;

Il adjure *Đai thánh tề thiên,*

et la reine *Vổ hậu* d'apparaître sans délai,

Nguyên soái chinh Tây

ainsi que *Phú mẫu* de se réunir à eux!

Il prie le grand Bouddha *A di*[2],

et tous les Bouddhas du monde entier, de lui prêter leur concours!

«Princesse des cinq dragons[3]! s'écrie-t-il,

«et vous, les cinq *Hổ* de *Bình man!* assemblez vous, campez ici!

«Milliers de chefs, milliers d'armées,

«Divinités infernales de *Dồng dình* et de *Xích lân*

«démons de tous les lieux du monde,

«descendez tous ici-bas pour vous y divertir!»

qui s'applique à Gaudama lui-même, considéré en tant que dieu. (V. Wells Williams, au mot *Fo.*)

3) Ce sont cinq princesses fabuleuses montées sur des dragons de couleurs différentes; jaune, rouge, blanche, verte et bleue.

Cho người ba đạo phù trời
Uống vào khoẻ mạnh, như lời chẳng sai!
Tiểu đồng luông những theo lời;
Lảnh phù, trở lại, toan bài thuốc thang.
Vào nhà thưa với thầy *Ngang:*
«Pháp phù đã đủ, thầy toan phương nào!»
Ngan rằng : «Còn bạc trong bao,
«Thời người kíp lấy mà trao cho thầy».
Đồng rằng : «Tôi hãy ở đây!
«Bịnh kia dầu khá, mình nầy bán đi!
« *Triệu Ngang* biết chẳng còn chi,
«Kiếm lời tráo chác đuổi đi khỏi vòng.
«Ở đây làng xóm khó lòng;
«E khi mưa nắng ai phòng đỡ che?»
Đồng rằng : «Trong gói vắng hoe!
«Bởi tin nên mắc, bởi nghe nên lầm!

1) Litt. : «. . . . *dans — (notre) paquet — il fait très absent!»* — *Vắng* signifie *absent; hoe,* dont le sens ordinaire est *ardent, rouge,* n'est ici qu'un de ces suffixes dont la fonction est de donner plus d'énergie aux adjectifs, en formant une espèce de superlatif particulier à la langue annamite; et l'ad-

Puis le sorcier donne à l'enfant trois talismans, qu'il qualifie d'amulettes célestes.

Son maître, en les avalant, recouvrera la santé; le magicien l'affirme, la guérison est infaillible.

Le jeune serviteur, toujours docile,

prend les amulettes et s'en retourne; il va s'occuper de préparer le remède.

Il entre dans la maison, et dit au médecin *Ngang :*

« J'ai interrogé le magicien, et possède les amulettes. Tout est en » règle; avisez maître, à ce qu'il convient de faire. »

« S'il reste de l'argent dans ton sac, répond *Ngang,*

« il te faut au plus vite aller le prendre et me le donner. »

« Je suis toujours là, dit le jeune serviteur;

« et, si le malade guérit, je suis prêt à me vendre à vous. »

Triệu Ngang, comprenant qu'il ne lui reste plus rien,

cherche un prétexte détourné pour le renvoyer bien loin.

« Si vous restez ici, dit-il, les habitants du village le verront de mauvais » œil;

« je crains qu'en cas de nouvelle infortune vous n'y trouviez aucun » secours. »

« La bourse est vide! s'écrie le jeune serviteur[1];

« victime de ma confiance, j'ai prêté l'oreille (au mensonge), et j'ai » été trompé!

jectif *Vắng hoe* placé sans verbe à la fin du vers après une expression circonstantielle de lieu, devient une locution verbale et impersonnelle, semblable en tous points à ces expressions françaises : « *Il fait noir* dans cette cave; *il fait chaud* dans ce pays ».

«Những lo chạy hết một trăm!
«Mình ve khô xếp, ruột tằm héo don!
«Thương thay! Tiền mất, tật còn!
«Bơ vơ đất khách, thon von thể nầy!
«Thôi! Thôi! Gắng gượng khỏi đây,
«Đặng tôi khuyên giáo, nuôi ngày cùng nhau!»
Vân Tiên chi xiết nỗi sầu?
Tiểu đồng dìu dắc qua cầu *Lá Buôn*.
Đương khi mưa gió luôn tuồn,
Người buồn lại gặp kiểng buồn! Khá thương!
Xiết bao ăn tuyết nằm sương,
Màn trời, chiếu đất, đàng trường lao đao?

1) Litt. : «*Pendant que — j'étais inquiet — j'ai fait courir — en tout — un cent.*» — *Chạy* est ici un verbe causatif.

2) Litt. : «*Mon corps — de cigale — est tout à fait sec; — mes entrailles — de ver à soie — sont flétries!*» Le petit serviteur compare son corps amaigri à une cigale desséchée; mais à cause de la règle de parallélisme que j'ai déjà eu l'occasion de signaler plus haut, le mot *ve, cigale*, qui se trouve le second dans le premier hémistiche, entraîne à la place correspondante du second un qualificatif exprimant une figure analogue, qui est *tằm, ver à soie. Khô xếp, sec comme quelque chose de plié,* est un superlatif du même genre que *Vẳng hoe (v. la note précédente);* et comme il forme les deux derniers monosyllabes du premier hémistiche, il a naturellement pour pendant, à la fin du second, le qualificatif bisyllabique *héo don*. — Ce vers peut être considéré comme un modèle de parallélisme.

3) *Khuyên giáo* veut dire littéralement *enseigner en exhortant;* mais cette locution a un sens spécial; elle exprime l'action de certains lettrés qui vont

« J'ai, dans mon inquiétude, dépensé cent ligatures[1]!

« Mon corps est desséché, mes entrailles[2] flétries!

« Hélas! Hélas! L'argent est perdu, la maladie dure toujours,

« et nous voici, errants sur un sol étranger, exposés aux plus grands » périls!

« Allons! Allons! (ô mon maître!) Efforcez vous de sortir d'ici,

« afin que je puisse, en mendiant[3], pourvoir à notre subsistance!»

Qui dira la douleur dont *Vân Tiên* est accablé?

Le jeune serviteur le mène par la main; ils franchissent le pont de *Lá Buôn*[4].

Sous une pluie qui tombe sans relâche[5],

hélas! tristes ils sont, triste autour d'eux est la nature!

Qui dira combien de temps, exposés aux intempéries[6],

sans autre abri que la voûte du ciel, sans autre couche que la terre, ils franchissent, exténués, ce long espace de chemin?

demandant l'aumône ou faisant la quête afin de se procurer des ressources pour offrir des sacrifices soit à Confucius, soit aux âmes de ceux qui ont été enterrés sans cercueil. On dit aussi *giáo gạo*, dans le même sens. Par extension, l'on applique aussi ce terme aux mendiants qui, à l'imitation de ces lettrés, récitent des vers en demandant l'aumône. C'est le cas ici.

4) Comme tous les noms de localités en Cochinchine, les mots *Lá buôn* ont une signification particulière. Ils signifient *feuilles de Buôn*. Le *Buôn, palmier à manuscrits*, (*Bạch già diệp* en sinico-annamite, *Treang* en cambodgien d'après M. Karl Schröder), est un arbre dont la feuille, outre l'usage que fait connaître son nom français, sert encore à faire des chapeaux et des pardessus de laboureurs.

5) On est dans la saison pluvieuse.

6) Litt. : *« On compterait combien d' — (actions de) manger — la neige — (et de) coucher dans — la rosée ? »*

Dầu cho tài trí bực nào,
Gặp cơn nguy biến, biết sao cho thường?
Bơ vơ, lạ khách tha hương,
Nhơn tình nào biết? Ai thương mà nhờ?
Tiên rằng : «Đi đã ngẩn ngơ!
«Tìm nơi cây cối bụi bờ nghĩ chơn!»
Đồng rằng : «Chút nữa khỏi rừng;
«Tìm nơi quán xá, sẽ dừng nghĩ ngơi».
Non tây vừa khuất mặt trời;
Tớ thầy dìu dắc tới nơi *Đại Đề*.
Đồ thi một lũ vừa vê.
Trịnh Hâm xem thấy, lại kê hỏi thăm:
«Anh vê nay đã hai nam!
«Cớ sao mang bịnh, còn nằm chốn nầy?»
Tiên rằng : «Tôi vốn chẳng may!
«Chẳng hay chư hữu khoa nầy thể nao!»
Hâm rằng : « *Tử Trực* đậu cao;
«Tôi cùng anh *Kiệm* đều vào cử nhơn.

Si élevée que soit la science de *Vân Tiên,*

en butte aux coups de la mauvaise fortune, comment pourra-t-il y parer?

Errant, désorienté, hôte inconnu de ce pays[1],

où trouver de la sympathie? sur quelle affection s'appuyer?

«La lassitude a brisé mes membres! dit-il;

«Cherchons des arbres, un buisson où je puisse reposer mes pieds!»

«Dans un moment, dit le jeune serviteur, nous serons hors de la »forêt;

«je chercherai une auberge, et nous nous y arrêterons pour nous »délasser de nos fatigues.»

Le soleil allait disparaître derrière les montagnes occidentales

lorsque le maître et le serviteur, l'un guidant l'autre, parvinrent à *Đại Đề.*

Une troupe de lettrés revenant du concours, y arrivait justement.

Trịnh Hâm, aperçut *(Vân Tiên),* et, s'approchant, l'interrogea.

«Voilà, dit-il, deux ans que tu (nous as quittés pour) retourner dans »ta famille!

«Comment se fait-il que nous te retrouvions malade et gisant en ce »lieu?»

«Quant à moi, dit *Tiên,* la fortune m'est contraire!

«(Mais) j'ignore ce qu'il est advenu de nos amis, candidats au dernier »concours.»

«*Tử Trực,* répondit *Hâm,* a obtenu le premier rang;

«mon ami *Kiệm* et moi sommes au nombre des licenciés.

1) Litt. : «*Ahuri, — étranger — d'un autre — pays.*»

«Một tôi về trước viếng thân;
«Hai người trở việc, còn lần đi sau.
«Đương khi hoạn nạn gặp nhau,
«Người lành nỡ bỏ người đau? Sao đành?
«Từ đây cho tới *Đông Thành*,
«Trong mình có bịnh, bộ hành sao xong?
«Lần hồi đến chốn *Giang trong;*
«Tìm thuyền, ta sẽ tháp tùng với nhau».
Tiên rằng : «Tình trước, ngãi sau.
«Có thương, xin khá giúp nhau phen nầy!»
Hâm rằng : «Anh tạm ngồi đây!
«Tiểu đồng, người tới trước nầy cùng ta!
«Vào rừng kiếm thuốc ngọai khoa,
«Phòng khi sông biển, phong ba bất kỳ.»
Tiểu đồng vội vả ra đi.
Muốn cho đặng việc, quản gì lao đao?
Trịnh Hâm trong dạ gươm dao;
Bắt người đồng tử, buộc vào cội cây.

« J'ai pris les devants, au retour, pour aller visiter les miens;

« retenus par des affaires, les deux autres sont restés en arrière.

« Lorsque deux hommes se rencontrent, et que l'un d'eux est en butte
» au malheur,
« celui qui jouit de la santé pourrait-il abandonner celui qui souffre?

« Pour te rendre d'ici à *Đông thành*,

« comment pourrais-tu marcher, en proie à la maladie?

« Traîne toi jusqu'à *Giang trong;*

« nous y trouverons une barque, et voyagerons de compagnie. »

« L'amitié qui déjà nous lie doit, dit *Tiên*, engendrer de mutuels
» services [1].
« Si tu as compassion de moi, veuille bien, je te prie, me secourir
» cette fois! »
« Assieds-toi ici quelques moments! répondit *Hâm*.

« Pour toi, jeune serviteur, viens tout d'abord avec moi!

« Pénétrons dans la forêt pour y chercher quelque précieux remède,

« afin de parer aux accidents imprévus qui peuvent arriver sur le
» fleuve, sur la mer, ou survenir dans la tempête. »
Le jeune serviteur part avec empressement.

Désireux du succès, que lui importe la fatigue?

Trịnh Hâm, qui sent dans son cœur le poignard de la jalousie,

se saisit de l'enfant et l'attache à un arbre.

1) Litt. : « *L'affection — d'abord, — les preuves d'amitié — ensuite.* »

«Trước cho hùm cọp ăn mấy!
«Hại *Tiên* thì dụng mưu nầy; mới xong!»
Vân Tiên ngồi những đợi trông.
Trịnh Hâm về nói tiểu đồng cọp ăn!
Vân Tiên than khóc ngã lăn.
«Có đâu địa hãm, thiên băng thình lình?
«Bấy lâu đất khách lưu linh,
«Một thầy một tớ lộ trình nuôi nhau!
«Nay đà hai ngã phân nhau!
«Còn ai nưng trước đở sau cho mình?
Hâm rằng : «Anh chớ ngụi tình!
«Tôi xin đưa tới *Đông Thành*, thời thôi!»
Vân Tiên chi xiết lụy rơi?
Buồm đà theo gió thẳng xuôi một bề.
Tiểu đồng bị trói khôn về.
Kêu la chẳng thấu tư bề rừng hoang.

1) Cette façon d'exprimer une grande douleur est très commune chez les Annamites, au moins si l'on en juge par le nombre des vers qui en parlent. Voici la seconde fois que notre héros se jette sur le sol. (V. 556.) Dans le *Thạch Sanh Lý Thông truyện*, dont je me propose d'offrir la traduction au public après celle du *Túy Kiều*, et qui n'a guère plus de seize cents vers, on verra le même acte se produire au moins deux fois.

« Que, d'abord, (s'écrie-t-il,) le tigre te dévore!

« C'est une ruse combinée par moi pour faire périr *Tiên;* à présent, » je suis sûr du succès! »

Van Tiên est toujours assis, attendant avec impatience.

Trinh Hâm revient et lui dit qu'un tigre a dévoré son jeune serviteur!

Van Tiên soupire, verse des larmes, et se jetant par terre, il se roule sur le sol[1].

« D'où vient (s'écrie-t-il), que tous les malheurs fondent tout à coup » sur moi[2]?

« Jusqu'à ce jour, errants et seuls sur une terre étrangère,

« Le maître et le serviteur voyageaient appuyés l'un sur l'autre[3]!

« Et les voilà maintenant séparés!

« Qui va subvenir à mes besoins? Qui va, sur moi, veiller désormais? »

« Frère, dit *Hâm,* ne perds pas courage!

« Laisse moi te conduire à *Đông Thành,* et, alors, tout ira bien! »

Qui pourra compter les larmes que répand *Lục Vân Tiên?*

La voile obéit à l'impulsion du vent; elle entraîne le navire qui droit devant lui s'élance.

Retenu par ses liens, le jeune serviteur n'a pu revenir.

Le bruit de ses appels s'éteint dans la forêt déserte.

2) Litt. : « *Il y a — où cela — (ce fait que) la terre s'effondre — (et que) le ciel — s'écroule — tout à coup?* » Il y a ici dédoublement du verbe. *Hãm bǎng* signifie *s'écrouler, s'effronder.* »

3) Litt. : « *Un (unique) maître — (et) un (unique) serviteur — dans le chemin — pourvoyaient à leurs besoins — réciproquement.* »

«Phận mình còn mất chi màng?
«Cám thương họ *Lục* suối vàng bơ vờ!
«Xiết bao những nỗi dật dờ?
«Đò giang nào biết? Bụi bờ nào hay?
« *Vân Tiên!* Hồn có linh rày,
«Đem tôi theo với đỡ tay chơn cùng!»
Vái rồi, lụy nhỏ ròng ròng.
Đêm khuya ngồi dựa cội tòng, ngủ quên.
Sơn quân ghé lại một bên;
Cắn dây, mỡ trói, cổng lên ra đàng.
Tiểu đồng thức dậy mơ màng;
Xem qua dấu đất, ràng ràng mới hay!
Nửa mừng, nửa lại sợ thay!
Chạy ra chốn củ tìm thấy *Vân Tiên.*

1) Litt. : «*J'ai compassion de — (l'homme de la) famille — Lục — à la Source — jaune — désorienté!*» 黃泉 *Huỳnh tuyền, la Source jaune,* (*Suối vàng* en annamite vulgaire) et 九泉 *Cửu tuyền, les neuf sources,* expriment des fictions qui présentent une analogie remarquable avec celles de l'Achéron et du Styx, employées si fréquemment dans la mythologie des Grecs et des Romains pour exprimer la même idée.

2) Litt. : «*(On) compterait — combien — tous les sens — (d'être) errant à l'aventure.*» Ici une périphrase est encore nécessaire pour traduire ce vers, dont le sens est d'ailleurs très difficile à saisir pour quiconque n'est pas sérieusement initié aux formules de la poésie annamite.

«Pour moi, dit-il, que m'importe de périr?

«(mais) je suis ému de compassion à la pensée de (l'héritier de) la »famille *Lục,* errant sur les sombres rivages[1], désorienté,

«en butte aux innombrables vicissitudes auxquelles le livre sa destinée incertaine[2]!

«Traverse-t-il un fleuve? Erre-t-il dans les buissons[3]?

«Ô *Vân Tiên!* Si maintenant ton âme a le pouvoir de se manifester[4],

«emmène-moi pour te servir!»

Après cette invocation, ses yeux laissent couler des flots de larmes.

La nuit est avancée. Assis contre le tronc du pin, le jeune serviteur s'endort.

Le Roi de la montagne[5] s'approche;

avec ses dents il rompt la corde, le délie et l'emporte, couché sur son cou, jusque sur le chemin.

Le jeune serviteur s'éveille; les yeux encore appesantis,

il regarde autour de lui. La vue des traces que le tigre a laissées sur le sol lui apprend ce qui s'est passé!

Suspendu entre la joie et la crainte,

Il court aux lieux qu'il a quittés[6], il cherche son maître *Vân Tiên.*

3) Litt. : «*Le bac, — est-ce que — (on le) connaît? — Le buisson, — est-ce que — (on le) sait?*»

4) Le *Hồn* est réputé être la partie spirituelle de l'homme débarrassé de son corps terrestre; partie ascendante, que l'on suppose procéder du principe mâle *Dương.* Ce mot *Hồn* exprime la *substance* même de cette sorte d'âme, considérée en dehors de toute manifestation. Lorsqu'au contraire elle vient à se manifester au-dehors, on lui donne le nom de *Linh.*

5) Le tigre.

6) Litt. : «*A l'ancien endroit.*»

Mặt trời vừa khỏi mái hiên.
Kẻ buôn người bán chợ *Phiên* nhộn nhàn.
Hỏi thăm bà quán giữa đàng:
«Bữa qua có thấy người tang chăng là?»
Quán rằng: «Thôi! đã ra ma!
«Khi mai, làng xóm người đà đi chôn.»
Tiểu đồng nghe nói kinh hồn!
Hỏi rằng: «Biết chỗ nào chôn, chỉ chừng.»
Tay lau nước mắt rưng rưng;
Xãy nghe tiếng nói đầu rừng lao xao.
Tiểu đồng vội vã bước vào.
Xóm làng mới hỏi: «Thằng nào tới đây?»
Đồng rằng : «Tớ tới kiếm thầy!
«Chẳng hay người táng huyệt nầy là ai!»
Người rằng : «Một gả con trai.
«Ở đâu không biết lạc lài tới đây.
«Chơn tay mặt mũi tốt thay!

1) Litt. : «*C'est fini! — il est devenu — esprit.*»
2) Litt. : «*Je ne sais pas qui est, etc. . . .*»

Le soleil se montre à peine au-dessus du toit des maisons.

La foule tumultueuse des marchands se dirige vers le marché de *Phiên*.

Avisant, au milieu du chemin, une femme qui tient une auberge,

«Ne vîtes vous point hier un homme en deuil?» lui demande le jeune serviteur.

«Cet homme, hélas! n'est plus qu'un esprit[1]! répond-elle;

«ce matin même les gens du village sont partis pour l'ensevelir.»

A ces mots l'enfant est frappé de terreur!

«Si vous savez en quel endroit, dit-il, je vous prie de me l'indiquer.»

De sa main il essuie les larmes qui obscurcissent sa vue,

quand, tout à coup, il entend des voix bruyantes à l'entrée de la forêt.

Le jeune serviteur s'y rend en toute hâte.

«Quel est ce garçon qui vient ici?» demandent les habitants du village.

«C'est, dit-il, un serviteur à la recherche de son maître.

«Apprenez-moi qui est le mort[2] enseveli dans cette fosse!»

«Un jeune homme, lui répond-t-on.

«Venu on ne sait d'où, ses pas errants l'ont amené ici.

«Ah! qu'il était charmant de corps et de visage![3]

3) Litt. : «*Ses pieds, — ses mains — (et) son visage — étaient beaux — combien!*»

«Đau chi nên nỗi nước nầy, khá thương!»
Tiểu đồng chẳng kịp hỏi han;
Nằm lăn bên mả, khóc than một hồi.
Người người xem thấy thương ôi!
Kêu nhau, bắt cuốc, đều lui ra đàng.
Tiểu đồng ở giữa rừng hoang.
Che chòi giữ mả; lòng toan trọn bề!
Một mình, ở đất *Đại Đế*,
Sớm đi khuyên giáo, tối về quải đơm.
Dốc lòng trả nợ áo cơm;
Sống mà trọn nghĩa; thác thơm danh hiền!
Thứ nầy tới thứ *Vân Tiên*.
Năm canh ngồi dựa be thuyền, thở than.
Trong khăn lụy nhỏ chứa chan.
Cám thương phận tớ mắc nàn khi không!
Linh đinh thuyền giữa biển đông,
Riêng than một tấm cô bồng ngẩn ngơ!

1) Litt. : «*(Quant à) cette fois ci, — on arrive à — la fois (au tour) — de Vân Tiên.*»
2) Litt. : «*Dans (son) mouchoir — les larmes — tombent — abondantes.*»

«Quelque soit le mal qui l'a réduit en cet état, il mérite bien qu'on »le plaigne!»

Le jeune serviteur, incapable de pousser plus loin ses questions,

se jette sur le sol, et, se roulant près du tombeau, il se met à pleurer, à gémir.

Tous le regardent, et sont saisis de compassion!

Ils s'appellent, prennent leur pioche et s'éloignent.

L'enfant demeure au sein de la forêt déserte.

Il se construit une cabane pour garder le tombeau; sa résolution est bien arrêtée!

Seul, au pays de *Đại Để*,

le matin il mendiera en récitant des vers; le soir il offrira le sacrifice au défunt.

Déterminé à s'acquitter de la dette de la reconnaissance envers celui qui l'a vêtu et nourri,

après que, vivant, il aura rempli son devoir en tout point, sa mémoire, après sa mort, répandra comme un parfum de fidélité!

Mais, il est temps à présent de revenir à *Vân Tiên*[1].

Appuyé, pendant la nuit entière, sur le bordage de la barque, il soupire, il gémit.

Son mouchoir[2] est trempé de ses larmes.

Il déplore le sort de son serviteur, frappé d'un malheur immérité!

Dans cet esquif perdu au milieu de la mer orientale,

isolé lui-même, en son cœur il gémit de son abandon[3]!

3) Litt. : «*En particulier — il gémit sur — (lui qui est) un morceau — d'isolé — bồng — abandonné.* On a vu, dans une note précédente (vers 312), ce que signifie le mot *bồng*.

Đêm khuya lặng lẽ như tờ.

Nghinh ngang sao mọc, mịt mờ sương bay.

Trịnh Hâm khi ấy ra tay;

Vân Tiên bị gả xô ngay xuống vời!

Trịnh Hâm giả tiếng kêu Trời,

Cho người thức dậy, lấy lời phui pha.

Trong thuyền ai nấy thở ra;

Đều thương họ *Lục*, xót xa trong lòng.

Vân Tiên mình xuống giữa dòng;

Dao long điều đỡ vào trong bãi rày!

Vừa may trời đã sáng ngày.

Ông chài xem thấy, vớt ngay lên bờ.

1) Litt. : « *(A ce moment de) — la nuit — avancée, — il fait mer calme — comme une feuille (de papier).* » — *Khuya* est un adverbe qui signifie « *en pleine nuit, à une heure avancée de la nuit* ». Par position, se trouvant après le substantif *đêm, la nuit,* il devient adjectif, et doit se traduire par le mot *avancée.* D'autre part, *lặng le* signifie *calme,* et se rapporte évidemment ici à la mer à cause de la comparaison finale. Comme il n'existe point de verbe dans la phrase, cet adjectif devient forcément un verbe; de plus, c'est un verbe impersonnel, puisqu'il n'a pas de sujet. Il faut donc le traduire par les mots « *il fait calme* », ou mieux, comme il s'agit de la mer, par « *il fait mer calme* ». Mais quel rôle jouent alors les deux mots *đêm khuya* qui commencent le vers, et qui doivent se traduire, comme je viens de le montrer, par les mots *nuit avancée?* Evidemment celui d'un adverbe de circonstance. Ils doivent donc être interprétés comme je l'ai fait, ou d'une manière équivalente. On ne peut admettre qu'ils jouent le rôle de sujet par rapport

La nuit est avancée, la mer est calme, unie comme un miroir[1].

Çà et là pointent les étoiles; la brume étend son voile obscur.

C'est en ce moment que *Trịnh Hâm* met la main (à son œuvre coupable);
Vân Tiên, poussé par lui, dans l'abîme est précipité!

Trịnh Hâm, d'une voix hypocrite, pousse de grands cris vers le Ciel;

il réveille l'équipage, et parle de manière à détourner les soupçons.

Dans le bateau tous poussent des soupirs;

tous, le cœur navré, déplorent le malheur de l'héritier des *Lục*.

Vân Tiên est tombé au milieu du courant;

mais voici qu'un dragon *Dao* vient à son secours et l'amène au bord du fleuve!
Le soleil, heureusement, vient de paraître dans le ciel.

Un pêcheur au filet[2] aperçoit le jeune homme; promptement il le tire de l'eau et le porte sur le rivage.

à *lạng le* qui serait alors verbe qualificatif; car la singulière comparaison «*như tờ, comme une feuille de papier*», appliquée à la nuit, n'aurait aucun sens; elle se rapporte évidemment à la mer.

2) La profession de pêcheur a pour désignatif spécial le mot *Ông*. Les Annamites désignent ceux qui l'exercent par l'expression 魚翁 *Ngư ông, le vieillard aux poissons*, qui est empruntée au chinois; et, par suite, on dit aussi «*Ông chài, le vieillard qui pêche au filet*», quant il s'agit, comme ici, de spécifier cette variété de la profession. Ce mot *ông* ne signifie pas alors *un personnage élevé en dignité*, mais simplement *un homme dont la barbe grisonne*. C'est l'équivalent, pour les pêcheurs, du mot *lão, vieillard*, que l'on applique aux gens qui exercent d'autres métiers, comme, par exemple, celui de marchand en boutique, quoique, de même que les pêcheurs, ils puissent fort bien ne pas être avancés en âge.

Hỡi con vẫy lửa một giờ;
Ông hơ bụng dạ, mụ hơ mặt mày.
Vân Tiên vừa ấm chơn tay,
Ngẩn ngơ hồn phách như say mới rồi.
Ngở là mình phải nước trôi;
Hay đâu còn hãy đặng ngồi dương gian?
Ngư ông khi ấy hỏi han;
Vân Tiên bày rỏ mọi đàng gần xa.
Ngư rằng : «Người ở cùng ta!
«Hôm mai hẩm hút với già cho vui!»

1) Litt. : «*Hébété — (quant à) l'âme — (et au) corps — comme — (un homme) d'être ivre — tout récemment — ayant achevé.*» — A mon sens, le mot *rồi* n'est pas un adjectif signifiant *terminé,* ou un substantif signifiant *loisir*, comme l'indiquent les dictionnaires, mais un véritable verbe dont le sens est *terminer*, *finir,* et qu'il faut mettre au participe passé actif dans les cas où il suit un autre verbe, qu'il se trouve ou non un adverbe entre les deux. *Say rồi* veut donc dire : *ayant terminé (l'action, le fait, l'état) d'être ivre;* ou bien, en conservant la tournure annamite (ce qui a, du reste, l'avantage d'éviter des sous entendus souvent barbares quoique logiques), *d'être ivre — ayant achevé.* Pour se convaincre de ce sens verbal du mot *rồi*, on peut examiner les exemples que donne à la suite de ce monosyllabe le dictionnaire de Mgr. Taberd; on verra qu'il y a toujours là un verbe dont la valeur est modifiée, selon les cas, conformément à la règle de position et à la syntaxe annamite. Je me borne, pour ne pas m'étendre trop longuement sur ce sujet, à donner l'explication littérale de ces exemples, telle que je la comprends, à la suite de la traduction latine de Mgr. Taberd que je reproduis entre parenthèses et qu'on pourra comparer avec la mienne.

1° *Đã rồi (jàm absolutus)* — (qui est) dès à présent terminé.

2° *Rồi việc (absolutum negotium)* — (qui) a terminé quant à l'affaire.

3° *Rồi tay (otium)* — (qui) a terminé quant aux mains.

Commandant (à son fils) d'entourer, en toute hâte, le noyé de charbons ardents,

il lui sèche le corps; sa femme sèche le visage.

Dès que la chaleur pénètre les membres de *Vân Tiên,*

(Il revient à lui), l'âme troublée, le corps chancelant, comme un homme au sortir de l'ivresse [1].

Il se croyait condamné à périr submergé par les flots,

et se retrouve, qui l'eût pensé? au sein du monde des vivants!

Le pêcheur, alors, l'interroge,

et *Vân Tiên,* dans tous ses détails, lui fait connaître son histoire.

« Restez avec nous! dit le pêcheur.

« Subsistant au jour le jour de ce que nous enverra la fortune, nous » vivrons gaiement de compagnie [2]. »

4° *Ngày rồi (dies otii)* — un jour d'avoir (où on a) terminé.

5° *Hết rồi (finis)* — ayant (ou j'ai, il a etc.) fini de finir.

6° *Rồi chưa (absolutum — ne?)* — (est-ce) fini — (ou) pas encore?

7° *Chẳng rồi (non est otium)* — (n'avoir) pas fini (de faire ce qu'on faisait, et, par suite, n'avoir pas le *loisir* de faire autre chose).

Qu'on examine bien le rôle du mot *rồi* dans ces exemples, et j'espère qu'on verra plus clair dans les indications, généralement justes, d'ailleurs, mais forcément obscures pour être trop écourtées que donne à ce sujet l'ouvrage du savant évêque d'Isauropolis.

2) Litt. : « *Soir et matin — vivez au jour le jour — avec — le vieillard — gaîment.* » — *Hẩm hút* est primitivement un adjectif signifiant *moisi.* Mais, par un enchaînement d'idées qui paraîtrait un peu subtil dans nos langues européennes, ces deux mots, qui deviennent ici des verbes, prennent le sens de « vivre des aliments qu'on a à sa disposition, *fussent-ils moisis* », c'est-à-dire « vivre selon les ressources qu'on a, vivre au jour le jour ». Cette expression verbale présente, au point de vue de la série de raisonnements qui en a établi la signification, une analogie frappante avec l'expression chinoise figurée 糟 糠 qui désigne *les époux,* en tant que partageant ensemble la bonne et la mauvaise fortune. (V. la note sur le vers 408.)

Tiên rằng : «Ông lấy chi nuôi?
«Thân nầy khác thể trái mùi trên cây!
«May mà trôi nổi tới đây.
«Không chi báo đáp; mình nầy trơ trơ!»
Ngư rằng : «Lòng lão chẳng mơ!
«Dốc làm nhơn nghĩa, há chờ trả ơn?
«Nước trong rửa ruột sạch trơn;
«Một câu «danh lợi» chẳng sờn lòng đây!
«Rày doi, mai vịnh, vui vầy;
«Ngày kia hứng gió, đêm nầy chơi trăng.
«Một mình thong thả làm ăn.
«Khỏe, quơ chài kéo; mệt, quăng câu dầm.
«Nghêu ngao, nay chích, mai đâm;
«Một bầu trời đất, vui thầm ai hay?

1) Litt. : «*Je n'ai pas — quoi que ce soit —, (pour) me montrer reconnaissant; — ce corps-ci — (est) seul et nu!*» — Le sens exact de la phrase *mình nầy trơ trơ* est : «*(je n'ai) pas autre chose que ce corps*»; mais comme *trơ trơ* constitue un véritable adjectif en annamite, je me vois forcé, pour faire bien comprendre le rôle qu'il joue ici, de le traduire comme on le voit ci-dessus; et encore «*seul et nu*» ne rend-t-il pas complètement la nuance renfermée dans ces deux monosyllabes. Il est utile de faire remarquer que *không*, par position, n'est pas ici une simple négation, mais un verbe négatif

« Comment, répond *Tiên*, pourriez-vous me nourrir ?

« Me voilà, faible, comme un fruit mûr sur l'arbre (où il est attaché) !

« Porté sur les eaux du fleuve, j'ai, par bonheur, pu échouer ici.

« Je ne possède rien pour reconnaître vos bienfaits ; je suis seul et » dépourvu de ressources [1] ! »

« Mon cœur de vieillard n'est point avide ! réplique le pêcheur ;

« disposé à faire le bien, je n'attends point de récompense !

« Mon âme est pure de tout intérêt sordide [2] ;

« insensible est mon cœur aux séductions du gain et de la renommée !

« Aujourd'hui près des parties avancées, demain dans les enfoncements » ments du rivage, je vis également joyeux.

« Pendant le jour, le vent me rafraîchit ; la nuit je jouis du clair de » lune.

« Libre dans ma solitude, je pourvois à ma subsistance.

« Lorsque je me sens de la vigueur, je jette mon épervier ; si je suis » fatigué, je lance ma ligne de fond.

« Je vais, fredonnant ma chanson, tantôt pêcher dans les mares, » tantôt visiter mon vivier.

« Qui, dans l'univers tout entier, connaît ces joies de ma solitude ?

qui a pour régime *chi*, et qui est synonyme de *không có* ou du mot chinois 無 pris dans le sens verbal.

2) Litt. : « *Une eau — pure — lave (mes) entrailles — parfaitement propres.* » — *Sạch trơn* est encore un superlatif par figure ; il signifie exactement : *propre jusqu'à en être luisant.* Le vieillard emploie cette métaphore, qui n'est traduisible en français que par un équivalent, pour dire qu'il n'a besoin d'aucune récompense, et qu'étant absolument désintéressé, il se contente de ce qu'il possède.

«Kinh luân đã sẳn trong tay!
«Nghinh ngang dưới thế, vui say trong đời!
«Thuyền nang một chiếc ở đời;
«Tắm mưa, chải gió trong vời *Hàn Giang.*»
Vân Tiên nhớ tới *Hàn Giang* :
«*Vỏ Công* người ở gần đàng đây chăng?»
Ngư rằng : «Ta ở đồng lân;
«Khỏi ba khúc vịnh, thời lần đến nơi.».
Tiên rằng : «Xưa đã gá lời;
«Sui gia bao nở đổi dời, chẳng thương?
«Vợ chồng là đạo *tào khương!*
«Chi bằng tới đó tìm phương gởi mình?
«Trăm năm muốn trọn ân tình,
«Găp cơn hoạn nạn, ai đành bỏ nhau?
«Chút nhớ cứu tử ân sâu!
«Xin đưa tới đó trước sau cho tròn.»

1) On trouve dans notre style familier l'expression analogue : «*Posséder quelque chose sur le bout du doigt*».

2) Litt. : «*Des «sui gia» — combien — tolèreraient-ils (comment seraient-ils capables) de — changer — (et) ne pas — aimer?*».

On désigne, en annamite, par les mots *sui gia* la relation qui existe

«Dans ma main je tiens tous les grands principes, les sciences de » l'ordre supérieur[1].

«Errant ici-bas au gré de mon caprice, ma vie n'est qu'une joie » enivrante!

«Ne possédant en ce monde qu'un seul bateau de bambou,

«sur la surface immense du *Hàn giang* je prends mon bain dans la » pluie du ciel, et le vent démêle mes cheveux.»

Le nom de *Hàn giang* frappe la mémoire de *Vân Tiên.*

«*Võ Công,* demande-t-il, ne demeure-t-il point près d'ici?»

«Nous sommes voisins, dit le pêcheur.

«Il nous suffit, pour y arriver, de franchir trois coudes du fleuve.»

«Autrefois, reprend *Tiên,* nos familles engagèrent leur parole;

«lié par un projet d'alliance[2], pourrait-il avoir changé de senti- » ments, et se montrer sans affection?

«Les époux doivent mettre en commun et le bonheur et l'adversité[3]!

«Pour moi, le mieux est de m'y rendre et d'y chercher un asile.

«Si l'on veut conserver intact pendant toute la vie[4] le lien de l'affec- » tion conjugale,

«l'on ne doit point se délaisser lorsque souffle le vent de la mauvaise » fortune!

«Vous m'avez sauvé la vie, c'est un immense bienfait!

«Je vous prie d'y mettre le comble en guidant mes pas vers ce lieu.»

entre les parents des deux époux. Cette relation n'a pas de nom spécial en français.

3) Voyez la note sur le vers 408.

4) Litt.: «*(Si pendant) cent ans — on veut — conserver dans son intégrité — l'affection*». — L'adjectif «*trọn, entier*» devient verbe par position.

Ngư rằng : «Làm đạo rễ con
«Khác nào sợi chỉ mà lòn trôn kim!
«Sợ bay mà mỏi cánh chim,
«Bơ vơ cảnh lạ, khôn tìm cây xưa!
«E khi chậm bước tới trưa!
«Chớ tin sông củ bến xưa mà lầm!
«Mấy ai ở đặng hảo tâm?
«Nắng, dùn chóp nón; mưa, dầm áo tơi!
«Mấy ai hay nghĩ sự đời,
«Nhớ nơi nghèo khổ, quên nơi sang giàu?
«Đã ba thứ tóc trên đầu.
«Gẫm trong sự thế, thêm âu cho đời!»
Vân Tiên xin đã hết lời;
Ngư ông chẳng đã tách với đưa sang.

1) Litt. : *«(C'est) autre — en quoi — (que d'être) un fil — pour — passer par — le trou — d'une aiguille?».*

2) Litt. : *«Désorienté — (dans un) paysage — étranger, — difficilement — cherche — l'arbre — d'autrefois».*

3) Litt. : *«Je crains que, — en — étant lent, — quant à (vos) pas — vous arriviez — à midi».* — *Chậm*, qui est ordinairement un adverbe ou un adjectif, devient verbe neutre par position. — *Trưa,* signifie *midi;* il est pris ici métaphoriquement pour *tard,* parce que cette heure du jour est tardive par rapport à la matinée. — Le vieillard veut faire comprendre à *Vân Tiên* qu'après une si longue absence, il trouvera sa place prise.

«Remplir, le rôle de gendre, dit le pêcheur,

«est une chose aussi minutieuse que de passer un fil dans le trou »d'une aiguille[1]!

«Je crains que, dans son vol, l'oiseau n'ait perdu ses forces,

«et qu'après avoir erré en des parages inconnus, il ne puisse re- »trouver l'arbre où il se posait autrefois[2]!

«Je crains que, pour avoir marché lentement, vous n'arriviez trop »tard[3]!

«Ne vous fiez point au fleuve où vous naviguiez, à la rive où vous »débarquiez jadis; vous seriez trompé (dans votre espérance[4])!

«Combien en est-il qui possèdent la bonté du cœur?

«Quand le soleil brûle, on met vite son chapeau; à la pluie qui tombe, »on oppose le manteau de feuillage[5]!

«Combien en est-il qui, réfléchissant sur ce qui se passe ici-bas,

«se souviennent des pauvres, et laissent de côté les nobles et les »riches?

«Sur ma tête ont déjà poussé trois espèces de cheveux[6].

«J'ai (fréquemment) médité sur les choses du monde; et, plus je l'ai »fait, plus elles ont contristé mon cœur!»

Mais *Vân Tiên* le prie et le supplie;

Le pêcheur est contraint de prendre le large et de le transporter (chez *Vỏ Công*).

4) Craignez de ne point être accueilli comme vous l'étiez jadis.

5) Litt. : «*(Lorsque) le soleil brûle — on lâche — le sommet — du chapeau; — (lorsqu')il pleut, — on laisse mouiller — le manteau de feuilles! (On ne cherche qu'à se garantir soi-même, et l'on s'inquiète peu des autres.)*».

Le mot *dùn*, qui signifie proprement *lâcher*, doit s'entendre ici du mouvement qui consiste à se couvrir brusquement en jetant sur sa tête un chapeau à large bord.

6) Noirs, puis gris, et enfin blancs.

Dắc *Tiên* vào trước tiền đàng.
Vổ Công xem thấy, lòng càng hổ ngươi!
Chẳng qua sợ thế gian cười.
Một lời gượng gạo chào người ngày xưa.
«Ngư ông đã có công đưa;
«Ngày sau ta sẽ lo lừa đền ơn!»
Ngư rằng : «Lòng lão chẳng sờn!
«Xin trọn nhơn ngãi; hay hơn bạc vàng!
«Nhớ xưa trong núi *Lư san,*
«Có ông *Ngư Phủ* đưa chàng *Ngủ Viên.*
«Đến sau *Đình Trưởng* đổ thuyền,
«Giúp người *Hạng Vổ* qua miền *Ô Giang.*
«Xưa còn thương kẻ mắc nàn;
«Huống nay ai nỡ quên đàng ngãi nhơn?»
Một lời gắng giúp keo sơn,
Ngư ông từ giả, lui chơn, xuống thuyền.
Vổ Công khôn ngớt lòng phiền;

Prenant *Tiên* par la main, il le conduit au vestibule.

Vỏ Công le voit, et plus il le regarde, plus le rouge lui monte au visage!

Il ne craint qu'une chose; ce sont les rires du monde;

aussi s'efforce-t-il de trouver une parole pour saluer l'ami d'autrefois.

«Pêcheur, dit-il, en amenant ici *Tiên*, vous avez acquis des droits à »notre gratitude;

«plus tard nous aviserons à reconnaître ce service!»

Le pêcheur lui répond : «Mon cœur de vieillard en a peu de souci!

«Ce que je vous demande, c'est de vous montrer entièrement humain »et affectueux; cela vaut mieux que l'or et que l'argent!

«Je me souviens que jadis, dans la montagne de *Lư san,*

«le pêcheur *Ngư Phủ* fit traverser le fleuve à *Ngủ Viên.*

«Plus tard *Đình Trương* fit stationner sa barque

«pour aider *Hạng Vỏ* à passer dans le pays de *Ô Giang.*

«On eut, dès l'antiquité, compassion des malheureux;

«à plus forte raison qui pourrait, aujourd'hui, s'écarter de la voie »de l'affection et de l'humanité?»

Après s'être efforcé, par ces quelques mots, de resserrer les liens (d'autrefois)[1],

le pêcheur prend congé, part, et remonte dans sa barque.

Le cœur de *Vỏ Công* ne peut secouer sa tristesse.

1) Litt. : «*(Par) une — parole — il s'efforce de — coller — la laque (d'arranger les affaires)*».

Ân tình thế lợi có tuyền vậy vay!
Dạy *Tiên* : «Ngươi hãy ngồi đây!
«Cho ta trở lại, sau nầy liệu toan!»
Công rằng : «Mụ hởi! *Quình Trang!*
«Dò lòng ái nữ *Thể loan* thể nào!
«Mặc bay toan liệu làm sao!
«Vốn không ép vợ; lẽ nào ép con?»
Loan rằng : «Gót đỏ như son,
«Xưa nay ai nở đem chôn xuống bùn?
«Ai cho sen muống một bồn?
«Ai tầng chanh khế sánh cùng lựu lê?
«Thà không trót chịu một bề,
«Nở đem mình ngọc dựa kẽ thất phu!
«Dốc lòng chờ đợi danh nhu;
«Rể đâu có rễ đuôi mù thể nầy?
«Tôi nghe người nói hội nầy

1) Litt. : « *L'affection (d'un parent ou d'un allié) — (et) du siècle — le lucre, — il les a — tout entiers — finale énergique.* »

2) Litt. : « *Depuis l'antiquité jusqu'à nos jours — qui — aurait consenti à — le porter — à enfouir — sous — la boue?* »

3) Le *Muống* est une plante sans valeur, de la famille des convolvulacées.

Les sentiments généreux et le vulgaire intérêt y luttent à armes égales[1].

«Assieds-toi ici! dit-il à *Tiền*,

«pendant que je me retire, afin d'aviser à ce qu'il y a lieu de faire!

«Ô ma chère *Quỳnh Trang!* dit-il,

«sondez le cœur de *Thể Loan*, notre fille bien aimée; voyez ce »qu'elle désire!

«Décidez toutes les deux quel est le parti à prendre!

«Naturellement je ne contrains point mon épouse; pourquoi con- »traindre mon enfant?»

Loan répond : «Un talon rouge comme le vermillon,

«qui jamais a consenti à l'enfoncer dans la boue[2]?

«qui unirait, dans un même vase, le nénuphar au *Muống*[3]?

«qui, au citron et à la carambole[4] associa jamais la grenade et la »poire?

«Plutôt ne me marier jamais

«que de confier, moi, jeune fille distinguée, mon sort à un homme »du commun[5]!

«J'avais résolu d'attendre un lettré illustre;

«mais est-ce un gendre qu'un aveugle pareil?

«J'entends dire que, dans ce concours,

4) Le *Cây khế* ou *Carambole (Averrhoa carambola* ou *carambolifera*, en cambodgien *Spú*) est un arbre de la famille des oxalidées, à fruit acide et rafraîchissant.

5) Litt. : «*(Plutôt que de) supporter — d'apporter — (mon) corps — de pierre précieuse — à s'appuyer — près de — un homme du commun.*»

«Rằng *Vương Tử Trực* đậu rày thủ khoa.
«Ta dầu muốn kết sui gia,
«Họ *Vương* họ *Vỏ* một nhà, mới xinh!»
Công rằng : «Muốn đặng việc mình,
«Phải toan một chước dứt tình cho xong.
«Nghe rằng trong núi *Thương tòng*
«Có hang sâu thẳm, bịt bùng khôn ra.
«*Đông Thành* ngàn dặm còn xa.
«Đem chàng bỏ đó, ai mà biết đâu?»
Phút vừa trăng đã đứng đầu.
Vân Tiên ngồi trước nhà cầu thở than.
Vỏ Công ra đó phỉnh chàng
Xuống thuyền, cho trẻ đưa sang *Đông Thành*.
Ra đi vừa lúc tam canh,
Dắc vào hang tối, bỏ đành *Vân Tiên!*
Bỏ rồi lén lén bước liền,

1) Litt. : « *Nous — si — (nous) voulons — nouer — (les relations de) sui gia* ».

2) Litt. : « *Tout à coup — on arrive au moment que — la lune — s'est placée perpendiculairement au-dessus de — la tête* ». *Vừa* est verbe par position.

3) Litt. : « *On mène par la main — à entrer dans — (une) caverne — obscure — (et on y) abandonne — définitivement — Vân Tiên* ». — *Đành* est

«*Vương Tử trực* a obtenu le premier rang.

«Si nous voulons entamer des négociations de mariage[1],

«des deux maisons de *Vương* et de *Lục,* faisons une seule famille! »(Nous formerons) ainsi (une alliance) distinguée.»

«Si nous voulons, dit *Công,* mener à bien nos affaires,

«il nous faut imaginer un expédient pour rompre définitivement les »anciennes relations.

«J'ai entendu dire que, dans la montagne des *Pins verts,*

«se trouve un souterrain très profond et clos de toutes parts, (sauf) »une issue impossible à trouver.

«*Đông Thành* en est encore éloigné de mille *dặm.*

«Si j'y mène le jeune homme et que je l'y abandonne, qui pourra »jamais le savoir?»

Voici que la lune est arrivée au point le plus haut de sa course[2].

Vân Tiên soupire, assis dans la galerie couverte.

Vỏ Công paraît; il lui persuade astucieusement

de descendre dans la barque; ses serviteurs, lui dit-il, vont le conduire à *Đông Thành.*

On part à la troisième veille;

conduit dans l'obscure caverne, *Vân Tiên* y est laissé pour toujours[3]!

Cela fait (les serviteurs) s'éloignent de suite à pas de loup;

adverbe par position. Ce mot est proprement un verbe qui signifie *arrêter, consentir.* La connaissance de ce sens primordial donne la clef des nombreux idiotismes qu'il contribue à former. Ici, par sa position, ce verbe prend le sens adverbial, et, par suite, doit se traduire par «*d'une façon bien arrêtée, nettement, définitivement*».

Xuống gay chèo quế, dời thuyền thách xa.
Tiên rằng : «Các chú đưa ta!
«Xin đưa cho tới quê nhà; sẽ hay!
«Ghi lòng đốc trọn thảo ngay!
«Một phen ra sức, ngàn ngày chẳng quên!»
Lặng nghe vắng tiếng hai bên!
Tay lần; hang tối, đá trên chập chồng!
Vân Tiên khi ấy hãi hùng.
Nghỉ ra, mới biết *Vỏ Công* hại mình!
Nực cười con tạo trớ trinh!
Chữ *duyên* tráo chác! chữ *tình* lẳng xao!
Gẩm mình tai nạn xiết bao!
Mới lên khỏi biển, lại vào trong hang!
Dây sầu ai khéo vương mang?
Tránh nơi lưới thỏ, mắc đường bẩy cheo!

1) Litt. : «*Je vous prie — de me guider — de façon à — arriver à — mon pays; — je saurai (j'aviserai)!*»

2) Litt. : «*(Pour) une (seule) — fois — (que) vous ferez effort, — (pendant) mille — jours — ne pas — je l'oublierai!*»

3) Litt. : «*Le caractère — «union» — est retourné; — le caractère — «affection» — est brouillé!*» *Tráo chác* et *lẳng xao* sont au passif par position.

4) Litt. : «*Le lien — triste, — qui — est (ainsi) habile à — (y) être pris*

ils montent dans le bateau, arment les avirons et poussent au large.

Tiên s'écrie : « Ô mes guides !

« Conduisez-moi, je vous prie, jusqu'à mon pays natal ! Je ne réclame » rien autre de vous [1].

« La reconnaissance de ce service restera profondément gravée dans » mon cœur,

« et votre peine d'un moment [2] ne sera jamais oubliée ! »

Tout reste silencieux ; aucune voix ne se fait plus entendre !

Sa main partout rencontre (les parois) d'un antre ténébreux, caverne fermée en haut par des roches amoncelées !

A ce moment, *Vân Tiên* est saisi d'épouvante.

Il réfléchit et, comprenant enfin que *Võ Công* a tramé sa perte,

il se rit amèrement des jeux trompeurs de la fortune.

L'union projetée a fait place à une autre ; les (anciennes) affections sont bouleversées [3] !

Il réfléchit en lui-même sur l'étendue de son infortune.

A peine sauvé des flots, le voilà (captif) dans une caverne !

Il se laisse envelopper avec une singulière persistance dans les liens du malheur [4],

et n'a échappé au filet que pour tomber dans le piège [5] !

— *(et à le) supporter ?* » — *Ai* est encore une formule vague, par laquelle l'auteur désigne ici le héros du poème. *Khéo* est pris ironiquement dans le sens qu'on donne souvent au mot *talent* dans notre style familier, comme par ex. dans cette phrase : « *Il a le talent de toujours se faire prendre* ».

5) Litt. : « *Il évite — le lien — du (où se trouve le) filet — du (tendu au) lièvre, — (et) rencontre — le chemin du — (où se trouve le) piège — du (tendu au) chevrotain.* »

Trong hang sau trước quạnh hiu!
Muốn ra cho khỏi, ai dịu dắc đi?
Oan gia nợ đã khéo gây!
Oi thôi! Thân thể! còn gì mà toan?
Đã đành! Xa cõi nhơn giang!
Dựa mình vào chốn thạch bàn, nằm co.
Đêm đông ngọn gió thổi lò;
Sương sa lác đác, mưa tro lạnh lùng!
Năm ngày nhịn đói khát ròng;
Nhờ ba hườn thuốc, đỡ lòng hôm mai.
Du thần xem thấy ai hòai;
Xét trong mình gả, có bài phù tiên.
Mới hay là *Lục Vân Tiên*.
Cùng nhau dìu đắc, đều liền đem ra.

1) Litt. : « *Du malheur immérité — la dette, — (on a été) habile — (à la) combiner* »! Ces deux mots *immérité* et *dette* semblent se contredire absolument dans ce vers; mais en réalité il n'en est pas ainsi. En effet, dans les idées bouddhiques qui constituent, plus au moins altérées, le fond du culte professé par la classe populaire en Cochinchine, les malheurs que l'homme éprouve durant sa vie actuelle sont un châtiment qu'il est condamné à subir pour expier des fautes *(tiền khiên)* commises par lui dans une existence antérieure. Ces fautes constituent une véritable *dette*, dont il est contraint de s'acquitter par la souffrance. C'est sur cette dette de malheur, à laquelle on donne le nom spécial de *Đoạn trường* et qu'il faut absolument

Enseveli qu'il est dans cette caverne solitaire,

où trouver le guide qui l'en fera sortir?

(Le ciel) habilement a combiné cette expiation [1]!

Hélas! Hélas! il est perdu! Que résoudre?

C'en est fait! le voilà retranché des humains!

Appuyé contre le plat d'une roche, il gît replié sur lui-même.

Le vent de cette nuit d'hiver s'engouffre dans le souterrain;

Une brume ténue y pénètre, la pluie tombe, fine et glacée!

Exposé, cinq jours durant, à la faim et à la soif,

Il trouve dans ses trois pilules un constant apaisement à sa souffrance.

Du thần [2] qui le voit, se sent ému de compassion.

Il examine le jeune homme et, apercevant le talisman qu'il porte,

il apprend que *Lục Vân Tiên* (est devant lui).

Le prenant (alors) par la main, le génie l'emmène et le fait sortir (de la caverne [3].

payer, que roule le célèbre poème de *Tuý kiều*, comme on le verra dans la traduction que j'en ai faite, et qui, je l'espère, paraîtra bientôt. Or, comme l'homme, dans l'existence ou les existences pendant lesquelles il expie, n'a aucun souvenir des causes qui ont amené fatalement cette expiation, il en qualifie la forme, qui est la souffrance, d'*injuste* ou d'*imméritée*, mais en tant seulement qu'elle se rapporte à la conduite qu'il a pu mener dans son existence actuelle.

2) Il s'agit ici d'un génie errant, comme l'indiquent les deux caractères chinois dont est formé son nom.

3) Litt. : « *Mutuellement — il le conduit par la main — (et) ensemble —*

Khỏi hang một dặm vừa xa,
Đến nơi *Đại Lộc;* trời đà hừng đông.
Du thần trở lại sơn trong;
Vân Tiên còn hãy giấc nồng mê mang.
Lão tiều cơm gói sẵn sàng,
Sớm mai xách búa, đi ngang qua rừng.
Tới đường *Đại Lộc,* là chừng,
Xãy nghe có tiếng trong rừng thở than.
Hay là yêu quái tà gian
Rung cây nhác lão, làm đường hại nhơn?
Lão tiều liền bước lại gần.
«Thiệt là một gả văn nhân mắc nàn!
«Chi bằng lên tiếng hỏi han
«Nhân sao mắc việc tai nàn thể nầy!»
Vân Tiên nghe tiếng mừng thay!
Vội vàng gượng dậy, trình bày trước sau.

aussitôt — il le fait sortir». Les mots *nhau, cùng nhau,* en annamite, de même que 相 en chinois, expriment, non pas seulement la mutualité ou une action réciproque exercée par deux individus l'un sur l'autre, mais encore, quoique moins fréquemment, *l'action unilatérale de l'un sur l'autre,*

Après s'en être éloignés d'une distance d'environ un *dăm*,

ils arrivent à *Đại Lộc;* le jour paraît à l'orient.

Du thần retourne dans la montagne;

Vân Tiên reste plongé dans un profond sommeil.

Un vieux bûcheron, portant son rouleau de riz tout préparé pour la journée,

ce matin là, sa cognée sur l'épaule, traversait la forêt.

Arrivée au chemin de *Đại Lộc,* qui est le but (de sa course),

il entend tout à coup dans le bois une voix qui gémit et soupire.

« Peut-être, pense-t-il, est-ce un démon malfaisant

« qui secoue les arbres pour m'effrayer, poussé par son instinct à » nuire aux humains? »

Le vieux bûcheron porte aussitôt ses pas de ce côté.

« C'est vraiment, se dit-il, un jeune lettré accablé par le malheur!

« Ce que j'ai de mieux à faire, c'est d'élever la voix, et de lui de- » mander

« quelle est la cause de cette infortune à laquelle il est en proie. »

Vân Tiên entend cette voix, et sent la joie remplir son âme.

Vite il s'efforce de se lever, et fait le récit de ses malheurs.

si je puis m'exprimer ainsi. C'est ce qui a lieu dans ce vers. Le mot *đến* renferme en outre une nuance d'égalité; en l'employant, l'auteur a probablement voulu accentuer encore l'idée des égards que le génie, subissant l'influence du talisman, a pour *Lục Vân Tiên* sur lequel il l'a aperçu.

Lão tiều nghe nói hồi lâu;
Gẫm trong thế sự, lắc đầu, thở than.
«Ít người trong tuyết cho than!
«Khó ngồi giữa chợ, ai màng đoái thương?»
Vân Tiên nghe nói, mới tường
Cũng trang hào kiệt, biết đường thảo ngay.
«Ngửa trông lượng cả cao dày!
«Cứu trong một thuở, ơn tày tái sanh!
«Mai sau về tới *Đông Thành*,
«Đền ơn cứu phổ dốc đành giạ tôi!»
Lão tiều mới nói : «Thôi! thôi!
«Làm ơn mà lại trông hồi sao hay?
«Già hay thương kẻ thảo ngay!
«Nẫy thôi! Đễ lão dắc nay về nhà!»
Tiên rằng : «Trong dạ xót xa!
«Nay đà sáu bữa không hoà mùi chi!
«Lại thêm rủ liệt tứ chi!

1) *Lắc đầu* signifie proprement : «*remuer la tête en signe de dénégation*».

Le vieux bûcheron l'écoute longtemps;

il réfléchit sur les choses humaines; il secoue la tête [1] et soupire.

«Peu de gens, lui dit-il, donnent à autrui du charbon quand il neige!

«Qui jette un regard de compassion sur le pauvre assis au milieu »du marché?»

A ces paroles, *Vân Tiên* reconnaît

que cet homme, lui aussi, possède une âme élevée au-dessus du vulgaire, plein d'honneur et de loyauté,

«J'espère, dit-il, avec confiance en votre cœur bienfaisant et généreux [2],

«En me sauvant aujourd'hui, vous me donnez une seconde fois la vie.

«De retour à *Đông Thành,* tôt ou tard,

«je serai heureux de reconnaître votre secours et vos bons soins.»

«Assez, assez! répond le bûcheron.

«Serait-il honorable de rendre un service dans l'espoir d'être payé »de retour?

«J'aime les hommes loyaux et sincères!

«mais laissez-moi maintenant prendre votre main, et vous guider »vers ma demeure!»

«La faim, dit *Tiên,* torture mes entrailles!

«Voilà aujourd'hui six jours que je n'ai senti la saveur d'un aliment,

«et cela augmente encore la faiblesse de mes membres épuisés!

2) Litt. : «*Me tournant vers le haut — j'espère en — votre mesure — grande, — haute — et épaisse.*»

«Muốn đi theo đó; mà đi sao rồi?»
Lão tiều vội ngửa áo tơi;
Mở cơm trong gói, miệng mời *Vân Tiên*.
«Gắn mà ăn uống cho yên!
«Lão ra sức mạnh, cổng *Tiên* về nhà.»
Khỏi rừng ra tới ngả ba,
May đâu lại gặp một nhà *Hớn Minh!*
Lão tiều lặt đặt bôn trình;
Hớn Minh theo hỏi sự tình một khi.
Vân Tiên nghe tiếng cố tri,
Vội mừng bạn củ, còn nghi nổi mình!
Minh rằng : «Dám hỏi nhơn huinh!
«Cớ sao nên nổi thân hình thể ni?»
Tiên rằng : «Chẳng xiết nói chi!
«Thân nầy nào có khác gì cây trôi?
«Linh đinh, gió dập, sóng dồi;
«Rày đây, mai đó, khôn rồi gian nan!»

1) Litt. : «*Le vieux — bûcheron, — à la hâte — tourne en haut — (son) manteau de feuillage*». — Ce que l'on appelle *áo tơi* est une espèce de par-

« Je voudrais vous suivre; mais pourrai-je aller jusqu'au bout? »

Le vieux bûcheron relève avec empressement son manteau de feuilles[1],

et, pendant que (ses mains) ouvrent son paquet de riz, sa bouche invite *Vân Tiên* (à y goûter).

« Allons, lui dit-il, mangez, buvez en paix!

« Je m'efforcerai de vous porter, sur mon dos, jusqu'à ma demeure. »

Au sortir de la forêt, en se dirigeant vers un carrefour (du chemin)

Ô bonheur! ils rencontrent un homme, et cet homme c'est *Hán Minh!*

(Tandis que) le vieux bûcheron s'achemine à pas pressés,

Hán Minh, tout en le suivant, s'enquiert de ce qui se passe.

Vân Tiên, entendant cette voix bien connue,

se réjouit aussitôt de rencontrer son compagnon d'autrefois; (et cependant) il doute encore!

« Que mon frère aîné, dit *Minh,* me permette de l'interroger!

« Par suite de quels évènements se trouve-t-il en proie à ces souf- » frances? »

« Que te dire? répond *Tiên.* Mes misères sont innombrables!

« Ce pauvre corps ressemble à un morceau de bois, qu'entraîne le » courant (de la rivière).

« Flottant au gré des flots, le vent le pousse et les eaux l'agitent.

« Ici aujourd'hui, là demain, mes malheurs n'ont point de terme! »

dessus de feuilles qui sert aux hommes de la campagne à se préserver de la pluie. Ja'i dit dans une note précédente quel est l'arbre dont le feuillage sert à la confection de ce genre de vêtement.

Minh rằng : «Đây khó hỏi han!
«Xin vào chùa; sẽ luận bàn cùng nhau.»
Tiều rằng : «Chẳng khá ngồi lâu!
«Vào rừng đốn củi, bán hầu chợ *Phiên.*»
Hớn Minh quì gối, lạy liền :
«Ân ông cứu đặng *Vân Tiên* bạn lành!
«Nầy hai lương bạc để dành;
Tôi xin báo đáp chút tình cho ông!»
Tiều rằng : «Lão vốn tay không!
«Một mình thong thả non tùng hôm mai.
«Tấm lòng chẳng muốn của ai;
«Lộc rừng, củi quế hôm mai đở lòng.
«Kia non, nọ nước; thong dong,
«Trăng thanh, gió mát, bạn cùng hưu nai!
«Công hầu phú quới mặc ai!
Thuế sưu nào biết, tiền tài nào hay?

1) Litt. : « . . . . *Le vieillard — essentiellement (de son naturel) — (est un homme aux) mains vides* ». — *Tay không, mains vides* (désintéressé), est une expression qualificative qui joue le rôle d'un adjectif composé, lequel, par position, se transforme ici en verbe de qualité. C'est d'ailleurs une abréviation de l'expression *cắp tay không* qui signifie au propre « *rester les bras croisés* ». En effet, un homme qui se croise les bras lorsqu'on lui veut donner

«C'est n'est point ici, dit *Minh,* un lieu propice pour s'adresser des »questions!

«Entrons, je te prie, dans la pagode; nous y tiendrons conseil en»semble.»

«Je ne puis, dit le bûcheron, rester longtemps inactif en ce lieu.

«Je rentre dans la forêt pour y abattre du bois, et le vendre ensuite »au marché de *Phiên.*»

Hán Minh fléchit aussitôt le genou, et se prosterne devant lui.

«Grâce à vous, lui dit-il, mon ami *Vân Tiên* est sauvé!

«Voici deux onces d'argent que je tenais en réserve;

«permettez-moi de vous les offrir comme une faible marque d'affec»tion, en retour de votre bienfait!»

«De ma nature, dit le vieillard, je suis un homme désintéressé[1]!

«Seul avec moi-même, je suis libre tout le jour au sein de la mon»tagne.

«Mon cœur ne convoite pas le bien d'autrui;

«la forêt, le bois que j'y coupe, me fournissent une nourriture qui »ne me fait jamais défaut.

«Ici j'ai la montagne, là j'ai l'eau. En pleine liberté,

«à la claire lumière de la lune, rafraîchi par le souffle du vent, j'ai »la compagnie des cerfs!

«Que d'autres recherchent les honneurs et la fortune[2]!

«Je ne sais rien des impôts, et je ne connais pas l'argent[3]!»

quelque chose, témoigne énergiquement par ce geste qu'il ne tendra pas la main pour recevoir ce qu'on lui offre.

2) Litt. : *(Le fait d'être) công, — (le fait d'être) hầu, — (le fait d'être) riche — (et le fait d'être) noble — sont à la volonté de — qui que ce soit*».

3) Litt. : «*Les impôts — (et) les corvées — est-ce que — je les connais? — L'argent — (et les) richesses — est-ce que — j'(en) sais (quelque chose)?*».

Vân Tiên nghe biết người ngay;
Hỏi thăm tên họ, phòng ngày đền ơn.
Lão tiều trở lại lâm sơn;
Tiên Minh vội vã phản huờn am mây.
Tiên rằng : «Đã gặp hội nầy!
«Cớ sao ngọc hữu ở đậy? làm gì?»
Minh rằng : «Xưa dốc xuống thi,
«Gặp anh *Võ* miểu, cũng đi một lần.
«Anh thời trở lại viếng thân,
«Còn tôi mang gói, trước lần xuống *Kinh*.
«Đi vừa tới phủ *Ô minh*,
«Gặp con quan huyện; *Đàng sanh* là chàng.
«Sang giàu, ỷ thế nghinh ngang.
«Gặp con gái tốt, làm hoang, không vì.
«Tôi bèn nổi giận một khi;

— Le vieillard, dans la pensée de l'auteur, veut dire qu'il ne saurait que faire des richesses, n'ayant aucune sorte d'impôt à payer.

1) Litt. : «*A la montagne (couverte) de forêts*».

2) Litt. : «*Tiên — (et) Minh — avec empressement — retournent à — la pagode — des nuages*». Ce mot de *nuages* est ici en vertu du parallélisme, afin d'avoir une expression double qui corresponde élégamment avec les

A ces paroles, *Vân Tiên* reconnaît un cœur loyal;

Il lui demande son nom et celui de sa famille, afin de pouvoir un jour reconnaître le bien qu'il lui fait.

Le vieux bûcheron s'en retourne aux forêts de la montagne[1];

Tiên et *Minh* se rendent à la pagode[2].

Tiên dit : « Aujourd'hui j'ai fait une heureuse rencontre!

« Mais comment le trouves-tu en ce lieu, et qu'y fais-tu, ô mon ami » bien cher[3]? »

Minh répond : « Je me proposai naguères de me rendre au concours,

« et te rencontrai dans la pagode de *Võ miễu* comme tu y allais » aussi.

« Tu retournas d'abord (dans ton village) pour visiter ta famille,

« et moi, mon paquet sur l'épaule, je pris les devants et me rendis, » sans me presser, à la capitale.

« A peine avais-je atteint le *phủ* de *Ô Minh*,

« que je rencontrai le fils du sous-préfet; *Đăng Sanh* était son nom.

« Se prévalant de sa position élevée[4], il menait une vie de désordre.

« Il rencontra une belle jeune fille, et le libertin lui manqua d'égards.

« Moi, aussitôt, enflammé de colère,

mots *lâm sơn* du vers précédent. L'épithète n'est pas, d'ailleurs, choisie au hasard; elle rappelle à l'esprit les nuages qu'on a l'habitude de peindre avec des dragons à l'entrée des pagodes.

3) Litt. : « *Ami de pierre précieuse* ».

4) Litt. : « *Noble — (et) riche, — s'appuyant sur — (sa) condition, — (il se conduisait) d'une manière désordonnée* ».

«Vật chàng té xuống, bể đi một giò!
Mình làm, mình chịu; ai lo?
«Bó tay, chịu tội; nạp cho Huyện đường.
«Án đày ra quận *Sóc* phương;
«Tôi bèn vượt ngục, tầm đường về đây.
«Vừa may lại gặp chùa nầy;
«Mai danh, ẩn tích, bấy chầy nấu nương.»
Vân Tiên nghe nói, thảm thương;
«Bèn bày khúc đột tai ương phận mình.»
Minh nghe duyên cớ, cảm tình;
«Hai hàng lụy nhỏ như bình nước nghiêng.»
Tiên rằng : «Chạnh đến thung huyên!
«Tuổi cao, tác lớn, chịu phiền lao đao;
«Trông con như hạn trong đào!
Mình nầy trôi nổi chốn nào biết đâu?
«Đôi vừng nhựt nguyệt che đầu!

1) Litt. : « *Deux — lignes — de larmes — tombent goutte à goutte — comme — (d'un) vase — d'eau — penché* ».

2) Litt. : « *Je suis affecté — envers — le Thung — (et le) Huyên* ». — A moins de torturer le texte tel qu'il se présente dans cette édition, on est

«je le jetai rudement sur le sol, et je lui cassai une jambe!

«J'étais l'auteur du fait; c'était à moi d'en supporter la peine, et l'on »n'avait rien à y voir!

«Je me livrai moi-même, je me reconnus coupable; et l'on m'amena »devant le tribunal du *Huyện*.

«Condamné à l'exil dans le *quận* de *Sóc Phương*,

«Je m'échappai de ma prison, et, cherchant mon chemin, j'arrivai ici.

«Je rencontrai, par bonheur, cette pagode,

«où, ignoré de tous, j'ai vécu jusqu'à ce jour.»

A ce récit, *Vân Tiên* est saisi d'une vive compassion;

il raconte (à son tour) les péripéties de sa malheureuse existence.

Les détails qu'il apprend éveillent dans le cœur de *Hán Minh* une profonde émotion,

et de ses deux yeux, comme d'un vase penché, goutte à goutte tombent les larmes [1].

«Je suis, dit *Tiên*, inquiet du sort de mes parents [2]!

«Ils voient s'écouler dans la tristesse et le chagrin les années de leur »vieillesse,

«et attendent leur fils comme une terre desséchée attend une pluie »abondante [3]!

«Ils ne savent où ce pauvre corps, emporté par le courant, est venu »s'échouer.

«Ô vous! Orbes célestes, soleil et lune qui brillez sur ma tête! [4]

forcé d'admettre que l'auteur a oublié en écrivant ce vers qu'il avait fait mourir la mère de son héros.

3) Litt. : «. . . . *Comme la sécheresse attend la pluie abondante*».

4) Litt. : «*(Vous) les deux — orbes, — soleil — (et) lune, — (qui) couvrez — (ma) tête*»!

«No nao trã đặng công sâu sanh thành!
«Hữu tam *thất hiếu!* đã đành!
«Tiểu đồng trước đã vì mình thác oan!
«Tưởng thôi chua xót lá gan!
«Quặn đau chín khúc như xoi, như dằn!»
Minh rằng : «Người ở trong trần,
«Có khi phú quí, có lần gian nan.
«Thấp cao, vàng biết tuổi vàng;
«Gặp cơn lửa đỏ, màu càng thêm xuê.
«Thôi! Thôi! Anh chớ vội về!
«Ở đây nương náu; toan bề thuốc thang!
«Bao giờ hết lúc tài nàn,

1) Litt. : «*Plût au ciel que — rendre — je pusse — la peine — profonde — de me donner la naissance*»!

2) Litt. : «*J'ai — les trois — (faits de) manquer à — la piété filiale; — c'est évident!*»

On trouve dans le 明心, au commentaire de la phrase de *Mạnh tử*: «不孝有三、無後爲大 *Bất hiếu hữu tam, vô hậu vi đại*», l'énumération de ces trois sortes d'offense contre la piété filiale:

«曲從陷親不義一也、家貧親老不爲祿仕
»二也、不娶無子絶先祖祀三也 *Khúc tùng hãm thân*
»*bất ngãi nhứt dã; gia bần thân lão bất vi lộc sĩ nhị dã; bất thú vô tử tuyệt*
»*tiên tổ tự tam dã.* — Engager, en entrant par flatterie dans leurs idées,
»ses parents dans la voie de l'injustice constitue la première; ne pas exercer

«Que ne puis-je reconnaître les peines sans nombre[1] que je coûtai »à ceux qui me donnèrent l'existence!
«J'ai manqué, ce n'est que trop certain, trois fois à la Piété filiale[2],

«et mon jeune serviteur a subi, à cause de moi, un trépas immérité!

«Ces pensées remplissent mon cœur d'amertume!

«Elles tordent mes entrailles, et les déchirent sans répit[3]!

«L'homme, ici bas, lui répond *Minh*,

«est riche et heureux[4] parfois; parfois il est pauvre et misérable.

«C'est dans les alternatives d'abaissement et de grandeur que nous »pouvons connaître ce qu'il vaut,
«et plus la fournaise est ardente, plus l'or y brille d'un vif éclat.

«Mais, c'en est assez (sur ce sujet). Ne te hâte point, ami, (de retourner »dans ta famille)!
«Demeure ici; pense à guérir ton mal!

«Lorsqu'aura passé le temps de l'infortune,

»des fonctions officielles et rétribuées alors que la famille est pauvre et les »parents vieux constitue la seconde; interrompre, en ne se mariant pas, et »(par suite) en n'ayant pas de fils, la succession des sacrifices aux ancêtres, »constitue la troisième».

On voit bien comment *Vân Tiên* pourrait craindre de se trouver dans les deux derniers cas; mais il est bien difficile de comprendre comment le premier pourrait lui être applicable.

3) Litt. : «*Des tiraillements dans les entrailles, — me font souffrir — (comme si on les coupait en) neuf — tronçons, — comme si — on (les) perforait, — comme si — on les comprimait*»!

4) Litt. : «*Il y a — des époques — (où il) est riche et noble; — il y a — des fois — (qu'il) est — misérable*». — *Gian nan* est un substantif qui signifie misère; mais, par sa position, il subit l'influence de la règle de parallélisme, et devient adjectif pour faire pendant à *phú quí*.

«Đem nhau, ta sẽ lập đàng công danh.
«*Cam La* sớm gặp, cũng xinh;
«Muộn thì *Khương tử*, cũng vinh một đời!
«Nên hư có số ở Trời;
«Bôn chôn sao đặng? Đổi dời sao xong?»
Vân Tiên khi ấy yên lòng;
Ở nơi am tự, bạn cùng *Hán Minh*.
Vỏ Công làm sự trớ trinh;
Dứt tình họ *Lục*, mến tình họ *Vương*.
Từ ngày hang đá hại chàng,
Thể Loan hớn hở, lòng càng thêm vui.
Ngày ngày trang điểm phấn giồi;
Phòng khi gặp gỡ, đứng ngồi cho xuê.
Xãy đâu *Tử Trực* vừa về,
Vào nhà họ *Vỏ* thăm bề *Vân Tiên!*
Công rằng : «Chớ hỏi! thêm phiền!

1) *Cam la* vivait sous les *Tần* (220 avant J.-Ch.). Il devint premier ministre à douze ans et mourut à quinze.

2) Litt. : « *Tard (réussissant), — d'autre part — Khương tử — tout aussi bien — fut glorieux — (toute) une vie* ». *Đời* signifie à proprement parler *une*

«nous irons, de compagnie, fonder notre réputation.
«Certes il fut beau pour *Cam La*[1] de parvenir de bonne heure;
«mais, bien qu'il fut arrivé tard, *Khương tử* n'en eut pas moins toute »une vie glorieuse[2]!
«Le succès et l'insuccès par le Ciel sont réglés d'avance.
«Pourquoi donc en prendre souci? Que pourrions nous y changer?»
Vân Tiên se sent alors le cœur en paix,
et demeure dans la pagode en compagnie de *Hán Minh.*
Võ Công, dans sa perfidie,
avait rompu l'alliance (projetée) avec la famille *Lục;* il convoitait celle des *Vương.*
Depuis le jour où dans la caverne, il avait attenté à la vie (de *Tiên*),
Thể Loan se livrait à la joie; son cœur s'y abandonnait de plus en plus.
Elle s'ajustait, se fardait tout le jour;
en prévision de quelque rencontre, elle prenait, soit debout, soit assise, des attitudes élégantes.
Or il arriva que *Tử Trực,* à peine de retour,
se présenta dans la famille *Võ* pour prendre des nouvelles de *Vân Tiên!*
«Ne m'interrogez pas! lui dit *Công;* vous ravivez ma douleur!

génération, qui se compose de trente ans, selon les Chinois et les Annamites. Comme c'est également pour eux la moyenne de l'existence humaine, ils l'emploient, dans beaucoup d'expressions et particulièrement en poésie, pour en désigner la durée. — *Khương tử nha* ou *Khương thái công* est un fameux général chinois qui vivait en l'an 1112 avant J.-Ch.

«Chàng đà lâm bịnh, *Huình tuyền* xa chơi!
«Thương chàng phận bạc ở đời!
«Cũng vì *Nguyệt lão* xê lơi mối hồng!»
Nghe qua, *Tử Trực* chạnh lòng;
Hai hàng lụy ngọc ròng ròng như mưa.
Than rằng : «Chạnh nhớ linh xưa!
«Nghĩa, đà kết nghĩa; tình, chưa phỉ tình!
«Trời! sao nỡ phụ tài lành?
«Bẳn vàng chưa gạp, mày xanh đã mòn!
«Cùng nhau chưa đặng vuông tròn;
«Người đà sớm thác! Ta còn làm chi?
«Trong đời mấy bực cố tri,
«Mấy trang đồng đạo, mấy người đồng tâm?»
Công rằng : «Lão cũng tủi thầm!
«Tủi duyên con trẻ, sắc cầm dỡ dang!
«Thôi! Thôi! khuyên chớ thở than!

1) Litt. : « *Aussi — parceque — Nguyệt lão — avait tordu — défectueusement — le bout (du fil de soie) — rouge* ». *Lơi* signifie *mal tortillé;* dans ce vers, il est adverbe par position.

«La maladie l'a saisi, et, à présent, il se joue au bord de la *Source* »*jaune!*
«Je déplore la triste destinée qui échut à ce jeune homme en ce »monde!
«C'est que *Nguyệt lão* avait, pour lui, mal tordu le fil rouge[1]!»
A ces paroles, le cœur de *Tử Trực* se serra,

et de ses yeux tomba une pluie de larmes.

«Je ressens, dit-il avec un soupir, une douloureuse émotion au »souvenir du compagnon qui n'est plus[2]!
«Nous avions lié amitié; mais nos cœurs ne s'étaient point encore »rassasiés d'affection!
«Pourquoi, ô Ciel! as tu abandonné ce savant lettré, cet homme de »bien?
«Il n'avait pu encore faire inscrire son nom sur les tablettes (du con»cours), et sa vie est tranchée dans sa fleur!
«Notre amitié n'était pas encore arrivée à son apogée,

«que le voilà déjà mort! Pourquoi lui ai-je survécu?

«Est-il (donc) en ce monde tant d'âmes qui se comprennent, tant d'a»mis ayant
«même âge et même doctrine, tant d'hommes ayant le même cœur?»

«Moi aussi, dit *Công*, je déplore en secret (sa perte)!

«Je pleure sur l'union brisée de mon enfant, sur ces deux existences »destinées l'une à l'autre[3], et (à jamais) séparées!
«Mais, assez, crois moi! assez gémir!

2) Litt. : «*Gémissant — il dit : — Étant ému — je me souviens avec regret de — l'être spirituel — d'autrefois (qui fut autrefois mon ami)*».

3) Litt. : «*Je gémis sur — l'union — de ma fille — adolescente; — (sur le) sắc — (et le) cầm — mal d'accord.*»

«Lão đà tính đặng một đường rất hay.
«Tới đây, thời ở lại đây!
«Cùng con gái lão sum vầy thất gia,
«Phòng khi khuya sớm vào ra,
«Thấy *Vương Tử Trực* cũng là *Vân Tiên!*»
Trực rằng : «Ngòi viết dĩa nghiên,
«Anh em xưa có thề nguyền cùng nhau!
«Vợ *Tiên* là *Trực* chị dâu;
«Chị dâu em bạn! Dám đâu lỗi nghì?
«Chẳng hay người học sách chi;
«Nói ra những tiếng dị kỳ khó nghe!
«Hay là học thói nước *Tề,*
«Vợ ngươi *Tử Củ* đưa về *Hoàng Công?*
«Hay là học thói *Đường* cung,
«Vợ người *Tiệu Lạc* sánh cùng *Thế Dân?*
«Người nay nào phải nhà *Tần,*

1) Le sens littéral de ce vers est clair, mais l'idée qu'il exprime est assez obscure. *Võ Công* veut-il parler simplement de sa maison, où il verra *Tử Trực* aller et venir comme l'aurait fait *Vân Tiên,* où de la chambre nuptiale

«J'ai trouvé dans mon esprit un excellent moyen (de réparer ce »malheur).
«Puisque tu es venu en ces lieux, restes-y,

«et fonde avec ma fille, une famille nouvelle,

«afin que, lorsque, le soir tu entreras (dans la chambre nuptiale) et »que tu en sortiras le matin [1],
«en voyant *Vương Tử Trực*, il nous semble voir *Vân Tiên!*»

«Alors qu'ensemble nous maniions le pinceau et l'écritoire,

«l'un à l'autre, répondit *Trực,* nous nous jurâmes, d'être frères!

«L'épouse de *Tiên* est la belle sœur de *Trực;*

«comment un frère oserait-il attenter à l'amitié en épousant la »femme de son frère?
«J'ignore quels livres vous avez étudiés;

«mais vous proférez des paroles étranges et pénibles à entendre!

«Apprîtes-vous les coutumes du royaume de *Tề,*

«où la femme de *Tử Củ* épousa *Hoàng công?*

«ou encore celles du palais des *Đường,*

«dans lequel l'épouse de *Tiệu Lạc* devint celle de *Thế Dân?*

«Les hommes de nos jours ont-ils les mœurs de l'époque des *Tấn,*

même, où il le verra entrer le soir et sortir le matin en qualité d'époux de sa fille? J'ai adopté cette dernière interprétation, qui me paraît ressortir de la position des mots *khuya sớm* et du sens général du contexte.

«*Bất Vi* gả vợ, *Dị Nhơn* lấy lầm?
«Nói sao chẳng biết hổ thầm?
«Người ta há dễ là cầm thú sao?»
Vỏ Công hổ then xiết bao!
Ngồi trân, không cải lẽ nào cho qua!
Thể Loan trong trướng bước ra;
Miệng chào thầy cử tân khoa mới về.
«Thiếp đà chẳng trọn lời thề!
«Lỡ bề sửa trắp; lỗi bề nưng khăn,
«Tiếc thay dạ thỏ nẳng nẳng,
«Đêm thu chờ đợi bóng trăng bấy chầy!
«Không ưng, thời cũng làm khuây!
«Nỡ buông lời nói chẳng vì, chẳng kiên?»
Trực rằng : «Ai *Lữ Phụng Tiên,*
«Phòng toan đem thói *Diêu Thuyền,* trêu ngươi?
«Mồ chồng ngọn cỏ còn tươi!
«Lòng nào mà nỡ buông lời nguyệt hoa?

1) Litt. : «*(où) Bất Vi — donna en mariage — (sa) femme — (et) Dị nhơn, — (la) prenant, — se trompa?*»

«où l'on vit *Bất Vi* marier sa propre femme, et *Dị nhơn*, trompé, »l'accepter[1]?
«Comment pouvez-vous parler ainsi sans rougir?
«Les hommes sont-ils donc des bêtes sauvages?»
Võ Công, couvert d'une indicible confusion,
reste comme pétrifié; il ne peut trouver un mot à répondre!
Alors *Thể Loan* franchit les tentures (de son appartement);
sa bouche salue le nouveau licencié de retour de l'examen.
«Je n'ai pu tenir jusqu'au bout la parole jurée!» dit-elle.
«Déçue dans mon espoir, je ne pourrai mettre en ordre la boîte (de »livres) d'un époux, et lui présenter le turban[2]!
«Hélas! mon cœur qui nourissait ce dessein, a, tel qu'un lièvre,
«durant bien des nuits d'automne, attendu que la lune brillât!
«Si vous ne consentez pas, gardez du moins le silence!
«Pourquoi donner cours à ces paroles blessantes à mon égard?»
Trực dit : «Suis-je donc un *Lữ Phụng Tiên*,
«pour prendre des airs passionnés devant une *Điêu Thuyền*, et pour »la provoquer du regard?
«L'herbe a tout récemment poussé sur la tombe de votre époux,
«et vous avez le cœur de laisser échapper des paroles d'amour?

2) Cela signifie qu'elle ne pourra s'acquitter envers *Tử Trực* les services que les femmes des lettrés ont coutume de rendre à leur époux, puisqu'il ne consent pas à devenir le sien.

«Hổ hang vậy cũng người ta!
«So loài cầm thú vậy mà khác chi?
«*Vân Tiên!* Anh hởi! cỗ tri!
«*Suối vàng* có biết thễ nầy chăng là?»
Tay lau nước mắt, trở ra;
Vội vê sắm sửa, tìm qua *Đông Thành.*
Vỏ Công hổ thẹn trong mình;
Năm ngày nhuốm bịnh, thất tình, thác oan.
Thể Loan cùng mụ *Quình Trang,*
Mẹ con đóng cửa, cư tang trong nhà.
Thứ nầy tới thứ *Nguyệt Nga.*
Hà khê phủ ấy theo cha học hành.
Kiều Công lên chức thái khanh;
Chỉ sai ra quận *Đông Thành* trấn dân.
Ra tờ khắp hết xa gần,
Hỏi thăm họ *Lục* ân cần nơi nơi.
Đặng tin, tả thiếp sang mời.
Lục ông vưng lịnh, tới nơi dinh tiền.

«Ô honte! Et vous faites, cependant, partie de l'espèce humaine!

«En quoi différez-vous donc de la brute?

«Ô *Vân Tiên,* ô mon frère! ami qui comprenait mon âme!

«Aux sombres bords où tu résides, es tu instruit de tout cela?»

De sa main il essuie ses larmes, puis il part;

il se hâte de faire ses préparatifs, et prend ses mesures pour se rendre à *Đông thành.*

Le cœur de *Võ Công* était plein de honte;

après une maladie de cinq jours, la connaissance l'abandonna, et il mourut misérablement.

Thể Loan et sa vieille mère *Quình Trang*

fermèrent leur porte, et restèrent plongées dans le deuil au sein de leur demeure.

Il est temps à présent de parler de *Nguyệt Nga.*

Dans la préfecture de *Hà khê,* près de son père, elle s'adonnait à l'étude.

Kiều Công, promu à la dignité de gouverneur,

fut chargé par un édit royal de régir le *quận* de *Đông Thành.*

Il fit publier partout une proclamation dans laquelle il demandait avec instance

des renseignements sur (la résidence) de la famille *Lục.*

Lorsqu'il en eût été informé, il écrivit au vieux *Lục* un billet, pour l'inviter (à venir le voir).

Ce dernier obéit et se présenta au palais.

Kiều Công hỏi truyện *Vân Tiên;*

Lục ông, nhớ đến, bổng liền khóc than!

Thưa rằng : «Nghe tiếng đồn vang

«Con tôi nhuốm bịnh, giữa đàng bỏ thây!

«Biệt tin từ ấy nhẫn nay;

«Phút nghe người hỏi, dạ nầy xốn xang!»

Kiều Công trong dạ bàng hoàng;

Trở vào, thuật lại cùng nàng *Nguyệt Nga:*

«*Lục* ông người nói cùng cha!

«Duyên con rày đã trôi hoa, dật bèo!

«Riêng than chút phận thơ đào!

«*Hán giang* chưa gặp, *Ô kiều* lơi rơi!»

1) Litt. : «*(Que) le fils — de moi — a contracté — (une) maladie — (et qu')au milieu de — la route — il a laissé — (son) cadavre!*»

2) Litt. : «*(Quand) tout à coup — j'ai entendu — vous — (m')interroger, — ce ventre (cœur) ci — a été piqué.*»

3) Litt. : «*L'union — de ma fille — maintenant — dès à présent — est emportée par le courant — (à la manière d'une) fleur, — est rejetée sur le rivage — (à la manière d'une) lentille d'eau!*» — Ce vers est une modèle de concision métaphorique, s'il m'est permis de m'exprimer ainsi. Il serait absolument impossible à comprendre si, s'écartant de la règle de position, on perdait de vue que les mots *hoa, fleur,* et *bèo, lentille d'eau,* deviennent, en raison de la place qu'ils occupent après deux verbes neutres, de véritables adverbes de manière, et doivent être traduits ainsi : «*à la manière d'une fleur — à*

Kiều Công lui ayant demandé des nouvelles de *Vân Tiên,*

le vieillard, au souvenir de son fils, se mit à pleurer et à gémir.

«J'ai, dit-il, appris par la rumeur publique

«que mon enfant est tombé malade, et que (son âme), abandonnant »son corps, l'a laissé, gisant, sur la route[1]!
«Depuis lors, j'ai été sans nouvelles de lui,

«et la question que soudain vous m'adressez ravive dans mon cœur »une douleur cuisante[2].»
Kiêu Công, en proie à une cruelle incertitude,

rentra dans l'intérieur de son palais, et transmit à *Nguyệt Nga* (les paroles qu'il venait d'entendre).
«Le vieux *Lục* m'a parlé! dit-il;

«Maintenant, ô ma fille, ton union est devenue aussi incertaine que »la fleur qui surnage (sur les eaux de la rivière), que la lentille »d'eau rejetée sur le rivage[3]!
«En mon cœur je gémis sur ton sort, pauvre enfant, tendre et dé»licate comme la pousse nouvelle du *Đào*[4]!
«Tu n'étais pas encore arrivée au fleuve *Hàn giang;* et déjà, mal »assujetti, le *Pont des corbeaux* se disloque[5]!»

la manière d'une lentille d'eau». Quant au mot *đã,* il exprime bien le passé, mais seulement d'une manière figurative; il indique que la chose est aussi certaine que si elle avait déjà eu lieu. C'est pour cela que je le traduis littéralement par les mots *dès à présent,* qui me paraissent répondre parfaitement au sens réel que présente ici cette particule.

4) Litt. : «*En mon particulier — je gémis sur — le peu de — condition — d'enfant — đào.*» Ici la concision est plus grande encore, et ne pourrait être imitée dans nos idiômes européens. Le génie des langues monosyllabiques à caractères figuratifs permet seul, à ma connaissance, de se montrer, au moins en vers, aussi audacieusement bref.

5) Litt. : «*(Le fleuve) Hán giang, —. pas encore — tu l'as rencontré; — (et déjà) le Pont des corbeaux — se défait et s'écroule!*» — Voy. la note de Janneaux.

Nàng rằng : «Quả thiệt như lời,
«Xin cha sai kẻ mời người vào trong!»
Nguyệt Nga đứng dựa bên phòng;
Tay ôm bức tượng; khóc ròng như mưa.
Công rằng : «Nào chút tình xưa?
«Aí nhi! con khá đem đưa người nhìn!»
Lục ông một buổi ngồi nhìn.
Tay chơn, mặt mũi giống in con mình!
Nguyệt nga lạy, gởi phân minh;
Lục ông khi ấy sự tình mới hay.
Thương con phần bạc lắm thay!
Nguyền xưa còn đó; con rày ở đâu?
Nguyệt Nga chi xiết nỗi sầu?
Lục ông, thấy vậy, càng đau gan vàng.
Kiếm lời khuyên giảng cho nàng
Giãi cơn phiền não, kẻo mang lấy sầu.
«Người đời như bóng phù du;
«Sớm còn, tối mất; công phu lỡ làng!

«Si ce que dit *le vieux Lục* est vrai, répondit-elle,

«veuillez, ô mon père, l'envoyer inviter à se rendre en ces lieux!»

Nguyệt Nga est debout dans sa chambre, appuyée contre la muraille.

Elle serre dans ses bras le portrait (de *Vân Tiên*), et de ses yeux tombe une pluie de larmes.

«Où est (à présent), dit *Công*, l'objet de cet ancien amour?

«Présente, ô ma fille chérie, (cette image) aux regards de *Lục!*»

Le vieillard s'assied, et la considère quelques instants.

Oui! ces mains, ces pieds, ce visage, ce sont bien ceux de son fils!

Nguyệt nga se prosternant devant lui, expose nettement tout ce (qui s'est passé),

et, *Lục* dès lors, est au courant de tout.

Oh! combien il déplore le sort cruel de son enfant!

Les serments d'autrefois subsistent encore; mais lui, où est-il aujourd'hui!

Qui dira la tristesse dont est accablée *Nguyệt Nga?*

Le vieux *Lục* en est témoin, et sa douleur s'accroît encore.

Il cherche des paroles de consolation pour exhorter la jeune fille

et dissiper cet accès de tristesse, de peur que le chagrin n'altère sa santé.

«En ce monde, lui dit-il, l'homme ressemble à l'ombre de l'éphémère;

«le matin il vit encore, le soir il n'est plus, et toutes ses œuvres sont »vaines!

«Cũng chưa đồng tịch đồng sàng;
«Cũng chưa nên chữ *tào khang* đâu mà!
«Cũng như cửa sổ ngựa qua;
«Nghĩ nào mà ủ mặt hoa cho phiền?»
Nàng rằng : «Trước đã trọng nguyền!
«Dẫu thay mái tóc, cũng nhìn mối tơ!»
Công rằng : «Ơn trước ngãi xua!»
Liền đem vàng bạc tạ đưa cho người.
Lục ông cáo tạ, xin lui.
«Tôi đâu dám chịu của người? làm chi?
«Ngờ là con trẻ mất đi;
«Hay đâu cốt cách còn ghi tượng nầy?
«Bây giờ thấy đặng con đây,
«Tấm lòng thương nhớ! Dễ khuây đặng nào?
«Ngữa than : «Đất rộng! Trời cao!

1) Litt. : «*Quand même — j'aurais changé de — touffe — de cheveux, — tout aussi bien — je reconnaîtrais — les bouts — de la soie.*» — En Cochinchine, lorsque deux personnes se promettent le mariage, elles se coupent mutuellement une touffe de cheveux en signe de serment irrévocable. A cette cérémonie, les futurs époux en ajoutent souvent une autre, qui consiste à se couper le doigt et à mêler le sang qui coule de la blessure avec le contenu d'une tasse de vin, dont ils boivent ensuite chacun la

«Tout aussi bien, vous n'aviez pas encore partagé la même natte, »reposé sur la même couche;
«vous n'étiez pas encore devenus de vrais époux!

«(Le temps où vous vous connûtes) fut aussi court que le passage »d'un cheval devant une fenêtre;
«pourquoi donc laisser le chagrin assombrir les roses de votre vi- »sage?»
«Nous nous fîmes, dit la jeune fille, un serment solennel!

«Lors même que les cheveux coupés [1] auraient entièrement repoussé, »toujours je me souviendrais du lien qui nous a unis!»
Công dit : «Ce fût tout d'abord un service rendu qui fit jadis naître »cette affection!»
Apportant aussitôt de l'or et de l'argent, il les offre à *Lục*, comme une marque de sa gratitude.
Le vieux *Lục* refuse, remercie, et demande la permission de se re- tirer.
«Comment, dit-il, oserais-je accepter un présent? et à quel titre (le »ferais-je)?
«Je croyais mon fils (complètement) perdu pour moi;

«qui m'eût dit que son aspect, ses traits restaient fixés dans cette »image?
«Maintenant qu'ici j'ai pu voir mon enfant,

«mon cœur en gardera un doux souvenir, un souvenir ineffaçable!

«Ô vaste Terre! ô Ciel élevé! prêtez l'oreille à mes gémissements [2]!

moitié. *Nguyệt Nga* fait entendre par ce vers que son serment résistera au temps, fût-il assez long pour que les cheveux qu'elle se coupa jadis pussent repousser tels qu'ils étaient dabord. (Pour la signification des mots *mối tơ*, voy. la note sous le vers 243 du texte de Janneaux.)

2) Litt. : «*Levant en haut (les yeux) — je gémis (en disant) : Terre — vaste! — Ciel — élevé!*»

«Tre còn, măng mất! Lẽ nào cho cân?»
Lục ông từ tạ, lui chơn;
Kiều Công sai kẻ gia thần đưa sang.
Nguyệt Nga nhuốm bịnh, thở than;
Năm canh lụy ngọc xốn xang lòng vàng.
Nhớ khi thề thốt giữa đàng.
Chưa nguôi đoạn thảm, lại vương mối sầu!
Công phu chờ đợi bấy lâu!
Thà không cho gặp buổi đầu, thời thôi!
«Biết nhau chưa đặng mấy hồi;
«Kẻ còn, người mất! Trời ôi là Trời!
«Thề xưa tạc dạ ghi lời!
«Thương người quân tử, biết đời nào phai?
«Tiếc thay một đứng anh tài!
«Nghề văn, nghiệp võ nào ai dám bì?
«Thương vì đèn sách lòng ghi;

1) Litt. : « *Le bambou — existe encore, — (mais) — le rejeton — (en) est perdu ! — Quelle raison — (y aurait-il) pour — peser? Còn, encore,* est un ad-

«Le bambou vit encore, et ses rejetons ont péri! Que pourrais-je »dire de plus[1]?»

Le vieux *Lục* prend congé et s'éloigne;

Kiều công le fait escorter par ses serviteurs.

Nguyệt nga est tombée malade; elle se lamente;

pendant la nuit entière elle pleure; son tendre cœur est déchiré.

Elle se souvient des serments échangés au milieu du chemin.

Sa première douleur n'était pas apaisée, que la voilà en proie à une tristesse nouvelle!

Jusqu'à ce jour elle a souffert de l'attente!

Mieux eût valu pour elle qu'ils ne se fussent jamais rencontrés!

«Bien peu de temps nous nous connûmes, dit-elle;

«l'un de nous est encore là, et l'autre, ô Ciel! a péri!

«Les paroles du serment d'autrefois resteront gravées dans mon »cœur!

«Alors que j'aimai cet homme éminent, savais-je quand devait pâlir »(son étoile)[2]?

«Ah! c'est un héros que je pleure!

«Dans les lettres, dans l'art militaire, qui eut osé se comparer à lui?

«Je pleure parceque, s'étant voué à d'opiniâtres études,

verbe qui, par position, prend ici la valeur verbale. Il joue, du reste, souvent ce rôle dans le style même de la conversation.

2) Litt. : «*En aimant — l'homme — héros, — savais-je — à quelle époque — il se décolorerait?*»

«Uổng công! Nào thấy tiếng gì là đâu?
«Thương vì hai tám tuổi đầu!
«Người đời như bóng phù du lỡ làng!
«Thương vì chưa đặng hiển vang!
«Nước trôi sự nghiệp! Huê tàn công danh!
«Thương vì đôi lứa chưa thành!
«Vừa hương, bát nước, ai dành ngày sau?
«Năm canh chẳng ngớt hột châu!
«Mặt nhìn bức tượng, ruột đau như dần!
«Dương gian nay chẳng đặng gần;
«Âm cung biết có thành thân chăng là?»
Kiêu công thức dậy, bước ra;
Nghe con thở than, xót xa lòng vàng.
Khuyên rằng : «Chớ khá cưu mang!

1) Litt. : «*Par l'eau — sont entraînées — (ses) actions d'éclat; — (comme) la fleur — s'est fanée — (sa) réputation!*» *Trôi nước* signifie *être emporté par le courant de l'eau* (litt. *quant à l'eau*). Il y a une double inversion dans ce premier hémistiche, qui est pour «*Sự nghiệp trôi nước*». La règle du parallélisme veut qu'il en soit de même pour le second, où, en effet, l'ordre naturel des mots devrait être (si, bien entendu, on ne tenait pas compte des règles de quantité) : «*Công danh tàn huê*». On voit que *huê, fleur,* devient par position un adverbe de manière *(comme une fleur)* qui correspond à *nước,* lequel, étant à l'instrumental, joue un rôle tout à fait analogue.

«ses travaux ont été stériles! Quelle gloire en a-t-il retiré?

«Je pleure parceque seize années (seulement) s'étaient amassées »sur sa tête!

«L'homme, en ce monde, est semblable au *bóng phù du;* il travaille, »il s'efforce en pure perte!

«Je pleure parcequ'il n'a pas eu le temps d'acquérir de la renommée!

«Les actions d'éclat (qu'il méditait) ont été anéanties d'avance, »comme disparaît une épave emportée par le courant du fleuve[1]; »sa réputation s'est fanée comme une fleur!

«Je pleure sur notre union manquée[2]!

«Qui, dans l'avenir, veillera sur le vase aux parfums, sur la coupe »pleine d'eau[3]?

«Pendant les cinq veilles de la nuit mes larmes ne cessent pas de »couler!

«A la vue du portrait que je contemple, je sens se déchirer mon cœur.

«Nous fûmes toujours séparés en ce monde;

«dans le monde des morts, serons-nous, du moins, réunis?»

Kiêu Công se lève et sort (de ses appartements);

son cœur se serre en entendant gémir sa fille.

«Ô mon enfant! lui dit-il, ne t'abandonnes pas au désespoir!

2) Litt. : «*J'ai compassion — parceque — la paire de — compagnons — pas encore — a été formée.*» *Cặp đôi lua, thành đôi lua* signifie *s'unir, former un couple.*

3) Elle veut dire par là qu'elle n'aura pas d'enfants pour accomplir les cérémonies du culte des ancêtres. Voyez, sur ce point intéressant, le chap. du *Livre des Rites,* intitulé 祭義 *(Tế ngãi),* au § 8. Voyez également LURO (*Le pays d'Annam,* p. 196 et suivantes) et M. ESQUER *(La Cochinchine française,* en 1878, p. 202).

«Gẫm bề sống thác là đàng xưa nay!
«Đờn cầm, ai nở dứt dây?
«Chẳng qua máy tạo vận xây khôn thường!»
Nàng rằng : «Chi xiết nổi thương?
«Khi không, gãy gánh giữa đàng chẳng hay!
«Nay đà Loan Phụng lẽ bầy;
«Nệm nghiêng, gối chích, phận nầy đã cam!
«Trăm năm thề chẳng lòng phàm,
«Sông *Ngân* đưa bạn, cầu *Lam* rước người!
«Thân con còn đứng giữa trời,
«Xin thờ bức tượng trọn đời; thời thôi!»
Kiêu Công lòng rất chẳng vui.

1) Aucune créature humaine n'aurait voulu rompre votre union; seul le destin a pu le faire.

2) Litt. : «*Quand — il n'y avait rien (qui pût le faire prévoir) — j'ai rompu — (mon) fléau — au milieu de — le chemin — sans que — je l'aie su (sans m'en douter).*» Le *gánh, fléau,* est une espèce de balancier ou de perche légèrement flexible aux extrémités de laquelle sont suspendus deux fardeaux qui se font contrepoids. Les Annamites peuvent, avec le secours de cet instrument, porter des charges très lourdes. *Nguyệt* compare *Lục Vân Tiên* et elle-même aux deux fardeaux réunis par le fléau ou balancier qui figure leur union. *Giữa đàng, au milieu du chemin,* avant que les deux fardeaux soient arrivés à leur destination; c'est-à-dire avant que le mariage en projet ait pu se réaliser.

3) Litt. : «*Maintenant (que), — dès à présent, — le Loan — (et le) Phụng — sont impairs (isolés) — quant au vol (qu'ils formaient à eux deux).*» Le *Loan*

« Pense que la vie et la mort sont dans l'ordre immuable des choses!

« Qui voudrait, en jouant du *Cầm,* briser les cordes de l'instrument?

« Ce malheur est dû au jeu imprévu des secrets ressorts du destin [1]! »

« Qui dira ma douleur! répond la jeune fille.

« Inopinément, j'ai vu mon fléau se briser à mi-chemin [2]!

« Puisque maintenant le *Loan* et le *Phụng* sont séparés l'un de l'autre [3],

« (seule) sur ma couche penchée, sur mon oreiller solitaire [4], j'accepte
» le sort qui m'est fait!
« Mais, je le jure! Jamais mon cœur, comme ceux de la multitude [5],

« n'ira, laissant mon époux au fleuve *Ngân,* en chercher un autre
» sur le pont *Lam!*
« Puisque votre fille est encore debout sous la voûte du ciel [6],

« permettez-lui de consacrer sa vie entière au culte de cette image;
» elle ne désire rien de plus! »
Kiêu Công est loin d'être satisfait.

et le *Phụng* sont deux oiseaux fabuleux qui représentent ici les deux fiancés.

4) Litt. : « *Le matelas — penché d'un côté, — l'oreiller — solitaire, — cette condition (ce sort), — dès à présent je l'accepte volontiers!* » Une couche est penchée, lorsqu'un seul des époux l'occupant, l'équilibre se trouve rompu. *Cam, volontiers,* est un adverbe; mais la particule *đã,* qui est une marque du passé (employée ici au figuré), le transforme en verbe, et lui donne le sens d'*accepter volontiers, se résigner à quelque chose.*

5) Litt. : « *(Pendant) cent — années — je jure de — ne pas — faire monter (soulever) — (ma) voile, (pour) sur le fleuve — Ngân — conduire — un compagnon, — (ou pour) au pont — Lam — aller chercher — un homme (quelqu'un).* »

Voy. les notes de Janneaux, p. 53 et 56. *Sông ngân* ou *Ngân hà* (銀 河) est synonyme de *Hán giang* (漢 江), la *Voie lactée.*

6) Puisque votre fille est encore vivante.

«Con đà giữ tiết, cha xui lẽ nào?»
Có người sang cả, ngôi cao,
Thái sư chức trọng trong trào sắc phong.
Nghe đồn con gái *Kiều Công*,
Tuổi vừa hai tám, tơ hồng chưa xăng.
Thái sư dùng lễ vật sang,
Cậy người mai chước kết đàng sui gia.
Kiều Công khôn ép *Nguyệt Nga;*
Lễ nghi đưa lại về nhà thái sư.
Thái sư lòng chẳng rộng suy;
Đem đều oán hẵn, toán ghi vào lòng.
Xảy đâu giặc mọi hành hung;
Ô Qua quốc hiệu binh nhung dấy loàn.
Đánh vào tới cửa *Đồng quan*.
Sở Vương phán hỏi lưởng ban quần thần.
«Sao cho vững nước ăn dân,
«Các quan ai biết mưu thần, bày ra!»

1) Les mots *Thái sư* et *Thiểu sư* désignent des fonctions élevées, mais purement nominales, dont sont revêtus les précepteurs du prince héréditaire. (Voy. Wells Williams, au mot *Chē*.)

« Si tu veux garder la chasteté, dit-il, que pourrais-je dire pour m'y » opposer ? »
Un homme de haute extraction, remplissant des fonctions élevées,
et revêtu, à la cour du souverain, de l'éminente dignité de *Thái sư*[1],
entendit dire que la fille de *Kiêu Công*,
parvenue à l'âge de seize ans, n'avait point encore d'époux[2].
Il envoya des cadeaux,
et chargea un entremetteur de lier, pour son fils, des négociations de mariage.
Kiêu Công, désireux de ne pas contraindre sa fille,
renvoya au *Thái sư* les présents de cérémonie.
Ce fonctionnaire, homme dépourvu des sentiments élevés,
se prit à nourrir en son cœur des projets de vengeance.
Sur ces entrefaites, la guerre avec les barbares vint à sévir ;
le royaume de *Ô Qua* se souleva et prit les armes.
Ils pénétrèrent victorieux jusqu'au passage de *Đồng quan*.
Sở Vương appela au conseil ses mandarins des deux ordres.
« Si, dit-il, pour affermir le royaume et rendre la paix au peuple,
« quelqu'un, parmi vous, connaît un expédient, qu'il l'expose ! »

2) Litt. : *« Quant aux années — étant arrivée à — deux — huit, — la soie — rouge — pas encore — avait tordu. »*

Thái sư sẵn có cửu nhà;
Vội vàng quì gối, tâu qua ngai vàng:
«Thuở nay giặc *Mọi* dấy loàn,
«Cũng vì tham sắc phá tàn Trung hoa.
«Muốn cho an giặc *Ô Qua*,
«Đưa con gái tốt; giao hoà thời xong!»
«*Nguyệt Nga* là gái *Kiêu Công;*
«Tuổi vừa hai tám, má hồng đương xinh.
«Nàng là quốc sắc khuinh thành,
«Lại thêm hai chữ «*tài tình*» rất hoa.
«Gả nàng về nước *Ô Qua*,
«Chúa *Phiên* dẹp dạ, ắt là bãi binh!»
Sở Vương nghe tấu, thuận tình;
Châu phê khiến sứ ra dinh *Đông thành*.
Sắc phong *Kiêu* lão thái khanh:
«Việc trong nhà nước Trẫm đành cậy ngươi!
«*Nguyệt Nga* là đứng nên người;

1) *Châu* signifie «*vermillon*», et *phê*, «*donner une décision, un ordre à des*

Le *Thái sư,* trouvant une occasion de satisfaire sa vengeance,

se hâta de fléchir le genou, et parla au roi en ces termes:

«Si, jusqu'à ce jour, les *Mọi* ont levé l'étendard de la révolte

«et dévasté le royaume, c'est à cause de la beauté de nos femmes.

«Si vous voulez mettre un terme à la guerre d'*Ô Qua,*

«livrez-leur une belle jeune fille, et la paix sera conclue!

«*Nguyệt Nga,* fille de *Kiều Công*

«à peine âgée de seize ans, est dans tout l'éclat de sa beauté;

«ses attraits, vraiment royaux, feraient bouleverser des villes;

«elle possède, en outre, avec un esprit orné, une haute distinction.

«Faites conduire cette jeune fille dans le royaume d'*Ô Qua,*

«et, satisfait, le chef *Phiên* retirera ses troupes!»

Sở Vương approuva cette proposition,

et signa l'ordre[1] d'expédier un envoyé au palais du gouverneur de *Đông thành.*

Le vieux *Kiều* fut promu à la dignité de premier ministre.

«J'ai résolu (écrivait le roi) de remettre entre vos mains les intérêts »de l'État!

«Comme la jeune *Nguyệt Nga* est en âge de prendre un époux,

subordonnés». Cette expression vient de ce que l'empereur se sert toujours d'encre rouge lorsqu'il écrit de sa main sur une pièce officielle.

«Lựa ngày tháng chín hai mươi cống hồ».
Kiều Công vưng lịnh trào đô;
Trung quân đâu dám nói phô đều nào?
Nguyệt Nga trong dạ như bào!
Canh chầy chẳng ngủ, những thao thức hàoi.
Thất tình, trâm nọ biếng cài;
Dựa màn, bỏ xã tóc dài, ngồi lo.
«*Chiêu quân* xưa cũng cống hồ;
«Bởi ngươi *Diên Thọ* họa đồ về Phiên.
«*Hạnh Nguơn* xưa cũng chẳng yên
«Vì người *Lư Khỉ* cừu tiên chép ghi!
«Hai nàng chẳng đã phải đi;
«Một vì ngay chúa, một vì thảo cha.
«*Chiêu Quân* nhẩy xuống giang *Hà;*
«Thương vua nhà *Hán,* nàng đà quyên sanh!
«*Hạnh Nguơn* nhẩy xuống *Trì Linh;*

1) Litt. : «*(Quant à) Nguyệt Nga, — dans — (son) sein — (c'était) comme (si) — (on y) rabotait.*»

«le vingtième jour du neuvième mois vous l'enverrez en tribut (à « *Phiên*); c'est le terme que j'ai fixé.»

Kiêu Công obéit à l'ordre royal.

Comment un sujet fidèle eût-il osé prononcer une parole (de plainte)?

Le cœur de *Nguyệt Nga* souffre mille tortures[1]!

les veilles de la nuit s'écoulent, mais elle ne peut dormir; le sommeil fuit ses paupières.

Perdant le sentiment des choses extérieures, elle néglige le soin de sa chevelure[2].

Elle s'assied appuyée contre des rideaux, et laissant épars ses longs cheveux, elle s'abandonne à ses pensées.

«De même autrefois, se dit-elle, *Chiêu quân* fut offerte en tribut;

«le portrait qu'en avait fait *Diên thọ* la fit envoyer à *Phiên*.

«Le malheur qui frappa jadis *Hạnh Nguơn*

«vint de ce que, poussé par une haine ancienne, *Lư Khỉ* l'avait »fait désigner.

«Ces deux jeunes filles durent partir, contraintes

«l'une par sa fidélité au Prince, l'autre par son amour filial.

«*Chiêu Quân* s'élança dans le fleuve *Hà;*

«son affection pour un roi de la maison de *Hán*, la fit renoncer à la »vie!

«*Hanh Nguơn* se jeta dans l'étang de *Trì Linh;*

2) Litt. : «*Elle perdait — le sentiment — (et) cette épingle de tête là, — elle était paresseuse à — (la) piquer dans ses cheveux.*»

«Thương người *Lương Ngọc;* trọn tình đạo ba.
«Đến nay bạc phận là ta;
«Nguyền cùng bức tượng trót đà chung thân!
«Tình phu phụ, nghĩa quân thần!
«Ngãi xa cũng trọn; ngãi gần cũng nên.
«Ngãi tình nặng cả hai bên!
«Nếu ngay cùng chúa, lại quên ơn chồng!
«Sao sao một thác, thời xong!
«Lấy mình báo chúa; lấy lòng sự phu!»
Kiêu Công nương gối đương lo;
Nghe con than thở, mấy câu thêm phiền.
Bèn kêu vào dựa trướng tiền;
Lấy lời giáo huấn cho tuyên thân danh.

1) Litt. : «*Elle aimait la personne — (appelée) Lương Ngọc — (et) observa en entier — le sentiment — de la règle — des trois (obéissances).* Voyez la note de Janneaux.

Đạo ba est une expression moitié chinoise et moitié annamite qui est synonyme du chinois 三從 *(tam tùng, les trois soumissions),* et par laquelle on exprime le triple devoir incombant à la femme, qui, selon la morale de ces peuples, doit obéissance à son père, à son époux et à son fils aîné.

2) Litt. : «*La foi — éloignée — tout aussi bien — est (doit être) entière; — la foi — proche — tout aussi bien — il convient (de la garder)!» Ngãi xa,* c'est la foi que *Nguyệt Nga* veut garder à *Vân Tiên;* l'auteur la qualifie

«elle aimait *Luong Ngọc*, et elle resta fidèle aux trois devoirs de la »femme[1].

«Aujourd'hui, accablée à mon tour par la fortune ennemie,

«je fais vœu de conserver ce portrait jusqu'à la fin de mon existence!

«Je dois rester fidèle à mon époux, loyale envers mon souverain!

«La fidélité veut être intégralement gardée; à la loyauté je ne dois »point faillir[2].

«Ce sont là deux graves devoirs!

«En restant fidèle à mon roi, j'oublie ce que je dois à mon époux!

«La mort pourra tout aplanir!

«Je donnerai mon corps pour le service du Prince; je garderai mon »cœur à mon mari!»

Kiêu Công réfléchissait, appuyé sur son oreiller.

Il entend gémir sa fille, et ce qu'elle dit augmente encore sa tristesse.

Il l'appelle, et la faisant (asseoir), appuyée contre le rideau de son lit,

il lui donne des conseils, et l'exhorte à conserver son honneur intact.

d'*éloignée*, tant parce que celui qu'elle aime est loin d'elle, que parce que son amour, comparé à son devoir de sujette *(ngãi gần)*, ne doit venir qu'en second lieu. *Xa* et *gần* deviennent adverbes par position. L'adjectif *trọn, complet,* prend un sens verbal, d'abord à cause de la signification générale du contexte, ensuite et surtout par la force du parallélisme, parce qu'il est opposé au verbe *nên* qui occupe une place correspondante dans le second hémistiche. L'influence du parallélisme est si grande qu'elle modifie ici, non seulement le rôle grammatical du mot *trọn,* mais même sa signification intrinsèque, en y adjoignant l'idée de convenance ou d'obligation. On remarquera aussi que l'inversion du premier hémistiche se reproduit parallèlement dans le second.

«Chẳng qua là việc Triều đình,
«Nào cha có muốn ép tình chi con?»
Nàng rằng : «Còn kể chi con?
«Bơ vơ chút phận mất còn quản bao?
«Thương cha tuổi tắc đã cao!
«E khi ấm lạnh buổi nào? Biết đâu?
«Tuổi già bóng xế nhành dâu!
«Sớm xem, tối xét, ai hầu cho cha?»
Công rằng : «Chi sá việc nhà?
«Hãy an dạ trẻ mà qua nước người!
«Hôm nay đã đến mồng mười;
«Khá toan sắm sửa hai mươi tống hành.»
Nàng rằng : «Việc ấy đã đành!

1) Litt. : «*Je crains (ceci:) — (vous serez) tenu chaudement (on devra vous tenir chaudement) — (et vous serez) tenu fraîchement (on devra vous tenir fraîchement) — à quel moment? — On le saura — où cela? (comment le saura-t-on?) — Je crains au sujet des moments où vous devrez être tenu chaudement ou fraîchement; comment (les gens qui suppléeront à ces soins que je vous donnais) sauront-ils (à quels moments il faut le faire?).*» Ce vers est un modèle de concision poétique. Il faut, pour en bien comprendre tout le sens, se reporter aux deux passages suivants du *Lễ ký* ou livre des Rites (chap. 曲禮 *Khúc lễ* et 檀弓 *Đàn cung*):

«S'il ne s'agissait d'une affaire d'État, (lui dit-il),

«Un père consentirait-il à violenter les inclinations de son enfant?»

«Qu'importe votre enfant? répond la jeune fille;

«Pourquoi vous préoccuper de son inutile et misérable existence?

«C'est vous que je plains, ô mon père, vous dont la vieillesse est »avancée déjà!
«Qui s'inquiètera de vous? Qui vous donnera les soins nécessaires [1]?

«De même que le soleil qui s'abaisse (le soir) derrière les branches »des mûriers, ainsi votre vie marche vers son déclin.
«Qui s'informera de votre santé le matin? Qui en prendra soin le »soir?»
«Pourquoi t'inquiéter, dit *Công*, des choses de l'intérieur [2]?

«Calme ton cœur, ô ma fille, pour te rendre (en paix) dans l'état »(de *Phiên*)!
«C'est aujourd'hui le onzième jour du mois;

«Il convient que tu fasses tes préparatifs, afin de partir au vingtième.»

«Ma résolution est prise! répond la jeune fille;

«聽於無聲視於無形 *Thính ư vô thinh, thị ư vô hình — (Un fils) prête l'oreille alors même que (son père) ne se fait point entendre; il a les yeux fixés sur lui, alors même qu'il ne lui fait point signe.»*
«事親....左右就養無方 *Sự thân . . . tả hữu tựu dưỡng vô phang — (le fils) qui est soumis à ses parents pourvoit à leur entretien en toutes choses et sans limite.»*

2) Litt. : «*(Quant à) le matin — s'informer, — le soir — examiner, — qui assistera — pour — (mon) père?*» C'est, au fond, l'idée exprimée dans le *Lễ ký : Hôn định, thần tính etc.*» (Voy. la note précédente.)

«Còn lo hai chữ «*ân tình*» chưa xong!
«Con xin sang lạy *Lục* ông,
«Làm chay bẩy bữa trọn cùng *Vân Tiên;*
«Ngỏ cho ơn nghĩa vẹn tuyền,
«Phòng sau, xuống chốn *Hùinh tuyền,* gặp nhau!»
Kiều Công biết nghĩ trước sau;
Ban cho vàng bạc, cấp hầu đưa đi.
Lục ông ra rước một khi.
Nguyệt Nga vào đặt lễ nghi sẳn sàng.
Ngày lành, giờ ngọ đăng đàn;
Ăn chay, nằm đất cho chàng *Vân Tiên.*
Mở ra bức tượng, treo lên;
Trong nhà cho đến láng riêng đều thương!
Nguyệt Nga mắng tiếng, khóc than :
«*Vân Tiên!* Anh hỡi! *Suối vàng* có hay?»
Bẩy ngày mãn việc làm chay;
Bèn đem vàng bạc tạ rày *Lục* ông.

«il me reste à m'acquitter envers mon bienaimé, envers celui »qu'avait choisi mon cœur[1].

«Permettez à votre enfant d'aller se prosterner devant *Luc ông*,

«et de jeûner sept jours pour rendre à *Vân Tiên* tous les honneurs »(qu'elle lui doit);

«afin que lui ayant pleinement manifesté sa reconnaissance pour le »service (qu'elle reçut de lui),

«elle puisse le rencontrer plus tard, alors qu'elle descendra aux »bords de la *Source jaune.*»

Kiêu Công ayant mûrement réfléchi sur ce qu'il convient de faire,

lui donne, avec de l'or, une escorte de serviteurs.

(A son arrivée) le vieux *Luc* s'empresse de venir au devant d'elle.

Nguyệt Nga entre dans sa maison, et dispose tout pour la cérémonie.

Au jour favorable, à l'heure *Ngọ,* elle se présente devant l'autel de terre;

elle jeûne et couche sur le sol, en l'honneur de *Lục Vân Tiên;*

puis, déployant le portrait, elle le suspend au dessus (de l'autel).

On fait entrer les voisins; tous sont émus de compassion!

La voix de *Nguyệt Nga* s'élève; elle pleure, elle gémit.

«Ô *Vân Tiên!* ô mon époux!» s'écrie-t-elle; «aux bords de la Source »jaune, connais-tu (le malheur qui me frappe?).»

Lorsque les sept jours de jeûne se furent écoulés,

la jeune fille présenta au vieux *Luc* une somme d'argent pour lui témoigner sa reconnaissance.

1) Litt. «*Encore — j'ai souci de — (les) deux — caractères : — «bienfait» — (et) «amour» — (qui) pas encore — sont achevés.*»

«Trông chồng, mà chẳng thấy chồng!
«Đã đành! Một nỗi «má hồng vô duyên»!
«Rày vua gã thiếp về *Phiên;*
«Quyết lòng xuống chốn *Huỳnh tuyền* thấy nhau!
«Chẳng chi, cũng gọi tiếng dâu;
«Muốn xong việc nước, phải âu việc nhà!
«Một ngày, một bước, một xa;
«Của nầy để lại cho cha dưởng già!»
Lạy rồi, nước mắt nhỏ sa;
Nguồi nguồi từ giả, bước ra, trở về.
Các quan xa giá bộn bề,
Năm mươi thị nữ dựa kề chơn tay.
Hai mươi nay đã đến ngày;
Các quan bảo hộ đưa ngay xuống thuyền.
Nguyệt Nga vối khiến *Kiêm Liên*

1) Litt. : «*C'est évident! — (il y a) un (seul) — motif; — (je dois être une personne aux) joues — roses (belle) — (et) ne pas avoir d' — union*». *Nguyệt Nga* attribue son malheur à un décret du ciel qui l'a condamnée à être, dans cette vie, douée de beauté mais sans époux, pour expier les fautes qu'elle commit dans une existence antérieure. (Voy. la note sous le vers 1073.) C'est en effet une croyance chez les Annamites qu'une beauté

« J'attendais mon époux, mais je ne l'ai point vu, dit-elle.

« Je n'en puis point douter! Il faut, tout en étant belle, que je vive » sans union [1]!

« Puisqu'aujourd'hui le Roi m'envoie comme concubine à *Phiên,*

« mon cœur a résolu de descendre à la *Source jaune,* pour y retrouver » (votre fils)!

« Bien que (le mariage) n'ait point eu lieu, vous (pouvez) me don- » ner le nom de bru;

« (aussi dois-je), avant de m'occuper des affaires de l'État, prendre » souci de celles de notre maison!

« Chaque jour, chaque pas vont m'éloigner (de vous);

« je vous laisse (donc) ceci, ô mon père, pour subvenir aux besoins » de vos vieux jours! »

Elle se prosterne tout en pleurs,

puis elle prend congé et s'éloigne, ensevelie dans ses tristes pensées.

Une foule de mandarins, montés sur leurs chars, l'accompagnent,

et cinquante suivantes sont attachées à son service.

Comme le vingtième jour du mois était arrivé,

les mandarins de l'escorte la conduisirent directement au vaisseau.

Nguyệt Nga se hâta d'envoyer *Kiêm Liên*

extraordinaire n'est souvent chez la femme qu'un motif de souffrance et un moyen d'expiation. C'est ainsi qu'on lit dans le poème de *Túy kiều:*

« *Dã sinh ra số long đong;*
» *Còn mang lấy kiếp má hồng được sao?* »

« Née pour une existence errante et malheureuse, comment (cependant) me » résigner à la vie d'infortune à laquelle ma beauté me condamne? »

Lên mời thân phụ xuống thuyền xem qua.
Công rằng : «Dạ đã xót xa!
Con đừng bịn rịn cho cha thảm sầu!
Nàng rằng : «Non nước cao sâu
«Từ đây xa cách; khôn hầu thấy cha!
«Thân con về nước *ô Qua;*
«Đã đành một nỗi làm ma đất người!
«Đôi phương nam bắc cách vời;
«Con xin gởi lại một lời làm khuây!
«Hiu hiu gió thổi ngọn cây,
«Ấy là hồn trẻ về đây thăm nhà!»
Kiều Công lụy ngọc nhỏ sa;
Các quan ai nấy cũng là đều thương.
Chẳng qua là việc quân vương,
Cho nên phụ tử hai đường xa xui!
Buồm trương, thuyền vội trở lui;
Các quan đưa đón ngùi ngùi đứng trông!
Mười ngày vừa tới ải đông;

prier son père de monter sur le bateau pour la voir à son passage.

« Mon cœur, lui dit *Công,* est abreuvé d'amertume!

« Si tu ne veux redoubler mon affliction, ne t'abandonnes point (ainsi) » à la douleur! »

« De hautes montagnes, répond la jeune fille, des eaux profondes

« vont nous séparer; je ne reverrai plus mon père!

« Mon corps appartient désormais à la terre d'*Ô Qua*

« et mon esprit sera condamné à errer dans ces lointains parages!

« Nous allons nous quitter; j'irai vers le nord et vous resterez au » midi;

« mais permettez à votre fille de vous laisser une parole de consolation!

« Quand à la cîme des arbres, soufflera une légère brise,

« ce sera l'âme de votre enfant qui reviendra pour visiter les siens! »

A ces mots *Kiều Công* laisse couler ses larmes,

et les mandarins eux-mêmes sont émus de compassion.

(Mais) il s'agit du service du Prince;

le père et la fille, désormais, devront vivre éloignés l'un de l'autre;

Les voiles sont déployées; le navire s'éloigne rapidement,

tandis que les mandarins de l'escorte, debout (sur le rivage), le regardent tristement disparaître!

Après dix jours de navigation, l'on allait arriver au poste de la frontière.

Mânh mânh biển rộng; đùng đùng sóng xao.
Đêm nay chẳng biết đêm nào.
Bóng trăng vặt vặt, bóng sao mờ mờ;
Trên trời lặng lẽ như tờ.
Nguyệt Nga nhớ đến tóc tơ chẳng tròn;
Than rằng : «Nọ nước, kia non!
«Cảnh thời thấy đó; người còn về đâu?»
Quân quân đều ngủ đã lâu.
Lén ra, mở bức rèm châu một mình.
«Hoàng thiên bất phụ lòng thành!
«Trăm năm xin gởi chút tình lại đây!
«*Vân Tiên!* anh hởi! có hay?
«Thiếp nguyên giữ vẹn lòng ngay với chàng!»
Than rồi, lấy tượng, vai mang;
Nhắm dòng nước chảy, vội vàng nhảy ngay!
Kiêm Liên thức dậy hoảng thay!
Cùng quân thể nữ một bầy đều lo.

1) Dans le trouble où elle est plongée, elle a négligé de supputer les jours.

Au loin s'étendait l'immensité des flots; les vagues déferlaient, bruyantes.

La jeune fille ignorait quelle était cette nuit là[1].

La brillante clarté de la lune faisait pâlir celle des étoiles,

et tout, sous la voûte du ciel et était silencieux et calme[2].

Nguyệt Nga, pensant à l'union (qu'elle rêvait) et qui n'avait pu s'accomplir,

s'écria en gémissant : « Ici sont les eaux, là sont les montagnes!

« Mes yeux contemplent les beautés de la nature; mais l'homme (que » j'aime) où est-il? »

Depuis longtemps tout l'équipage était plongé dans le sommeil.

Sortant à pas de loup (de sa cabine) elle souleva le store qui la fermait.

« Le Ciel auguste, s'écria-t-elle, n'abandonne point un cœur sincère!

« Je veux ici, avant de mourir, te déclarer mon amour!

« *Vân Tiên!* ô mon époux! en as-tu connaissance?

« Je jure de garder chaste et pur ce cœur qui est à toi! »

Cela dit en gémissant, elle prit le portrait, le mit sur son épaule,

regarda les flots qu'emportait le courant, et se hâta de s'y précipiter!

Quelle fut, à son réveil, l'épouvante de *Kiêm Liên!*

Avec la troupe des suivantes elle se livrait à l'inquiétude.

2) Litt. : « *Sur (dans) le ciel — il faisait calme — comme — (une) feuille de papier* ».

Cùng nhau đều chẳng dám hô;
Liệu toan mưu kế chẳng cho lậu tình.
«Việc nầy là việc Triều đình!
«Đốc quan hay đặng, ắt mình thác oan!
«Muốn cho cẩn thận trăm đàng,
«*Kiêm Liên* thế lấy làm nàng *Nguyệt Nga!*
«Trá hôn, về nước ô *Qua,*
«Ai mà vạch lá? ai mà tìm sâu?»
Tính rồi xong xã chước mầu,
Phút đâu thuyền đa đến đầu ải quang.
Đốc quan xa giá đưa sang
Giao cho liêu tướng phò nàng về *Phiên.*
Ai hay tỷ tấc *Kiêm Liên*
Đặng làm hoàng hậu nước *Phiên* trọn đời?
Nguyệt Nga mình xuống giữa vời,
Sóng thần đưa dẫy vào nơi bãi rày.

1) Litt. : «*Qui — (se trouverait) pour — écarter — la feuille? — Qui — (se trouverait) pour — chercher — le ver?*» Je n'ai pas cru devoir traduire directement cette figure, qui, à mon sens, ne serait pas supportable en français, de même qu'un assez grand nombre d'autres que l'on rencontre dans ces poésies.

Retenues par la même crainte, elles n'osaient faire entendre leurs cris,
et cherchaient un expédient pour éviter d'ébruiter ce malheur.

«C'est là, se dirent-elles, une affaire d'état!

«Que le commandant du navire vienne à savoir ce qui se passe, et »nous périssons misérablement!
«Si nous voulons conserver un secret impénétrable,

«(Il faut que) *Kiêm Liên* prenne la place de *Nguyệt Nga*».

«Si, se substituant à la véritable épouse, elle se rend dans le »royaume d'*Ô Qua,*
«qui pourrait éventer la fraude et rechercher la vérité?[1]»

Lorsqu'elles se furent concertées au sujet de ce secret complot,

il se trouva que le navire avait atteint l'entrée du défilé de la frontière.
Le commandant, conduisant la jeune fille au milieu d'un cortège de chars,
la remit, pour être conduite à *Phiên,* à la garde des chefs (barbares).
Qui aurait pensé que la servante *Kiêm Liên*

devait, au pays de *Phiên,* être reine toute sa vie?

Après qu'en pleine mer *Nguyệt Nga* se fut précipitée dans les ondes,

un flot mystérieux la transporta sur le rivage.

— *Mà* n'est pas ici une particule vide de sens. Il donne une grande force au mot «*ai, qui*», qu'il souligne pour ainsi dire. Le sens de ce monosyllabe, est ici «*pour*», et suppose le verbe substantif à l'état sousentendu.

Bóng trăng vừa khuất ngọn cây;
Nguyệt Nga hồn hãy chơi rày Âm cung.
Xiết bao sương tuyết đêm đông?
Mình nằm giữa bãi lạnh lùng ai hay?
Quan âm thương gái thảo ngay,
Bèn đem nàng lại, để rày vườn hoa.
Dặn rằng : «Nàng *Kiều Nguyệt Nga!*
«Tìm nơi nương náu cho qua tháng ngày!
«Đôi ba năm nữa gần đây,
Vợ chồng sau sẽ sum vầy một nơi!
Nguyệt Nga giây phút tỉnh hơi;
Định hồn, mới nghĩ mấy lời chiêm bao.
Thiệt hư chưa biết làm sao!
Bây giờ biết kiếm nơi nào gởi thân.
Một mình luống những bưng khuâng,

1) «觀音菩薩, dit M. Wells Williams dans son savant dictionnaire, » appelée communément *la déesse de la miséricorde,* est une divinité boud- » dhique. Son nom est une transcription du sanscrit *avalôkitêswara, celle qui » écoute les plaintes.* On l'appelle encore 觀世音自在, *la souveraine » qui a égard aux prières du monde;* 光世音, *celle qui éclaire les sons du » monde,* et 大慈大悲, *la miséricordieuse et la compatissante.* Le sexe

La lune venait de disparaître derrière la cime des arbres,

et l'âme de la jeune fille se jouait encore au sein de *l'Âm cung*.

Qui pourra dire l'abondance de la froide rosée qui, pendant cette nuit d'hiver, (baigna)

son corps gisant, ignoré, sur cette rive glacée?

Quan âm [1], saisie de compassion pour cette jeune fille au cœur sincère,

la prit et la déposa au milieu d'un jardin de fleurs.

« Jeune *Nguyệt Nga,* lui dit-elle,

« cherche un lieu de refuge ; laisses y les jours s'écouler!

« Dans quelques années, près de ces lieux (même),

« et l'épouse et l'époux se verront réunis ensemble! »

Nguyệt Nga revint bientôt à elle,

et, rendue à la vie, elle réfléchit aux paroles qu'elle avait entendues en songe.

Ne sachant encore si elles étaient véritables ou trompeuses,

elle se mit en quête d'un lieu où elle pût se réfugier.

Isolée, poursuivie par ses tristes pensées,

» de cette divinité a changé avec le temps, et elle semble avoir été primi- » tivement un dieu originaire de la Chine, sur lequel la déesse hindoue » aurait été postérieurement greffée. » (V. Wells Williams, au mot 觀.) — D'autres disent que *Quan âm* est une jeune fille qui, après avoir été enlevée par des brigands et avoir subi les derniers outrages, mourut et fut élevée au rang de déesse de l'*Âm cung* ou des enfers. Elle est objet d'une vénération toute particulière de la part des marins chinois.

Phút đâu trời đã rạng hừng vừng đông.
Một mình mang bức tượng chồng;
Xãy đâu lại gặp *Bùi* ông dạo vườn.
Ông rằng : «Nàng ở hà phương?
«Việc chi mà đến trong vườn hoa ta?»
Nàng rằng : «Trận gió hôm qua
«Chìm thuyền; nên nổi thân ra đổi nầy.
«Tối tăm, lỡ bước, tới đây;
«Xin ông soi xét thơ ngây lạc đàng!»
Bùi ông đứng, nhắm tướng nàng.
Chẳng trạng đài các, cũng hàng trâm anh!
Đầu đuôi han hỏi sự tình;
Nàng bèn lấy thiệt việc mình thưa qua.
Bùi ông mừng rước về nhà,
Thay xiêm, đổi áo, nuôi mà làm con.
Rằng : «Ta sanh đặng chồi non;
«Tên là *Bùi Kiệm,* hãy còn ở kinh.

1) Litt. : «*(Si ce n'est) pas — (la) figure — (d'une personne habitant les) palais, — tout aussi bien — (c'est une personne de) la classe — des épingles — et des bandelettes*». A partir de l'âge de quinze ans, les filles de bonne

elle vit tout à coup le ciel s'éclaircir, et le soleil monter à l'orient.

Elle allait seule, chargée du portrait de son époux,

quand soudain elle aperçut *Bùi ông* qui se promenait dans son jardin.

« Où habitez-vous, jeune fille! dit-il;

« dans quel but venez-vous dans mon jardin de fleurs? »

« Hier, dit-elle, un coup de vent

« a fait sombrer ma barque et m'a réduite en cet état.

« Le ciel était noir, j'ai perdu ma route, et je suis arrivée jusqu'ici.

« Veuillez, je vous prie, jeter les yeux sur une malheureuse enfant » égarée dans son chemin! »

Le vieux *Bùi* s'arrête, et considère le visage de *Nguyệt Nga.*

Si ce n'est point celui d'une fille de haut parage, ce sont du moins les traits d'une personne de la classe distinguée[1].

Il se fait raconter tous les détails de son aventure

que *Nguyệt Nga* lui expose avec sincérité.

Tout joyeux, le vieux *Bùi* la guide vers sa demeure,

et lui donne d'autres vêtements; puis il la garde avec lui, et la traite comme sa propre fille.

« Je possède, lui dit-il, un jeune rejeton de ma race.

« Son nom est *Bùi Kiệm;* en ce moment il est à la capitale.

maison portent l'épingle de tête. — *Anh* est le nom des bandelettes de forme particulière qui sont fixées à la coiffure des lettrés.

«Trong nhà không gái hậu sinh;
Ngày nay đặng gặp, mình linh phước Trời!»
Nguyệt Nga ở đã an nơi;
Đêm đêm nghĩ lượng sự đời gần xa.
Một, lo về nước *Ô Qua;*
Vua hay, bặt tội cha già rất oan!
Hai, lo phận gái hồng nhan;
Sợ, khi bão dưỡng, sau toan lẽ gì?
Nguyệt Nga luống những sầu bi,
Phút đâu *Bùi Kiệm* tới khi về nhà.
Từ ngày thấy mặt *Nguyệt Nga,*
Đêm đêm trằn trọc phòng hoa mấy lần?
Thấy nàng thờ bức tượng nhân,
Nghiệm trong tình ý, dần lân hỏi liền.
«Tượng nầy sao giống *Vân Tiên?*
«Bấy lâu thờ, có linh thiên đều gì?»
Nàng rằng : «Hễ phận nữ nhi,
«Một câu «*chánh tiết*» phải ghi vào lòng!

«Dans ma maison je n'avais point de fille.

«Aujourd'hui que j'en ai trouvé une, le Ciel a comblé tous mes »vœux!»

Nguyệt Nga avait trouvé le repos dans la demeure (de *Bùi*);

mais chaque nuit elle réfléchissait aux difficultés de sa situation.

Tout d'abord elle s'inquiétait au sujet des affaires d'*Ô Qua,*

tremblant que le roi n'accablât son vieux père d'un châtiment immérité.

Sa jeunesse et sa beauté lui causaient un autre souci;

car elle craignait que l'hospitalité (que lui donnait *Bùi*) ne cachât quelque secret dessein.

Tandis que *Nguyệt Nga* s'abandonnait à son inquiétude,

Le moment arriva où *Bùi Kiệm* dut revenir à la maison paternelle.

A partir du jour où il aperçut le visage de *Nguyệt Nga,*

dans sa chambre il passa bien des nuits sans sommeil.

Ayant vu la jeune fille donner à l'image d'un homme des marques de vénération,

il chercha à pénétrer les motifs de sa conduite, et la fatigua de ses questions et de sa familiarité.

«Comment se fait-il que ce portrait ressemble à *Vân Tiên?* lui dit-il.

«Possède-t-il donc quelque vertu surnaturelle, que depuis si longtemps vous le vénérez ainsi?»

«Toute femme, lui répondit *Nguyệt Nga,*

«doit porter, gravés dans son cœur, les deux mots *droiture et chasteté!*

«Trăm năm cho trọn chữ *Tùng*;
«Sống sao, thác vậy, một chồng mà thôi!»
Kiệm rằng : «Nàng nói sai rồi!
«Ai từng bán đắc mà ngồi chợ trưa?
«Làm người trong cõi nắng mưa,
«Bảy mươi mấy mặt người xưa, thấy nào?
«Chúa xuân còn ở vườn đào,
«Ong qua bướm lại biết bao nhiêu lần?
«Chúa xuân ra khỏi vườn xuân,
«Huê tàn, nhụy rữa, là rừng bỏ hoang!
«Ở đời ai cậy giàu sang?
«Ba xuân mòn hết ngàn vàng khôn mua!
«Hay chi những vãi ở chùa,
«Một căng cửa khép bốn mùa lạnh tanh?
«Linh đinh một chiếc thuyền tình

1) Litt. : «*(Parmi ceux qui) font — (les fonctions d') homme (qui sont hommes) — dans — les confins — de la chaleur — et de la pluie*».

2) Litt. : «*La dominatrice — du printemps — est sortie — en dehors de — le jardin — du printemps*». Tout ce passage exprime au figuré des idées fort libres dont je ne crois pas nécessaire de donner la signification exacte.

«Dût-elle vivre cent ans, il lui faut être toujours fidèle,

«et dans la vie comme dans la mort, n'avoir qu'un unique époux!»

«Vous êtes dans l'erreur! lui dit *Kiêm*.

«Qui jamais, ayant tout vendu, resta jusqu'à midi assis dans le »marché?

«Parmi les habitants de ce bas monde[1],

«sur soixante-dix personnages de l'antiquité, en voyez-vous un seul »(qui ait fait comme vous)?

«Alors que la Reine du printemps séjourne encore dans le jardin »fleuri,

«que de fois l'on voit passer l'abeille, venir vers soi le papillon!

«Mais la Reine a quitté ces lieux[2],

«et voilà que la fleur se fane; les étamines tombent; ce n'est plus »qu'une forêt déserte!

«Qui cherche un appui, en ce monde, dans la richesse et dans la »gloire?

«Mille lingots d'or ne pourraient racheter trois printemps évanouis!

«Que vous servira-t-il, telle qu'une bonzesse en sa pagode,

«de rester dans une cellule, fuyant, derrière une porte fermée, toute »l'année les regards des hommes?[3]

«Abandonnée au caprice des flots, la barque de l'amour

3) Litt. : «*(Dans) un unique — compartiment — (à) la porte — fermée, — et, (durant) les quatre — saisons, — solitaire (lạnh, froid — tanh, odeur de poisson pourri)*». — Les maisons annamites n'ont qu'une rez de chaussée, et sont coupées par de grandes cloisons qui les divisent en un certain nombre de compartiments appelés *căng*.

«Mười hai bến nước gởi mình vào đâu?
«Ai tầng mặc áo không bâu,
«An cơm không đủa, ăn trầu không cau?
«Nàng! sao chẳng nghĩ trước sau,
Để ôm bức tượng bấy lâu thiệt mình?»
Nàng rằng : «Tầng đọc sử kinh.
«Làm thân con gái, chữ «*trinh*» làm đầu!
«Chẳng phên thòi nước *Trịnh* đâu,
«Hẹn người tới giữa vườn dâu tư tình.
Kiệm rằng : «Nàng thuộc sử kinh,
«Sao chẳng suy xét, để mình nằm không?
«*Hồ Dương*, xưa, mới góa chồng,
«Còn tham nhan sắc; *Tống Công* củng vừa.
«*Hạ Cơ* lớn nhỏ đều ưa;
«Sớm đưa *Doản Phủ*, tối ngừa *Trần Quân*.
«*Hán*, xưa, *Lữ Hậu* thanh xuân,

1) Litt. : «*Errante et nomade — une — barque — d'amour, (parmi) les douze — débarcadères, — se confiant, — entrera — où?*»
Kiệm veut dire que le cœur de *Nguyệt nga*, flottant et indécis, parmi des hommes de tout âge, ne sait pas se choisir un époux.

« ne sait, parmi les douze stations[1], à laquelle il lui faut aborder.

« Qui porta jamais une robe sans collet,

« mangea du riz sans bâtonnets, mâcha du bétel sans arec?[2]

« Pourquoi ne point réfléchir, jeune fille! à tout cela,

« et toujours serrer entre vos bras cette peinture, qui depuis long-» temps est pour vous une source de chagrins? »

« J'ai, dit *Nguyệt Nga,* étudié autrefois les livres sacrés et les » annales.

« (On y lit que), pour une jeune fille, rester chaste est le premier » devoir!

« Je n'imiterai point les mœurs du royaume de *Trịnh*

« où l'on se donnait rendez-vous dans les jardins de mûriers pour y » satisfaire ses passions. »

« Puisque vous connaissez si bien les livres, reprit *Kiệm,*

« pourquoi ne point en méditer les enseignements? pourquoi reposer » (la nuit) sur une couche solitaire?

« Jadis *Hồ Dương,* bien qu'elle vînt de perdre son époux,

« n'en fut pas moins sensible à la beauté; *Tống Công* lui fut agréable.

« *Hạ Cơ* agréait les hommages des vieillards comme des jeunes » hommes.

« Le matin elle reconduisait *Doãn Phủ;* le soir elle accueillait *Trần* » *Quân.*

« Autrefois du temps des *Hán, Lữ Hậu,* dans son printemps,

2) Une robe sans collet n'est pas complète; sans bâtonnets, on ne peut commodément manger le riz; l'arec est un élément indispensable à la confection de la chique de bétel. De même, sans un mari, la femme ne remplit pas sa mission en ce monde.

«Còn vua *Cao Tổ*, mấy đừng *Dị kỳ*?
«*Đường*, xưa, *Vỏ Hâu* thiệt gì
«*Dị Tôn* khi trẻ, *Tam Tư* lúc già?
«Cứ trong sách vở nói ra
«Một đời sung sướng, cũng qua một đời!
«Ai ai cưng ở trong trời;
«Chinh chuyên, trắc nết, chết thì cũng ma!
«Người ta chẳng lấy người ta!
«Người ta đâu lấy những là tượng nhan?
«Chẳng nên tích phận hồng nhan,
«Học đòi *Như Ý* vẻ chàng *Vân Quân!*»
Nguyệt Nga biết đứa tiểu nhân,
Làm thinh, toan chước thoát thân cho rồi.
Bùi ông ngon ngọt trau giồi,
Dỗ nàng cho đặng sánh đôi con mình.
«Làm người chấp nhứt sao đành?
«Hễ là lịch sự có kinh có quyền.

1) Litt. : « *Un chacun — aussi bien — réside — dans — le ciel (dans l'espace qu'enclôt le ciel)* ».

« du vivant même du roi *Cao Tổ*, repoussa-t-elle l'amour de *Dị Kỳ*?

« Sous les *Đương*, jadis, *Võ Hậu* fit elle donc mal

« d'aimer *Dị Tôn* en sa jeunesse, et *Tam Tư* dans ses vieux jours?

« Vous voyez donc, d'après les livres,

« que si l'on passe la vie dans les plaisirs, la vie n'en est pas moins » passée!

« Nous sommes tous habitants de la terre[1];

« que nos mœurs soient sévères ou qu'elles soient libres, une fois » morts, nous ne sommes plus que des ombres!

« Habitante de ce monde, vous ne recherchez pas votre semblable!

« Une image gracieuse, voilà le compagnon que vous vous choisissez!

« Il ne vous convient point de séquestrer ainsi votre beauté,

« en imitant *Như Ý*, qui peignit le portrait de *Vân Quân!*»

Nguyệt Nga reconnut en *Kiệm* un homme de sentiments vulgaires.

Elle garda le silence, et songea au moyen de s'échapper pour mettre un terme (à ses poursuites).

(Cependant) le vieux *Bùi*, d'une voix mielleuse, lui prodiguait les compliments,

et cherchait à lui persuader de devenir la compagne de son fils.

« Vous êtes, lui disait-il, une femme (comme les autres)[2]; pourquoi » donc vous obstiner?

« Une personne qui connaît la vie doit se plier aux circonstances.

2) Litt. : « *Faisant — (les fonctions d') homme (appartenant à l'humanité), — à vous obstiner — comment — êtes-vous décidée?* »

«Tới đây, duyên đã bén duyên;
«Trăng thanh, gió mát, cặm thuyền chờ ai?
Chữ rằng : «*Xuân bất tái lai!*»
«Ngày nay hoa nở, e mai hoa tàn!
«Làm chi thiệt phận hồng nhan,
«Năm canh gối phụng nệm loan lạnh lùng?
«*Vọng Phu,* xưa, cũng trông chồng;
«Ngày xanh mòn mỏi, má hồng phui pha!
«Thôi! Thôi! Khuyên chớ thở ra!
«Vầy cùng con lão một nhà cho xuôi!»
Nguyệt Nga giả dạng mừng vui;
Thưa rằng : «Người có công nuôi bấy chầy!
«Tôi xin gởi lại lời nầy:
«Hãy tua chậm chậm sẽ vầy nhơn duyên!
«Tôi xin lạy tạ *Vân Tiên,*
«Làm chay bảy bữa cho tuyền thỉ chung!
«Cha con nghe nói mừng lòng.

1) *Cặm sào* signifie enfoncer un pieu d'amarre; et par suite, *cặm thuyền*

«Vous êtes venue en ce lieu; il y a convenance réciproque;

«la lune est sereine, le vent frais; qui attendez-vous donc, votre
»bateau fixé à son pieu d'amarre?[1]

«*Le printemps ne vient pas deux fois!* disent les livres.

«Aujourd'hui la rose est épanouie; demain peut-être elle sera fanée!

«Pourquoi vous faites-vous l'ennemie de votre beauté,

«reposant la nuit sur un froid oreiller, sur une couche solitaire?

«Comme vous, autrefois, *Vọng Phu* attendit son mari;

«son printemps s'évanouit, et sa beauté se fana!

«Ah! cessez, croyez-moi! cessez ces gémissements!

«Unissez-vous au fils du vieillard, pour fonder une famille nouvelle
»sous de favorables auspices!»

Nguyệt Nga feint d'être au comble de la joie.

«En m'offrant l'hospitalité jusqu'à ce jour, vous vous êtes créé, dit-
»elle, un titre (à ma reconnaissance)!

«Veuillez bien écouter ce que je vais vous dire.

«Ne précipitez rien, ce lien se nouera peu à peu!

«Permettez que je me prosterne devant *Vân Tiên* pour prendre
»congé de lui.

«Je jeûnerai pendant sept jours, et tout sera fini entre nous!»

Le père et le fils, à ces paroles, sentent leur cœur rempli de joie.

veut dire «amarrer son bateau à ce pieu qu'on a préalablement enfoncé dans le sol de la rive».

«Dọn nhà sắm sửa động phòng cho xuê.»
Chiếu hoa, gối sách bốn bề,
Cổ đồ, bát bửu chỉnh tề chưng ra.
Xẫy vừa đến lúc canh ba,
Nguyệt Nga lấy bút, đề và câu thơ.
Dán trên vách phấn một tờ,
Vai mang bức tượng, một giờ ra đi.
Hai bên bờ bụi rậm rì;
Đêm khuya vắng vẻ, gặp khi trăng lờ.
Lạ chừng, đường sá bơ vơ,
Có bầy đốm đốm, sáng nhờ, đi theo.
Qua truông, rồi lại sang đèo;

1) L'expression «*Động phòng, remuer la chambre*» constitue un idiotisme, et désigne le moment où les deux époux se réunissent pour la première fois dans la chambre nuptiale. *Động* est au causatif. En effet, *mettre en mouvement une chambre,* c'est bien en inaugurer l'usage, s'en servir pour la première fois. La traduction littérale de ce vers est donc : «*Ils préparent — la maison — (et) préparent — (la cérémonie appelée) «động phòng» — d'une manière — élégante*».

2) Lorsque l'on prépare la chambre nuptiale, il est d'usage de l'orner le plus somptueusement possible. On va jusqu'à emprunter aux voisins et aux amis, pour cette circonstance, les objets rares qu'ils possèdent.

Voici en quoi consistent, si les renseignements que j'ai obtenus des annamites sur ce sujet sont bien exacts, les huit objets précieux *(bát bửu)* traditionnels, que *huit génies* ou immortels (八仙) sont représentés portant dans leurs mains :

Ils disposent la maison, et arrangent tout avec élégance pour la célébration du mariage[1].

De toutes parts les nattes à fleurs, les oreillers à plis,

les raretés antiques et les huit objets précieux[2] sont exposés aux regards et ornent la demeure.

(Cependant) la troisième veille n'est pas plutôt arrivée, que

Nguyệt Nga prend son pinceau, écrit une courte lettre,

la colle sur la muraille blanche,

et s'éloigne sur l'heure, portant sur son épaule le portrait (de *Vân Tiên*).

De chaque côté du chemin s'étend une ligne d'épais buissons.

Il est tard, tout est désert; la lune, en ce moment, est voilée par les nuages.

La jeune fille suit à l'aventure des sentiers qui lui sont inconnus.

Mais voici que vient à briller un vol de mouches luisantes; elle marche à la faveur de la clarté (qu'elles répandent).

Le fourré franchi, elle gravit une colline.

1° Le *Bầu Trời*, gourde céleste, que tient *Lý xích quày*, debout au milieu des nuages. Elle est supposée renfermer un vin destiné aux fêtes des Immortels, et possédant la vertu de ressusciter les morts.

2° Le *Quạt vã*, éventail symbolique, dans les mains de *Lử đồng thần*, qui se tient assis sur la cîme dụ mont *Thái sơn*.

3° Le *Tháo sách*, représentation en bois doré de livres où la destinée des mortels est supposée écrite.

4° Les *Song kiêm*, ou la paire d'épées, glaives de la justice.

5° Les *Lê* et les *Lựu*, poires et grenades en bois doré.

6° Le *Bút*, pinceau, symbole de l'instruction.

7° Le *Thủ quyễn*, espèce de flûte dont joue le génie femelle *Hà tiên cô*, symbolisant l'élévation des sentiments par le moyen de la musique.

8° Enfin le *Tì bà*, espèce de *cầm* ou de guitare, dont joue un génie qui réside dans la lune.

Dế ngâm giẳng giỏi, ve kêu nảo nồng.
Giày sành đạp sỏi, thẳng xông.
Vừa đâu trời đã vừng đông lố đầu.
Nguyệt Nga đi đặng hồi lâu,
Tìm nơi bàn thạch ngồ hầu nghĩ chơn.
Người ngay Trời *Phật* cũng vưng!
Lão bà chống gậy trong rừng đi ra.
Hỏi rằng : «Nàng phải *Nguyệt Nga*,
«Khá thua gắng gương về nhà cúng ta!
«Khi đêm, nằm thấy *Phật bà;*
«Người đà mách bảo, nên già tới đây.»
Nguyệt Nga bán tín bán nghi;
Đánh liều, nhắm mắt, theo đi về nhà.
Bước vào, thấy những đờn bà
Làm nghề bố vãi lụa là mà thôi.
Nguyệt Nga đành dạ ở rồi;
Từ đây mới hết nổi trôi chốn nào!

1) Litt. : «*Sa chaussure — de porcelaine — foule — les cailloux; — droit*

Le grillon fait entendre sa voix bruyante, la cigale se plaint tristement.

De son pied, *Nguyệt Nga* foule les pierres du chemin; elle marche droit devant elle[1].

Tout à coup, à l'orient, l'astre du jour monte dans le ciel.

Lassée par une marche déjà longue,

la jeune fille cherche une roche plate afin d'y reposer ses pieds.

Le Ciel et Bouddha protègent les cœurs sincères!

Une vieille femme traverse la forêt, appuyée sur son bâton.

«Si vous *Nguyệt Nga*, dit-elle,

«efforcez-vous de me suivre jusqu'à ma demeure!

«Tandis que je reposais cette nuit, j'ai vu *Phật bà* m'apparaître,

«et, avertie par la déesse, je me suis rendue en ce lieu.»

Nguyệt Nga, suspendue entre le doute et la confiance,

se décide à courir le risque, et suit, les yeux fermés, la vieille dans sa maison.

En y entrant elle aperçoit des femmes

occupées à tisser des étoffes de coton et de soie.

Nguyệt Nga s'établit volontiers en ce lieu;

désormais elle cessera d'errer çà et là sans asile!

(devant elle) — elle pousse». — Le mot *«sành, porcelaine»* est là uniquement pour répondre au mot *«sỏi, cailloux».*

Hỏi thăm ra chốn *Ô Sào,*
Quan sơn mấy dặm đi vào tới nơi.
Đoạn nầy tới thứ ra đời;
Vân Tiên thuở ấy ở nơi chùa chuyền.
Nửa đêm, nằm thấy ông tiên
Đem cho linh dược; mắt liền sáng ra.
Kể từ nhuốm bịnh đường xa
Đến nay, tính đã gần đà sáu năm.
Tuổi cha rày đã quá trăm!
Chạnh lòng nhớ tới; đằm đằm lụy xa!
Vân Tiên trở lại quê nhà;
Hớn Minh đưa khỏi năm ba dặm đường.
Tiên rằng: «Anh lại cố hương;
«On nhau sau gặp; khoa trường sẽ hay!»
Minh rằng «Em vốn chẳng may!
«Ngày xưa mắc phải án đày, trốn đi.
«Dám đâu bày mặt ra thi?
«Đã đành hai chữ «*qui y*» chùa nầy!»

Elle demande, à partir de ce pays d'*Ô Sào,*

combien (il faut franchir) de *dặm* pour atteindre la forteresse.

Nous allons voir, dans le chapitre qui s'ouvre, reparaître dans le monde

Vân Tiên, qui, en ce moment, réside encore dans la pagode.

Pendant son sommeil, au milieu de la nuit, un immortel lui apparaît,

et lui présente un remède merveilleux; aussitôt ses yeux recouvrent la lumière.

Depuis que, sur une route lointaine, le mal s'empara de lui,

jusqu'au moment actuel, près de six années ont passé.

Son père, aujourd'hui, a dépassé la centaine!

Au souvenir du vieillard, son cœur se serre; des larmes ruissellent sur ses joues!

Il se met en chemin pour retourner dans son pays,

et *Hớn Minh* l'accompagne pendant quelques *dặm.*

« Je vais, lui dit *Vân Tiên,* revoir mon village natal;

« mais notre mutuelle amitié nous réunira encore; nous nous rever» rons au concours! »

« La fortune m'est contraire! dit *Minh.*

« Condamné jadis à l'exil, je pris la fuite;

« comment oserais-je me présenter à l'examen?

« J'ai pris la résolution de me faire bonze dans cette pagode! »

Tiên rằng : «Phước gặp khoa nầy,
«Sao sao cũng tính sum vầy cùng nhau!
«Mấy năm hẩm hút tương rau;
«Khó nghèo còn tưởng, sang giàu nở quên?
«Lúc hư còn có lúc nên!
«Khuyên ngươi chữ dạ rồi bên thảo ngay!»
Hớn Minh trở lại âm mây,
Vân Tiên về; một tháng chầy tới nơi.
Lục ông nước mắt tuôn rơi;
Ai dè con sống trên đời thấy cha?
Xóm làng cô bác gần xa
Đều mừng chạy đến; chật nhà hỏi thăm.
Ông rằng : «Kể đã mấy năm
«Con mang tật bịnh ăn nằm nơi nao?»
Tiên rằng : «Hoạn nạn xiết bao!
«Mẹ tôi phần mộ nơi nào viếng an?»
Đặt bày lễ vật nghiêm trang,

«Si, par bonheur, lui répond *Tiên,* je réussis dans l'épreuve prochaine,
«je compte bien trouver un moyen quelconque de nous réunir (encore)!
«Pendant de longues années, nous avons vécu misérablement de *Twơng*[1] et de légumes;
«je t'ai aimé dans le malheur; pourrais-je t'oublier dans la prospérité?
«Après l'échec vient le succès!
«conserve, gravés dans ton cœur en caractères ineffaçables, tes sentiments de droiture et de fidélité!»
Hớn Minh retourna dans la pagode,
et *Vân Tiên* alla dans son pays, où il arriva au bout d'un mois.
A sa vue le vieux *Lục* versa des larmes abondantes.
Qui aurait pensé que le fils devait, vivant encore, revoir son père dans ce monde?
Tous leurs parents du village, parents proches, parents éloignés,
accoururent pleins de joie; la maison ne pouvait les contenir, ils le pressaient de questions.
«Voilà, dit le vieillard, bien des années déjà
«que tu tombas malade, ô mon fils! où as-tu vécu (depuis lors)?»
«Qui pourrait compter mes malheurs, lui répondit (le jeune homme);
«(mais) où se trouve le tombeau de ma mère? Je veux aller lui rendre mes devoirs!»
Il dispose les offrandes dans l'ordre exigé par les convenances,

1) Le *Tương* consiste en un mélange de riz et de haricots pilés ensemble. C'est la nourriture des pauvres gens.

Đọc bài văn tế trước bàn minh sinh.
«*Suối vàng* hồn mẹ hiển linh!
«Chứng cho con lấy lòng thành ngày nay!
»Tưởng bề nguồn nước cội cây!
«Công cao ngàn trượng, ngởi dài chín trăng!
«Suy người nằm giá khóc mang!
«Hai mươi bốn thảo đâu bằng người xưa?»
Vân Tiên nước mắt như mưa.
Tế rồi lại hỏi việc xưa ở nhà.
Ông rằng : «Có *Kiều Nguyệt Nga*
«Bạc vàng đem giúp, cửa nhà đặng xuê!
«Nhờ nàng nên mới ra bề.
«Chẳng chi khó đói, bỏ quê đi rồi!»
Vân Tiên nghe, nói : «Hởi ôi!»
Chạnh lòng, nghỉ lại một hồi giây lâu.

1) Litt. : «*Je pense à — le côté (ce qui concerne) — de la source — de l'eau — (et) du tronc — de l'arbre!*»

2) Litt. : «*A la peine — haute — (de) mille — trượng, — à l'affection — longue — de neuf — mois*». — Lorsqu'il signifie «*justice, affection, foi*», le cinquième caractère de ce vers (v. le texte en *chữ nôm*) se prononce tantôt *Ngãi*, tantôt *Nghĩa*, tantôt (mais plus rarement) *Ngởi*.

et prononce une élégie funèbre devant la tablette maternelle.

«Âme de ma mère!» s'écrie-t-il, «des bords de la *Source jaune*, apparais ici glorieuse!

«Sois témoin qu'en ce jour ton fils (s'adresse à toi) avec un cœur sincère!

«Je pense à cette vie que tu m'as donnée[1],

«Toi qui, bienfait immense! me portas neuf mois avec amour dans ton sein[2]!

«Je pense à tes douleurs, aux larmes que je te fis répandre![3]

«Que ne puis-je égaler en reconnaissance les vingt quatre fils d'autrefois!»

Une pluie de larmes tombe des yeux de *Vân Tiên.*

Le sacrifice terminé, il s'enquiert de ce qui s'est passé (en son absence) dans la maison paternelle.

«Grâce à *Nguyệt Nga,* dit son père,

«Grâce à l'or qu'elle m'offrit pour subvenir à mes besoins, tout a prospéré dans la maison!

«C'est à cette jeune fille que nous devons d'avoir pu conserver une situation honorable.

«Sans elle, la pauvreté, la faim m'eussent contraint de quitter le pays!»

A ces mots, *Vân Tiên* soupira[4],

et le cœur plein d'émotion, il réfléchit un instant.

3) Litt. : «*Je réfléchis à — l'homme — qui était étendu — au froid — et pleurait — des pousses de bambou*». — Ce vers fait allusion à un conte populaire où il est question d'un homme qui pleurait couché dans la neige, et dont les larmes, en tombant sur le sol, y faisaient pousser des bambous.

4) Litt. : «*Vân Tiên — entendit, — (et) dit : — Hélas!*»

Hỏi rằng: « Nàng ấy ở đâu,
« Dặng con tới tạ, đáp câu ân tình?
Lục ông thuật việc triều dình;
Đầu duôi chuyện vắn tỏ tình cùng *Tiên.*
« *Kiều* ông rày ở *Tây Xuyên;*
« Cũng vì mắc nịnh biếm quyền, duổi ra! »
Tiên rằng: « Cám ngởi *Nguyệt Nga!*
« Tôi xin sang đó tạ cha nàng cùng! »
Tây Xuyên ngàn dặm thẳng xông;
Đến nơi ra mặt, *Kiều Công* khóc liền.
« *Nguyệt Nga* rày ở nước *Phiên!*
« Biết sao cho đặng đoàn viên cùng chàng?
« Ai dè *Hồ Việt* đôi phang?
« Cũng vì máy *Tạo* én nhàn rẻ nhau!
« Thấy chàng, dạ lại thêm đau!
« Đất! Trời! bao nở phân bâu cho đành?

1) Litt. : « *Qui — se serait attendu à ce que — (l'état de) Hồ — (et l'état de) Việt — (formeraient) — deux régions (distinctes)?* »

2) Litt. : « *Tout aussi bien — à cause de — le ressort — de créer (de la création) — l'hirondelle — (et l'oiseau) Nhàn sont séparés — l'un de l'autre!* »

« Où donc, demande-t-il, se trouve cette jeune fille?

« Je veux aller la remercier, lui témoigner ma reconnaissance pour » ses bienfaits et son affection! »

Le vieux *Lục* lui fit connaître ce qui s'était passé à la cour;

il raconta d'un bout à l'autre toute l'affaire à *Vân Tiên.*

« Maintenant, lui dit-il, *Kiều ông* réside à *Tây xuyên.*

« Il a été, lui aussi, victime d'une calomnie; on l'a destitué, chassé! »

« Le souvenir du bienfait de *Nguyệt Nga* restera gravé dans mon » cœur! » reprit *Tiên.*

« Permettez-moi d'aller trouver son père afin de le remercier aussi! »

Il franchit d'une traite la distance considérable qui le séparait de *Tây Xuyên.*

Lorsqu'il fût arrivé et qu'il se présenta chez *Kiều Công,* ce dernier fondit en larmes.

« *Nguyệt Nga,* lui dit-il, est aujourd'hui dans le royaume de *Phiên!*

« Comment pourra-t-elle (désormais) s'unir à vous?

« Qui aurait cru que les deux amants seraient ainsi éloignés l'un de » l'autre? [1]

« Ainsi l'a voulu le Créateur! [2] l'oiseau *Én* et l'oiseau *Nhàn* sont sé- » parés!

« Votre vue, ô jeune homme, a ravivé ma douleur!

« Ô ciel! ô terre! comment pouvez-vous consentir à ce que cette » union soit brisée? [3]

3) Litt. : « *Terre! — Ciel! — combien (comment) — supportez-vous de — séparer — le collet (du vêtement dont il fait partie) — volontiers?* » « *Đành* » est un verbe et signifie *consentir;* mais le mot « *cho* » qui le précède, et qu'il ne faut pas traduire ici par *à,* forme avec lui un véritable adverbe de manière

«Hẹp hòi có chút nữ sanh;
«Trông cho chồi quế trổ nhành mẫu đơn!»
Nói thôi lụy nhỏ đòi cơn.
«Cũng vì một sự oán hờn nên gây!
«Thôi! Con ở lại bên nầy,
«Hôm mai thấy mặt cho khuây lòng già!»
Vân Tiên từ ấy lân la.
Ôn nhuần kinh sử, chờ khoa ứng kỳ.
Năm sau lịnh mở khoa thi.

qu'il faudrait, pour être exact, traduire par les mots : «*d'une manière-consentante*», si cette façon de parler n'était pas trop barbare, même dans une explication littérale.

1) Litt. : «*J'avais espéré — pour que — le rejeton de cannelle — donnât — des rameaux de garance!*» — *Trổ sinh chồi quế* signifie avoir des enfants bien élevés, qui font honneur à leurs parents. Les mots *mẫu đơn* ne sont là que pour le parallélisme et la rime.

2) Voici, sur l'ouverture et la marche de ces examens ou concours régionaux, quelques détails curieux que je puise dans le livre de Luro:

«La veille du concours, à minuit, le gong éveille les candidats, et chaque division se présente à sa porte respective. (Pour éviter l'encombrement, les candidats ont été partagés en quatre divisions, qui doivent entrer chacune dans l'enceinte des examens par une porte spéciale.) On fait l'appel nominal; le candidat appelé franchit la porte, ses vêtements sont fouillés par les mandarins militaires (qui ont le commandement des troupes commises à la garde extérieure de l'enceinte), et il reçoit du maître des cérémonies un cahier de papier. Tout candidat reconnu porteur de livres ou de manuscrits est expulsé et renvoyé devant les tribunaux pour être jugé suivant la loi. Au jour, on élève en l'air une affiche indiquant les sujets de composition de la séance. Ce sont, pour la première séance par exemple, sept sujets d'interprétation tirés des livres canoniques. Une journée est consacrée à chaque genre d'épreuves. Le nombre des sujets de composition

«Je ne possédais qu'une fille,

«et j'avais tant compté sur elle pour me donner une noble descen-
»dance!»[1]

Cela dit, à plusieurs reprises les larmes coulent de ses yeux.

«Ce malheur, ajoute-t-il, est le fruit d'une injuste vengeance!

«Mais c'est assez! Demeurez en ces lieux, ô mon fils!

«En voyant tous les jours votre visage, le vieillard dans son cœur
»retrouvera le calme!»

Depuis lors, *Vân Tiên* fréquenta la maison de *Kiều Công*.

En attendant l'ouverture du concours, il étudiait à fond les classiques
et les historiens.

L'année suivante, un édit royal déclara les examens ouverts.[2]

dans chaque genre étant très grand, les candidats doivent choisir deux sujets, au moins, parmi ceux qui sont affichés; les plus forts des concurrents traitent tous les sujets. Comme aux examens semestriels, on relève les compositions à minuit, dernier délai. Ceux qui alors n'ont pas terminé les deux exercices littéraires exigés comme minimum sont mis hors de concours; les professeurs de la circonscription à laquelle appartiennent ces candidats sont punis pour les avoir témérairement présentés. Les candidats, qui obtiennent la note d'excellence dans les quatre séances qui composent l'ensemble des examens sont classés suivant leur mérite respectif et nommés ensuite licenciés ès lettres, jusqu'à concurrence des diplômes à distribuer dans la région où se passe l'examen. Ceux qui sont classés immédiatement après, obtiennent le diplôme de bachelier . . . .

«Les examens du doctorat ès lettres, appelés *Hội thi*, ont lieu tous les trois ans à la capitale : on s'y rend de tous les points du royaume. Les licenciés nouvellement promus, et les anciens, non pourvus d'emplois de l'Etat, viennent s'y présenter. La commission est organisée comme celle des concours régionaux; les formes observées sont les mêmes . . . . . . seulement les sujets à traiter sont plus difficiles. Le roi se plaît souvent à envoyer des sujets de composition, par un homme de sa garde, le jour même de l'examen . . . .

«Ceux dont les compositions méritent les places mises au concours sont admis à l'examen de la cour *(Đình thi)*, et leur nom est inscrit sur une

Vân Tiên vào tạ, xin đi tựu trường.
Trở về thưa với thung đường;
Kinh sư ngàn dặm nhứt đường thẳng ra.
Vân Tiên dự trúng khôi khoa.
Hẳn suy *Nhâm Tý* thiệt là năm nay!
Mấy lời thầy dạy rất hay!
Bắc phương gặp chuột, hẳn rày nên danh!
Vân Tiên vào tạ Triều đình;
Lịnh ban y mão hiển vinh về nhà.
Xây nghe có giặc *Ô Qua*
Phủ vây quan aỉ; binh gia dư ngàn!
Sở Vương phán trước ngai vàng,
Chỉ sai Quốc trạng dẹp đoàn bầy ong.
Trạng nguyên tâu động đền rồng:
«Xin sai một tướng anh hùng đề binh!

tablette d'honneur *(Chánh bản)*. Ceux qui viennent après dans l'ordre de mérite sont inscrits sur une deuxième tablette *(Phó bản)*. . . . .

«L'examen de la cour a lieu dans le palais même du Roi. Le Souverain donne le sujet de la composition.

»A la suite de l'examen de la cour, les trois premiers de la liste sont proclamés docteurs de première classe. Les compositions suivantes qui ont mérité d'être remarquées ne sont pas classées, mais leurs auteurs sont

Vân Tiên alla prendre congé (de son hôte), et lui demanda la permission de se rendre au concours.

Après être retourné chez lui pour en informer son père,[1]

il accomplit, sans s'arrêter en chemin, le long voyage de la capitale.

Vân Tiên remporta victorieusement la première place dans le concours des docteurs.

Considérant que cette année-là était précisément l'année *Nhâm Tý,*

Il constata la parfaite exactitude des paroles que son maître lui avait dites !

dans la région du Nord il avait rencontré le *Rat,* et voilà qu'il était célèbre !

Vân Tiên se rendit à la cour pour prendre congé du Roi,

qui lui conféra la robe et le bonnet, afin qu'il s'en retournât avec honneur.

Mais voici que, tout à coup, l'on apprend que les guerriers d'*Ô Qua*

ont envahi les postes de la frontière au nombre de plus de mille !

Sở Vương, de son trône d'or

rend une ordonnance par laquelle il charge le Grand lettré de réprimer cet essaim d'abeilles.

Ce dernier, adressant la parole au Roi, s'exprime en ces termes :

« Sire, permettez que je confie à un héros la conduite de l'armée !

proclamés docteurs de deuxième classe. Quant aux compositions de mérite ordinaires elles ne donnent pas lieu à une nouvelle épreuve, mais les auteurs de ces compositions n'ont droit qu'au titre de docteur adjoint. » (Luro, *Le Pays d'Annam,* p. 151 et suiv.)

1) Litt. : « *Retournant — il revient chez lui — (et en) parle respectueusement — avec — le Thưng — de la maison.* » Voy. page 11 la signification du mot *Thưng.*

«Có người họ *Hớn,* tên *Minh,*
«Sức đương *Hạng Võ;* mạnh kình *Trương Phi!*
«Ngày xưa mắc án trốn đi,
«Qui y ở núi *Túy Vi,* ẩn mình.»
«*Sở Vương* phán trước trào đình,
Chỉ truyền tha tội *Hớn Minh,* đòi về.
Sắc phong *phó tướng bình Di.*
Tiên Minh tương hội xiết gì mừng vui!
Nhứt thinh phấn phát oai lôi,
Tiên phuông, hậu tập, cổ hồi tấn binh.
Quan sơn trực chỉ đăng trình,
Lảnh cờ bình tặc pha thành *Ô Qua.*
Làm trai ơn nước nợ nhà;
Thảo cha ngay Chúa, mới là hùng anh!
Phút đâu binh đáo quan thành;

1) Bien que la donnée du *Lục Vân Tiên* soit complètement imaginaire et *Sở vương* un roi fictif, on retrouve dans ces vers un grand nombre de traits de mœurs appartenant à la vie réelle. C'est, du reste, probablement à cette particularité que ce poème doit la plus grande partie de la popularité dont il jouit. Comme le roi *Sở Vương* le fait ici, les souverains de la Cochinchine ont été d'une libéralité inouie et ont fait preuve d'une

«C'est un homme de la famille *Họ*, dont le petit nom est *Minh*.

«Pour la force, on peut le comparer à *Hạng Võ;* pour le courage, il »égale *Trương Phi*.

«Jadis il s'enfuit à la suite d'une condamnation,

«et se cacha, sous une robe de bonze, dans la montagne de *Túy Vi*.»

Sở Vương, au milieu de sa cour, ordonna par un édit

que *Hớn Minh*, pardonné, revînt (dans la capitale),

et lui conféra le titre de « *Général en second,*[1] *pacificateur des Barbares* ».

Qui dira la joie de *Tiên* et de *Minh* alors qu'ils se retrouvèrent?

Après que le tonnerre imposant du canon eût donné le signal aux troupes,

à l'avant-garde, sur les derrières, le tambour battit, l'armée s'ébranla.

On marche droit aux postes de la frontière en gravissant les sentiers de la montagne,

et l'étendard que l'on porte annonce l'apaisement de la révolte, la destruction des remparts d'*Ô Qua*.

Tous se conduiront en hommes désireux de payer leur dette à leur pays.

Pieux envers l'auteur de leurs jours, fidèles envers leur souverain tels se comportent les héros!

Tout à coup l'armée arrive devant la forteresse;

imagination inépuisable en ce qui concerne les titres d'honneur qu'ils accordaient, soit à leurs généraux à l'occasion d'une victoire remportée sur l'ennemi, soit à eux-mêmes en souvenir d'événements quelquefois très insignifiants de leur règne. On peut le constater en lisant les annales de la Cochinchine, soit dans le texte chinois, soit dans les résumés qui en ont été publiés en annamite tant par *M. Trương Vĩnh ký* que dans le *Gia định báo.*

Ô Qua xem thấy, xuất hành cự đang.
Tướng *Phiên* đôi gã đường đường;
Một chàng *Hỏa Hổ*, một chàng *Xích Long;*
Lại thêm *Cốt Độc* nguyên nhung,
Mặt hùm, râu đỏ, tướng hung lạ lùng.
Hớn Minh ra sức tiên phong,
Đánh cùng *Hỏa Hổ Xích Long* một hồi.
Hớn Minh chùy giáng dường lôi;
Hai chàng đều bi, mọt hồi mạng vong!
Nguyên nhung *Cốt Độc* nổi xung;
Hai tay xách búa, đánh cùng *Hớn Minh.*
Hớn Minh thần lực nan kình;
Thấy chàng hóa phép, giùn mình trở lui.
Vân Tiên đầu đội kim khôi,
Tay cầm siêu bạc, mình ngồi ngựa ô,
Một mình nhắm trận lướt vô.
Thấy người *Cột Độc* biến đồ yêu ma,
Vội vàng quày ngựa trở ra.

A sa vue, les *Ô Qua* font une sortie, et lui présentent la bataille.

Les généraux de *Phiên* sont deux guerriers égaux en vigueur;

L'un s'appelle *Hỏa Hổ;* l'autre se nomme *Xích Long;*

Puis il y a *Cốt Độc,* le général en chef,

face de tigre, barbe rousse, à l'aspect étrange et féroce.

Hớn Minh fait donner l'avant-garde;

il charge tout à la fois et *Hỏa Hổ* et *Xích Long.*

Sa masse d'armes descend, rapide comme la foudre;

atteints tous deux, tous deux ils meurent!

Le général en chef *Cốt Độc,* bouillonnant de colère

une hache dans chaque main, vient livrer bataille à *Hớn Minh.*

Toutes les forces de ce dernier ne suffisent point à soutenir le choc.

Voyant que son adversaire a recours à des sortilèges, il frissonne et lâche pied.

Vân Tiên, un casque d'or sur la tête,

une lance d'argent à la main, monté sur un cheval noir,

Jette un regard sur la bataille; seul, il s'avance,

et voyant *Cốt Độc,* qui, proférant des paroles magiques, fait apparaître les démons,

rapide, il tourne bride et s'éloigne.

Truyền quân trảm cẩu, máu thoa ngọn cờ.
Ba quân gươm giáo đều đơ;
Yêu ma xem thấy, một giờ đều tan!
Phép tà *Cốt Độc* hết phang,
Phừng phừng nỗi giận, đánh chàng *Vân Tiên*.
Trung tiên tả hữu lưỡng biên,
Trang nguyên *Cốt Độc* đánh liên tối ngày.
Sa cơ *Cốt Độc* chạy ngay;
Trang nguyên giục ngựa, kíp rày đuổi theo.
Đuổi sang khỏi đặng bảy đèo!
Nguyên nhung *Cốt Độc* vận nghèo nài bao!
Chạy ngang qua núi *Ô Sào*,
Phút đâu ngựa sa xuống hào! Thương ôi!
Trang nguyên, chém *Cốt Độc* rồi,
Đầu treo cổ ngựa, phản hồi bổn quân.
Ôi thôi! Bốn phía đều rừng!
Trời đà tối mịch; lạc chừng gần xa!
Môt mình lạc nẻo vào ra,

Il commande à ses soldats d'égorger un chien et de frotter de son sang le sommet de leur étendard.

Tous les combattants en souillent leurs armes,

et les monstres, à cette vue, s'évanouissent aussitôt!

Cốt Độc ayant épuisé toutes les ressources de son art magique,

Transporté de colère, se précipite sur *Vân Tiên*.

Au centre, à l'avant-garde, à l'aile gauche, à l'aile droite,

le Grand lettré et *Cốt Độc* combattent sans répit jusqu'à la fin du jour.

Hors d'état de continuer la lutte, le second s'enfuit tout à coup,

et le Grand lettré, stimulant son coursier, s'élance, rapide, à sa poursuite.

Ils franchissent ainsi sept collines!

Combien terrible fut le sort de *Cốt Độc*, le général en chef!

Dans sa course il traversait la montagne d'*Ô Sào*,

quand tout à coup son cheval vint à rouler dans un fossé! Ah! plaignez le!

Vân Tiên lui trancha la tête, puis,

l'ayant suspendue au cou de son cheval, il (se mit en devoir) de rejoindre les troupes.

Mais, ô désappointement! de toutes parts la forêt l'environne!

Le ciel est noir; il ignore à quelle distance il se trouve (de son armée)!

Isolé, égaré, ne sachant quelle direction prendre.

Lần theo đường núi; phút đà tan canh.
Một mình trông chốn non xanh;
Biết ai mà hỏi lộ trình trở ra?
Đoạn nầy tới thứ *Nguyệt Nga.*
Ở đây tính đã hơn ba năm rồi.
Đêm khuya chong ngọn đèn ngồi;
Chẳng hay trong dạ bồi hồi việc chi.
« *Quan Âm* thuở trước nói chi?
« Eó le phỉnh thiếp! Lòng ghi nhớ hoài!
« Đã đành đá nát vàng phai!
« Cũng nguyện xuống chốn *Diêm đài* tìm nhau!
« Khôn trông mống bảy đêm thu!
« Khôn trông bầy quạ đội cầu đưa sao!
« Phải chi hỏi đặng *Nam Tào*
« Đêm nay cho đến đêm nào gặp nhau! »

1) Litt. : « *Tout aussi bien — je désire — descendre dans le lieu — du palais de Diêm — (pour nous) rencontrer — mutuellement.* » « *Diêm đài, le palais de Diêm* » est un des noms de l'enfer payen. Ce « 閻 *Diêm,* 閻羅王 *Diêm la vương,* 閻君 *Diêm quân* » ou 閻摩羅社 « *Diêm ma la xã* » est le roi des enfers, le *Rhadamante* des bouddhistes chinois, répondant au *Yama*

il suit les chemins de la montagne; la nuit arrive sur ces entrefaites.

Il s'enfonce, isolé, dans la forêt ombreuse;

où trouverait-il quelqu'un pour lui montrer le chemin du retour?

Revenons maintenant à *Nguyệt Nga*.

Depuis plus de trois ans déjà elle séjournait en ce lieu.

Tard dans la nuit elle veillait, assise près de sa lampe allumée,

quand tout à coup elle ressentit dans son cœur un trouble indéfinissable.

« Que me dites-vous jadis, ô *Quan Âm*? pense-t-elle.

« Bizarre divinité, (pourquoi m'avoir abusée)? Vos paroles, gravées » dans mon cœur, se représentent sans cesse à ma mémoire!

« Je suis résolue à surmonter tous les obstacles!

« Dussé-je descendre aux enfers[1] pour le chercher, pour qu'il me » cherche!

« Cette nuit du septième jour, je n'ose espérer la voir.

« Je n'espère point que sur le *Pont des corbeaux* nos étoiles puissent » passer![2]

« Ah! s'il m'était donné d'interroger les *Nam Tào*[3]

« en la présente nuit, pour connaître celle qui doit l'un à l'autre nous réunir!

des Hindous. Il a commencé à être connu en Chine à l'époque de la dynastie des *Song*. (Voy. Wells Williams, au caract. 閻.)

2) Litt. : « *Ne pas — j'espère que — le vol — des corbeaux — portera sur la tête — le pont — pour conduire — les étoiles!* » (Voy. le texte de Janneaux, à la note sur le vers 1248.)

3) Les *Nam Tào* sont des génies chargés de tenir les registres où est inscrite la destinée humaine et notamment la vie et la mort.

Nguyệt Nga gượng giải cơn sầu,
Xãy nghe lạc ngựa ở đâu tới nhà.
Kêu rằng : « Ai ở trong nhà
« Đường về quan ải chỉ ra cho cùng! »
Nguyệt Nga ngồi sợ hãi hùng;
Vân Tiên xuống ngựa, thẳng xông bước vào!
Lão bà ứng hỏi : « Người nào
« Đêm khuya, lạ mặt, có vào nhà ta?
« Ở đây vốn những đơn bà!
« Sao mà nam tử phép mà chẳng kiêng? »
Vân Tiên mới nói sự tình :
« Tôi là Quốc trạng Trào đình sai ra
« Đem binh dẹp giặc *Ô Qua*.
« Lạc chừng, đến hỏi thăm nhà bà đây. »
Lão bà nghe nói sợ thay!
« Xin ông chớ chấp tôi nay mụ già! »
Vân Tiên ngồi nhắm *Nguyệt Nga*;
Đoái nhìn bức tượng, lòng đà sanh nghi.

(Tandis) que *Nguyệt Nga* s'efforce de chasser les sombres pensées (qui l'assiégent),

Voici qu'on entend tout à coup résonner les grelots d'un cheval, qui, venant on ne sait d'où, se dirige vers la maison.

Une voix se fait entendre : « Qui que vous soyez, habitants de cette » demeure,

« Veuillez m'indiquer le chemin qu'il me faut prendre pour rallier le » poste de la frontière ! »

Pendant que la terreur cloue *Nguyệt Nga* sur son siége,

Vân Tiên, descendant de cheval, entre droit dans la maison !

A sa vue, la vieille dame s'écrie : « Quel est cet homme

« qui, inconnu, au milieu de la nuit, pénètre dans ma demeure?

« Il n'y a ici que des femmes !

« Comment un homme ose-t-il ne point s'abstenir d'y entrer ? »

Vân Tiên aussitôt s'explique.

« Je suis, dit il, le Grand lettré du royaume, envoyé par Sa Majesté

« pour diriger les troupes, et dompter la révolte d'*Ô Qua*.

« Égaré dans mon chemin, je suis venu ici vous prier de me l'indiquer. »

De la vieille dame, à ces mots, quelle ne fut pas la terreur !

« Veuillez Seigneur, dit-elle, excuser une pauvre femme ! »

Vân Tiên s'assied, et considère *Nguyệt Nga* ;

puis, regardant le portrait, il conçoit déjà des soupçons.

Hỏi rằng : « Tượng ấy tượng chi?
« Khen ai khéo vẻ dung nghi giống mình!
« Đầu đuôi chưa rỏ sự tình!
« Xin bà khá nói tánh danh cho tường! »
Lão bà chẳng dám nói gian.
« Tượng nầy vốn thiệt chồng nàng ngồi đây! »
Tiên rằng : « Nàng xách lại đây!
« Nói trong tên họ tượng nầy! Ta nghe! »
Nguyệt Nga lòng rất kiêng dè.
Mặt thời giống mặt; người e lạ người!
Ngồi che tay áo, hổ ngươi;
Vân Tiên thấy vậy mỉm cười một khi.
Rằng : « Sao nàng chẳng nói đi?
« Hay lời ta hỏi động chi chăng là? »
Nguyệt Nga khép nép thưa qua:
« Người trong bức tượng tên là *Vân Tiên*.
« Chàng đà vê chốn *Cửu tuyền*;

«Quelle est cette image? demande-t-il.

«J'admire avec quel art on y a reproduit des traits semblables aux »miens!

«Tout n'est point clair encore en cette affaire!

«Apprenez-moi, je vous prie, madame, le nom et le petit nom du »modèle!»

La vieille dame n'osa pas mentir.

«En vérité! dit-elle, c'est le portrait du fiancé[1] de la jeune fille que »vous voyez assise ici!»

«Mademoiselle, dit *Tiên*, veuillez l'apporter près de moi,

«et me dire le nom et le petit nom de la personne qu'il représente. »J'écoute votre réponse!»

Nguyệt Nga se montre pleine d'une respectueuse réserve.

Le visage lui semble le même; mais la personne n'est elle point différente?

Elle reste assise, voilant des manches de sa robe son visage rougissant.

A cette vue, *Vân Tiên* quelque peu sourit.

«Pourquoi donc, reprend-il, ne répondez-vous pas, jeune fille?

«Vous aurais-je par mes questions blessée en quelque manière?»

Nguyệt Nga, redoublant de réserve, répond:

«L'homme que représente cette image a pour petit nom *Vân Tiên*.

«Il est retourné au séjour des *Neuf sources*;

1) Le texte porte «*chồng*»; mais on ne pourrait dire en français «le *mari* d'une *jeune fille*».

« Thiếp lăm trọn đạo, lánh miền gió trăng! »
Vân Tiên nghe nói hỏi phăn:
« Chồng là tên ấy; vợ rằng tên chi? »
Nàng bèn tỏ thiệt một khi;
Vân Tiên vội vả xuống quì chấp tay.
Thưa rằng : « Nay gặp nàng đây,
« Xin đền ba lạy! sẽ bày nguồn cơn.
« Lời thề thệ hãi minh sơn!
« Mang ơn trước, phải đền ơn cho rồi!
« *Vân Tiên* vốn thiệt tên tôi!
« Gặp nhau, nay đã phỉ rồi ước mơ! »
Nguyệt Nga bẩn lẳng bơ lơ.
Nửa tin rằng : « Bạn! » nửa ngờ rằng : « Ai? »
Thưa rằng : « Đã thiệt là ngài,
« Khúc nôi xin cứ đầu bài phân qua! »

1) Litt. : « *La concubine — est déterminée à — suivre complètement — (sa voie — (et) à fuir — la région — du vent — (et) de la lune.* » — *Kẻ gió trăng, celui qui (est comme) le vent et la lune* », c'est un homme perfide, un trompeur; *Miền gió trăng* est le séjour où se trouvent de semblables hommes, c'est-à-dire le monde.

«pour moi, j'ai résolu de lui rester à jamais fidèle, et de me séparer »de ce monde trompeur[1]!»

L'entendant parler ainsi, *Vân Tiên* lui adresse une question (nouvelle).

«Vous me dites le nom de l'époux; mais quel est celui de l'épouse?»

La jeune fille aussitôt le lui fait franchement connaître.

Vân Tiên se précipite à ses genoux, et lui dit en joignant les mains:

«Puisqu'en ce lieu aujourd'hui je vous retrouve,

«Permettez que je me prosterne à trois reprises devant vous[2]! je »vous raconterai tout ensuite!

«Vous gardâtes votre serment avec une fidélité inviolable[3]!

«J'ai été favorisé de vos bienfaits; je dois donc à mon tour me montrer reconnaissant!

«En vérité, *Vân Tiên* est mon nom!

«Maintenant que nous sommes réunis, je suis au comble de mes vœux!»

Nguyệt Nga est plongée dans la stupéfaction.

croyant à moitié, elle dit; «C'est mon époux!» doutant à moitié, elle se demande qui ce peut être.

«Si vous êtes bien *(Vân Tiên)*, lui dit-elle,

«Racontez moi, dès l'origine, ce qui se passa entre nous!»

2) Litt. : «*Je demande à — m'acquitter — (par) trois — prosternements; — (ensuite) j'exposerai — la cause!*»

3) Litt. : «*Les paroles — de (votre) serment — (ont été) jurer — la mer — et faire un pacte sur — les montagnes*». L'auteur de *Lục vân tiên* a retourné ici la formule chinoise bien connue «海誓山盟 *Hải thệ sơn minh,*» litt.: «*(Un) serment de (par) la mer (et un) pacte des (par les) montagnes.*»

Vân Tiên dẫn tích xưa ra;
Nguyệt Nga khi ấy khóc oà như mưa!
Ân tình càng kể, càng ưa!
Mẳng còn bịn rịn, trời vừa sáng ngay.
Xẩy nghe quân ó vang dầy;
Tư bề rừng bụi khắp bày cang qua.
Vân Tiên lên ngựa trở ra,
Thấy cờ đề chữ hiệu là: « *Hớn Minh.* »
Hớn Minh khi ấy dừng binh;
Anh em mừng rỡ tỏ tình cùng nhau.
Minh rằng: « Tẩu tẩu ở đâu?
« Đặng em ra mặt chị dâu thể nào! »
Vân Tiên đem *Hớn Minh* vào;
Nguyệt Nga đứng dậy, miệng chào có duyên.
Minh rằng: « Tưởng chị ở *Phiên*,
Quyết đem binh mã sang miền ô *Qua!*

1) « *Tẩu Tẩu* » est une expression du chinois moderne qui signifie littéralement « *la femme de mon frère aîné* » mais qui correspond en réalité à notre mot « *madame* ». Je devrais donc, pour être absolument exact, traduire cette fin de vers par les mots: « *Où est madame?* » Mais cette manière de parler appartient, en français, au style de la conversation familière et même

Vân Tiên fait le récit de l'aventure d'autrefois;

Alors *Nguyệt Nga* fond en larmes.

Plus *Vân Tiên* s'étend sur le service (rendu) et l'affection (qui s'en suivit), plus son cœur est heureux (de l'entendre),

Tandis qu'ils sont encore tout entiers à leurs souvenirs, les premières lueurs du jour se répandent dans le ciel.

Tout à coup, l'on entend les appels retentissants des soldats,

et dans tous les coins de la forêt, l'on voit apparaître des armes.

Vân Tiên monte à cheval, il allait rejoindre (les troupes),

Lorsque tracé sur une bannière, il aperçoit le nom de *Hớn Minh.*

Ce dernier arrête alors la marche de ses soldats,

Les deux amis se livrent à la joie, et se mettent mutuellement au courant.

« Où est la jeune dame? [1] dit *Minh.*

« Présentez moi à elle! Que je connaisse ma belle-sœur! »

Vân Tiên introduit *Hớn Minh.*

Nguyệt Nga se lève, et lui adresse gracieusement des paroles de bienvenue.

« Je vous croyais, dit *Minh,* entre les mains des barbares,

« et j'avais résolu de porter ma cavalerie jusque dans le pays d'*Ô Qua;*

un peu vulgaire. Du reste, l'auteur ne met pas sans intention dans la bouche de *Hớn Minh* une expression qui signifie primitivement *« ma belle-sœur »*; car on trouve au vers suivant le terme annamite correspondant. C'est que *Hớn Minh* considère véritablement *Vân Tiên* comme un frère aîné d'adoption.

Mầng rầy sum hiệp một nhà!
Giặc đà an giặc; Âu ca hồi trào!
Tiên rằng : « Nàng tính làm sao? »
Nàng rằng : « Phu tướng hồi trào tâu lên,
« Ngỏ nhờ lượng cả bề trên,
« Lịnh tha tội trước; mới nên về nhà! »
Trạng nguơn từ giả lão bà.
Dặn dò, gởi lại *Nguyệt Nga* ít ngày.
« Tôi về dưng bức tượng nầy,
Tâu xin miễn tội, rước ngay về nhà! »
Tiên Minh lên ngựa trở ra,
Đem binh trở lại trào ca đề huề.
Sở Vương nghe Trạng nguơn về,
Sai quan tiếp rước vào kề bên ngai.
Sở Vương bước xuống kim giai;
Tay bưng chén rượu; thưởng tài Trạng nguyên.
Phán rằng : « Trẫm sợ nước *Phiên;*
« Có người *Cốt Độc* phép tiên lạ lùng!

«Mais nous voici maintenant, grâce au Ciel, réunis dans la même »demeure!

«Voilà la guerre terminée; avec des chants de triomphe nous allons »retourner à la capitale!»

Tiên dit: «Que comptez-vous faire, mademoiselle?»

«Chef des guerriers, ô mon époux!» lui répondit la jeune fille, «il »vous faut retourner à la cour et vous adresser au Roi,

«afin que, grâce à sa clémence souveraine,

«j'obtienne d'abord une ordonnance de pardon. Alors je pourrai »enfin retourner dans ma demeure!»

Le Grand lettré remercia la vieille dame.

Il lui fit ses recommandations, et lui confia *Nguyệt Nga* pour quelques jours.

«Je retourne vers le Roi, dit-il, pour lui présenter ce portrait;

«Je lui demanderai votre grâce, et vous reconduirai droit à votre »maison!»

Tiên et *Minh* montèrent à cheval et rebroussèrent chemin,

ramenant à la capitale les nombreux guerriers de l'armée.

Sở Vương, apprenant le retour du Grand lettré,

envoya au devant de lui des officiers chargés de l'amener devant son trône, en lui servant d'escorte d'honneur.

Le Roi descendit au bas des marches d'or.

Il tenait à la main une coupe de vin, récompense de la vaillance du Grand lettré.

«Le royaume de *Phiên*, dit-il, nous avait inspiré de la crainte,

«à cause du pouvoir surnaturel et merveilleux de *Cốt Độc*;

«Nay đã trừ *Cốt Độc* xong,
«Thiệt Trời sanh Trạng giúp trong nước nhà!
«Phải chi sớm có Trạng ra
«Làm sao đến nỗi *Nguyệt Nga* cống hồ?
«Lịnh truyền khai yến trào đô!
«Rày mừng trừ đảng giặc *ô Qua* rồi.»
Trạng nguơn quì tấu trước ngôi,
Nguyệt Nga các việc đầu đuôi rỏ ràng.
Sở Vương nghe tấu ngở ngàng!
«Bấy lâu Trẩm tưởng rằng nàng ở *Phiên!*
«Chẳng ngờ nàng vối Trạng nguyên
«Cùng nhau trước có nhơn duyên thuở đầu!»
Thái sư trước bệ quì tâu:
«*Ô Qua* phản động bấy lâu cũng vì;
«Trá hôn oán ấy còn gây!
«*Nguyệt Nga* vốn thiệt tội thì khi quân!»

1) Litt. «*(L'action de) frauder — le mariage — cette vengeance — encore — a suscité.*» Il est impossible, en français, de se rapprocher d'une pareille concision.

«mais maintenant *Cốt Đột* n'est plus,

«et véritablement le Ciel a fait naître le Grand lettré pour venir
»en aide à notre royaume!
«Plût au ciel que le Grand lettré se fût révélé plus tôt!

«Nous n'eussions point été réduits à offrir en tribut *Nguyệt Nga!*

«Que dans notre palais un festin soit servi!

«Nous fêterons en ce jour la répression des rebelles *Ô Qua!*»

Le Grand lettré, fléchissant le genou devant le trône,

exposa clairement et dans tous ses détails l'affaire de *Nguyệt Nga.*

A ce récit, *Sở Vương* fut frappé d'un étonnement profond,

et dit : «Nous avions cru jusqu'à ce jour cette jeune fille dans le
»pays de *Phiên!*
«Nous ignorions qu'avec le Grand lettré

«elle eût antérieurement formé des projets d'union.»

Le *Thái Sư* fléchit le genou devant les degrés du trône.

«Depuis longtemps, dit-il, les révoltes des *Ô Qua* n'ont pas laissé que
»d'inspirer des craintes,
«et la cause de cette (dernière) querelle est encore un changement
»frauduleux d'épouse[1]!
«*Nguyệt Nga,* véritablement, est coupable de félonie[2]!»

2) C'est le sens propre de l'expression chinoise *Khi quân* dont la signification littérale est *tromper le Prince.*

Trạng Nguơn mặt đỏ phừng phừng
Bèn đam bức tượng, quì dưng làm bằng.
Sở Vương xem tượng phán rằng:
« *Nguyệt Nga* trinh tuyết vì bằng người xưa!
« Thái sư trước chẳng lo lừa.
« Thiếu chi dân thứ, mà đưa tới nàng?
« Dầu cho nhựt nguyệt rổ ràng,
« Khôn soi chậu ốp! Cũng mang tiếng đời!
« Ngay gian chứng có Đất Trời!
« Việc nầy vì trẫm nghe lời nên oan! »
Trạng nguyên tâu trước trào đàng:
« Thái sư trữ đữơng tôi gian trong nhà!
« *Trịnh Hâm* là đứa gian tà
« Hại tôi buổi trước cũng đã ghe phen! »
Sở Vương phán trước bệ tiền:
« Những ngờ tướng ngỏ tôi hiền mà thôi!

1) Le roi *Sở vương* compare sa sagesse à la lumière du soleil et de la lune, et fait comprendre par cette figure que si elle a été mise en défaut, c'est par suite de l'ignorance dans laquelle on l'avait intentionnellement laissé.

Le Grand lettré, le visage enflammé de colère,

apporte aussitôt le portrait; il s'agenouille et le présente en témoignage (de la vérité de sa parole).

Sở Vương l'examine et dit:

« *Nguyệt Nga,* pour la chasteté, peut être comparée aux femmes des » temps anciens!

« Le *Thái Sư,* dès l'abord, avait agi sans réflexion.

« Manquait-il donc de femmes du peuple, pour s'adresser à cette jeune » fille?

« Bien que le soleil et la lune brillent à tous les yeux,

« encore ne peuvent-ils éclairer l'intérieur d'un vase renversé[1]! C'est » ainsi que, par la voix publique, nous avons été trompé!

« (Mais) les bons comme les méchants sont sous les yeux du Ciel et » de la Terre!

« Si dans l'affaire présente, une injustice a été commise, elle est imputable à notre crédulité! »

(Alors) le Grand lettré, en présence de toute la cour, porta les accusations suivantes:

« Dans sa maison le *Thái Sư* nourrit un sujet coupable!

« *Trịnh Hâm* est un homme pervers

« qui, plus d'une fois déjà, a voulu me faire périr. »

(Debout) devant son trône[2], *Sở Vương* parla comme il suit:

« Jusqu'à ce jour nous avions cru posséder en cet homme un ministre » sage, un serviteur fidèle!

2) Litt. : « *Sở vương — parla — devant — de la plateforme du trône — le devant.* »

«Vầy cũng đạo chúa ngãi tôi,
«Thái sư ý muốn cướp ngôi chín trùng!
«*Hán* xưa có gả *Đông công*
Nuôi thằng *Lữ Bố* cướp dòng nhà *Lưu*.
«Đời xưa tôi nịnh biết bao!
«Thái sư, nay, có khác nào người xưa?
«Thấy người trung chánh, chẳng ưa.
«Rấp ranh kế độc, lập lừa mưu xa!
«Đến nay mới rỏ chánh tà!
«Cũng vì thuở trước tại ta lỗi dùng!
«Thôi! Thôi! Trẫm cũng rộng dung!
«Thái sư cách chức, về cùng dân gian!
«*Trịnh Hâm* là đứa bạo tàn;
«Giao cho Quốc trang liệu toan phép hình.
«*Nguyệt Nga* là gái trung trinh;
«Sắc phong «*Quận chúa hiển vinh trào đàng!*»
«*Kiều Công* xưa mắc tội oan;

1) Litt. : «*Le Thái sư, — (quant à son) dessein, — voulait — s'emparer par violence de — la dignité — des neuf — degrés.*»

« Ainsi donc, tout en feignant de remplir les devoirs d'un loyal sujet,

« Le *Thái Sư* méditait d'usurper l'autorité suprême[1]!

« *Đông Công*, au temps des *Hán*,

« entretenait *Lữ Bố* pour arracher le pouvoir à la maison de *Lưu*.

« L'on a vu, dans l'antiquité, bien des sujets infidèles;

« (mais) de nos jours, le *Thái Sư* ne le cède en rien à ceux d'autrefois!

« La vue d'une personne droite et sincère a excité son déplaisir.

« Il a nourri de noirs dessins, ourdi des trames compliquées!

« Nous savons enfin aujourd'hui quel est le cœur loyal, quel est le » cœur pervers!

« Dans notre erreur, nous nous étions choisi un serviteur (indigne)!

« Mais, c'est assez! Malgré tout, nous voulons nous montrer clément!

« Nous dépouillons le *Thái Sư* de sa dignité. Qu'il rentre dans le » sein du peuple!

« *Trịnh Hâm* est un homme cruel et pervers.

« Nous laissons au Grand lettré le soin de décider de son supplice.

« *Nguyệt Nga* est une jeune fille pure et chaste.

« Nous lui décernons le titre de *Princesse du second rang*[2] *illustre à » la face de la cour!*

« *Kiều Công*, ayant été accusé injustement,

2) *Quận chúa* ou *Quận quân* est le titre que portent les filles des princes du premier rang.

« Nay cho phục chức, làm quan *Đông Thành*.
« Trạng ngươn dẹp giặc đã bình;
« Kiệu vàng tám bạc, hiển vinh về nhà! »
Bái chầu; chư tướng đều ra;
Trạng nguơn thỉnh hết dinh hoa sang ngồi.
Họ *Vương*, họ *Hớn*, họ *Bùi*
Cùng nhau ăn uống đều vui, đều cười.
Trạng ngươn mới hỏi một lời:
« *Trịnh Hâm*, tội ấy, các người tính sao? »
Truyền quân dẫn *Trịnh Hâm* vào.
Mặt nhìn khắp hết, miệng chào: « Các anh! »
Minh rằng: « Ai mượn kêu *anh?*
« Trước đà đem thói chẳng lành, thời thôi!
« Kéo ra chém quách cho rồi!
« Để chi gai mắt, đứng ngồi căm gan? »
Trực rằng: « *Minh* nóng, nói ngang!
« Giết ruồi, ai dùng gươm vàng? Làm chi?

1) Litt. : » *Minh — dit : — Qui — emprunte — (le droit de nous) appeler — amis?* » *Hớn minh* veut dire par là qu'il n'admet pas que *Trịnh hâm* ait le

«Nous lui rendons ses dignités, et le créons gouverneur de *Đông* » *Thành*.

«Au Grand lettré, qui a réprimé la révolte et rétabli la paix,

«Nous octroyons un palanquin d'or, un parasol d'argent, pour qu'il » retourne, glorieux, dans sa demeure!»

L'audience terminée, les grands dignitaires se retiraient,

quand le Grand lettré les invita tous à venir, dans son palais, prendre place (à un festin).

Tandis que *Vương*, *Hớn* et *Bùi*

buvant et mangeant, s'abandonnaient à la joie,

le Grand lettré, en quelques mots, leur adressa la question suivante:

« Que dois-je, à votre avis, décider du coupable *Trịnh Hâm?* »

Puis il ordonna à ses gardes d'introduire le coupable.

Ce dernier les regarda tous, et du nom d'amis sa bouche les salua.

«*Amis!* dit *Minh*, quel est cet homme qui se permet de nous nommer » ainsi?[1]

«Tu n'en as point, jusqu'à ce jour, agi en ami! C'est assez!

«Qu'on l'entraîne et qu'à l'instant l'on fasse voler sa tête!

«Que sa présence n'offense plus nos regards, ne nous fasse plus » frémir de colère!»

«Dans son irritation, *Minh* déraisonne, dit *Trực*.

«Qui prend un glaive d'or pour tuer une mouche?

droit de les désigner par le nom d'*amis;* car on *n'emprunte* que ce qu'on ne *possède* pas. Telle est, je crois, l'explication logique de ce singulier idiotisme.

«Xưa nay, những đứa vô nghì,
«Dầu cho nó sống, làm gì nên thân?»
Hâm rằng: «Nhờ lượng cố nhơn!
«Vốn tôi mới dại một lần! Xin dung!»
Trạng rằng: «Hễ đứng anh hùng
«Nào ai có giết đứa khùng? Làm chi?
«Thôi! Thôi! Ta cũng rộng suy!
«Truyền quân mở trói, đuổi đi cho rồi!»
Trịnh Hâm khỏi thác rất vui.
Vội vàng cúi lạy, chơn lui ra về.
Còn ngươi *Bùi Kiệm* máu dê
Ngồi chề bề, mặt như sề thịt trâu!
Hớn Minh Tử Trực vào tâu,
Xin đưa Quốc trạng kịp chầu vinh qui.
Một ngươi *Bùi Kiệm* chẳng đi;
Trong lòng hổ thẹn, cũng vì máu dê.
Trạng nguơn xe giá chỉnh tề

1) Litt.: «*Assez! — Assez! — Moi — aussi — libéralement — je pense!*»
2) Litt.: «*Il était assis — occupant une large place, — son aspect — était comme — un panier — du chair — de buffle.*»

«De tout temps les hommes sans cœur,

«bien que (laissés) vivants, n'ont pu réussir en rien!»

«J'invoque, dit *Hâm,* l'avis d'un ancien ami!

«Je fus fou un jour; pardonnez!»

«Un homme à l'âme haut placée,

«fit-il jamais périr un insensé?» dit le Grand lettré. «A quoi bon?

«Mais il suffit! Moi aussi je veux me montrer magnanime![1]»

«Gardes! Déliez le! Qu'on le chasse, et que tout soit dit!»

Trịnh Hâm fut bien joyeux d'échapper à la mort.

S'étant prosterné à la hâte, il se retira et retourna dans sa maison.

Quant au licencieux *Bùi Kiệm*

tel qu'un informe amas de chair[2], il restait affaissé sans mot dire!

Hớn Minh et *Tử Trực* allèrent demander au Roi,

qu'il leur permît d'escorter le Grand lettré, qui retournait, glorieux, dans sa famille.

Seul *Bùi Kiệm* s'abstint de le faire

honteux qu'il était dans son cœur d'avoir laissé voir la bassesse de ses instincts[3].

Le Grand lettré, avec un cortége de chars,

3) Litt. : «*Dans — (son) cœur — il était confus, — aussi — à cause de — (son) sang — de chèvre.*»

Sai quân hộ vệ rước về *Nguyệt Nga.*
Bạc vàng đem tạ lão bà.
Nguyệt Nga từ tạ, thẳng qua *Đông Thành.*
Vỏng điều, gươm bạc, lọng xanh!
Trạng nguơn, *Tử Trực, Hớn Minh* lên đường.
Trịnh Hâm về tới *Hàn Giang,*
Sóng thần nổi dậy, thuyền chàng chìm ngay!
Trịnh Hâm bị cá thần rày;
Rày Trời quả báo! Lẽ nầy rất ưng!
Thấy vầy, nên dửng dừng dưng!
Làm người ai nấy thời đừng bất nhơn!
Tiểu đồng trước giữ mồ phần.
Ngày qua, tháng lại, đã gần ba năm.
Của đi khuyên giáo mấy năm;
Tính đem hài cốt về thăm quê nhà.
Hềm chưa thuê đặng người ta!
Còn đương thơ thẩn vào ra *Đại Đề.*

1) Litt. : « *En voyant ainsi, — il convient — d'être saisi d'étonnement — de s'arrêter — et de sentir ses cheveux se dresser sur la tête!* » Cette expression

envoya des soldats de la garde royale, pour ramener *Nguyệt Nga* (chez son père).

Ils portaient, pour la récompenser, de l'or et de l'argent à la vieille dame.

Nguyệt Nga prit congé d'elle et se rendit directement à *Đông Thành*.

Palanquins rouges, épées brillantes, parasols verts l'accompagnaient.

Le Grand lettré, *Tử Trực* et *Hớn Minh* se mirent en route.

De son côté *Trịnh Hâm* retournait à *Hàn giang*,

quand une vague énorme, s'élevant, fit couler à pic son bateau!

Il devint la proie des poissons,

et reçut du Ciel, vraiment! la juste rétribution de ses crimes!

Devant un pareil exemple, il faut frémir et se corriger[1]!

Tout homme, quel qu'il soit, doit se garder d'enfreindre la loi de l'humanité!

Jusqu'à ce jour, le jeune serviteur avait gardé le tombeau[2].

Les jours, les mois avaient fui; près de trois ans s'étaient écoulés,

et durant ces trois ans, il avait été chantant et demandant l'aumône;

(car) il avait résolu de ramener les ossements de *Vân Tiên* dans son pays natal.

N'ayant pu encore, malheureusement, louer des porteurs (pour exécuter ce dessein),

Il n'avait point quitté *Đại Đê*, où il errait toujours dans la solitude.

curieuse et évidemment cherchée signifie dans son ensemble: «*prendre la résolution de se corriger à la suite d'une impression de terreur.*»

2) Il croyait que le cadavre qui s'y trouvait était celui de son maître.

Trạng nguơn về đến *Đại Đề*,
Truyền quân bày tiệc, lo bề tế riêng.
« Tiểu đồng! Hồn bậu có thiên,
Thỏa tình thầy tớ lòng thiêng ngày nay! »
Đọc văn, nhớ tới, châu mày;
Đôi hàng lụy ngọc tuôn ngay ròng ròng!
Người ngay Trời cũng động lòng!
Phút đâu đã thấy tiểu đồng đến coi!
Trạng nguơn, còn hãy sụt sùi,
Ngó lên bài vị, lại xui lòng phiền;
Tiểu đồng nhắm ngửa nhìn nghiêng.
« Ông nầy sao giống *Vân Tiên?* Cũng kỳ!
« Ông nào thác xuống *Âm ty?*
« Ông nào còn sống, rày thì làm quan? »
Trạng nguơn khi ấy hỏi chàng.
« Phải người đồng tử mắc nàn chốn nầy? »
Mấy năm tớ mới gặp thầy!

Le Grand lettré, en arrivant dans ce lieu,

ordonne à sa suite de préparer un festin, et de tout disposer pour un sacrifice particulier.

«Âme de mon jeune compagnon! dit-il, si tu es douée d'un pouvoir » surnaturel,

«reçois aujourdh'ui cette marque de l'affection qui unit ton maître » à son loyal serviteur!»

Tandis qu'il prononce le discours funèbre, de tristes souvenirs renaissent dans son esprit; il fronce les sourcils,

et de ses yeux coulent deux ruisseaux de larmes!

(Mais) le Ciel, lui aussi, a compassion des âmes sincères!

Tout à coup *Vân Tiên* aperçoit son jeune serviteur qui vient regarder ce qui se passe!

(Pendant que) le Grand lettré, encore plein d'émotion,

levant les yeux vers la tablette mortuaire [1], sent redoubler sa tristesse,

le jeune serviteur le considère avec une attention croissante.

«Comment se fait-il que ce personnage ressemble à *Vân Tiên?*» (se dit-il en lui-même). «C'est étrange!

«Quel est celui qui, mort, est descendu dans l'*Âm ty*?

«Quel est celui qui, vivant encore, est à présent un mandarin?»

A cet instant, le Grand lettré lui adresse la parole.

«Quoi! dit-il, est-ce bien mon petit serviteur que je retrouve misé» rable en ces lieux?»

Après bien des années maître et servant, enfin réunis ensemble,

1) Le *Bài vị* est une tablette sur laquelle on écrit les louanges du défunt, et qu'on applique au devant de l'autel funéraire.

Cùng nhau kể nỗi đắng cay từ ngằn.
Ai dè còn thấy bổn quan?
Ba thu gìn giữ mồ hoang đã rồi!
Trạng nguơn khi ấy mừng vui;
Tớ thầy sum hiệp tại nơi *Đại Đề!*
Doạn thôi xe giá ra về;
Tuần dư phút đã gần kề *Hàn Giang.*
Vỏ Công từ xuống suối vàng,
Thể Loan cùng mụ *Quỳnh Trang* deo sầu.
Mẹ con những mãng lo âu;
Nghe *Vân Tiên* sống, gặp chầu công danh.
« Cùng ta xưa có ân tình;
« Phải ra đón rước lộ trình. Họa may! »
Loan rằng : « Mình ở chẳng hay!
« E người còn nhớ những ngày trong hang! »
Trang rằng : « Con có hồng nhan!
Cho chàng thấy mặt, thời chàng ắt ưa!
Dầu người còn nhớ tích xưa,

se racontent l'un à l'autre tous les détails de leurs épreuves.

Qui eût pensé que (ce jeune homme) devait revoir encore son ancien maître?

Depuis qu'il gardait le tombeau, trois automnes avaient passé déjà!

Le Grand lettré, en ce moment, ressentit une grande joie,

Car le maître et le serviteur se retrouvaient à *Đại Đế!*

Puis le cortége de chars se remit en mouvement,

et après un voyage de plus d'une semaine, on se trouva près de *Hàn Giang.*

Depuis que *Võ Cong* était descendu à la *Source Jaune,*

Thể Loan et la vieille *Quình Trang* vivaient plongées dans un amer chagrin.

Pendant qu'elles étaient en proie aux soucis et à l'inquiétude,

elles apprirent que *Vân Tiên* était vivant, et que l'heure de la gloire avait sonné pour lui.

«Il fut autrefois question de mariage entre nous» (dit la mère);

«Que n'allons nous au devant de lui sur la route? Qui sait?»

«J'en ai mal agi avec lui! dit *Loan,*

«et je crains qu'il ne se souvienne des jours passés dans la caverne!»

«Tu as des charmes encore! dit *Trang,*

«qu'il te voie seulement, et son cœur parlera!

«S'il lui souvient encore de ses anciens griefs,

Mẹ con ta lại đổ thừa *Vỏ Công!*
Cùng nhau bàn luận đã xong,
Soi gương, đánh sáp, ra phòng rước duyên.
Nay đà tới thứ Trạng nguyên!
Hàn Giang đã tới, bổng liền đóng quân.
Bạc vàng, châu báu, áo quần,
Trang nguơn đem tạ đáp ơn ngư tiều.
Ngư tiều nay đặng danh biêu!
Ơn ra một buổi, của nhiều trăm xe!
Trang nguơn chưa kịp trở về,
Thấy *Quình Trang* đã đứng kề trong quân.
Trang rằng: « Tưởng chữ « *hôn nhơn* »,
« Mẹ con tôi đến lễ mừng Trạng nguyên!
« *Vỏ Công* đã xuống *Huýnh tuyền.*
« Xin thương lấy chút thuyền quyên phận nầy! »
Trạng rằng: « Bưng bát nước đầy,
« Đổ ngay xuống đất, hốt rày sao xong?
« Oan gia nợ ấy trả xong!

«nous rejetterons toutes deux les torts sur *Vổ Công!*»

Quand elles se furent bien concertées,

(*Thể Loan*) consulta son miroir, se lissa les cheveux, et se rendit au devant de l'époux (qu'elle convoitait).

Occupons-nous à présent du Grand lettré!

Aussitôt arrivé à *Hàn Giang,* il fit faire halte à ses soldats.

Or, argent, bijoux et vêtements,

le Grand lettré apportait tout cela pour reconnaître les bienfaits du pêcheur et du bûcheron.

Ces deux vieillards, désormais, devenaient des personnages!

Pour un service d'un moment, ils recevaient cent chars pleins de richesses!

Le Grand lettré venait à peine de les quitter,

lorsqu'il aperçut *Quình Trang* debout au milieu de ses gardes.

«Nous nous souvenons, lui dit-elle, des (anciens) projets d'union,

«et nous sommes venues, ma fille et moi, féliciter le Grand lettré!

«*Vổ Công* est descendu à la *Source jaune.*

«Ayez pitié du malheureux sort d'une fille de distinction!»

«Si, portant, dit le Grand lettré, une tasse pleine d'eau,

«on la répand tout à coup à terre, pourrez-vous, de vos mains, en »recueillir le contenu?

«J'ai payé ma dette au malheur en souffrant de votre injustice!

« Thiếu chi nên nổi mà mông tới đòi? »
Hớn Minh Tử Trực đứng coi.
Cười rằng : « Hoa khéo làm mồi trêu ong!
« Khen cho lòng chẳng thẹn lòng!
« Còn mang mặt đến đèo bòng! Nổi chi?
« Ca ca sao chẳng chịu đi
«Về cho tẩu tẩu, để khi xách giày? »
Mẹ con đứng thẹn thuồng thay!
Vội vàng cúi lạy, chơn quày bước ra.
Trở về chưa kịp tới nhà,
Thấy hai ông cọp nhẩy ra đón đàng!
Thẩy đều bắt mẹ con nàng,
Đem vào lại bỏ trong hang *Thương Tùng!*
Bốn bề lấp đá bịt bùng!
Mẹ con than khóc không trông ra rồi!
Trời kia quả báo mấy hồi!
Tiếc công son điểm phấn dồi bấy lâu!

«Dois-je donc encore quelque chose, que vous veniez réclamer ici?»

Hớn Minh et *Tử Trực* debout, regardaient.

«Voilà, dirent-ils, des fleurs bien habiles à attirer les abeilles!

«Elles possèdent, vraiement, une merveilleuse impudence!

«Comment avez-vous l'audace de venir (aujourd'hui) faire cette dé-»marche? Que (croyez-vous donc) y gagner?

«Que ne leur permets-tu de nous accompagner, ô mon frère?

«A notre retour tu les donnerais à notre sœur; elles porteraient ses chaussures!»

La mère et la fille restèrent clouées à leur place par la honte et la confusion!

Se hâtant de se prosterner, elles tournèrent les talons, et s'en furent.

A leur retour, avant d'atteindre leur demeure,

elles aperçurent deux tigres qui, bondissant, leur barraient le chemin.

Ils se saisirent à la fois de la mère et de la fille,

et les portant dans l'antre des *Pins verts*, ils les y abandonnèrent.

Au milieu de cet amas de roches, infranchissable barrière

elles s'abandonnèrent aux pleurs et aux gémissements, sans espoir de jamais sortir (de leur prison)!

Combien souvent le Ciel exerce ses vengeances!

Elles regrettèrent alors tous ces jours perdus aux soins de leur parure[1]!

1) Litt. : «*Elles regrettèrent — la peine — (d'avec) le vermillon — pointer — (et d'avec) le blanc — orner — jusqu'à ce moment.*»

Làm người cho biết ngãi sâu,
Gặp cơn hoạn nạn cùng nhau cho tròn.
Đừng đừng theo thói mẹ con!
Thác, đà mất kiếp, xấu còn bia danh!

Trạng nguơn về đến *Đông thành;*
Lục ông trước đã xây dinh ở làng.
Bày ra sáu lễ sẵn sàng;
Các quan đi họ cưới nàng *Nguyệt Nga.*
Sui gia đã xứng sui gia;
Rày mừng hai họ một nhà thành thân.
Trăm năm biết mấy tinh thần!
Sanh con sau nối gót lân đời đời.

1) Voici quelles sont ces six cérémonies:

1° Le « 納采 *Nạp thể* » offrande des présents faits à la jeune fille.

2° Le « 問姓 *Vấn tánh* » qui consiste à connaître le nom et l'âge des futurs conjoints, et à s'informer s'il y a convenance réciproque.

3° Le « 納吉 *Nạp cát* », qui consiste à tirer des pronostics favorables par le moyen de la divination.

4° Le « 納幣 *Nạp tệ* », par lequel le futur fait à la future le don de pièces de soierie qui serviront à la confection des vêtements qu'elle doit porter après le mariage. Ce don l'engage définitivement.

5° Le « 請期 *Thỉnh kỳ* » qui consiste à fixer le jour de l'union.

Leur exemple fait connaître aux hommes quel est le prix de la justice,

et comment il faut (même) sous les coups de l'adversité, jusqu'au bout rester unis.

Gardez-vous, ah! gardez-vous bien d'imiter la mère et la fille!

Elles sont mortes, elles ont disparu à jamais; cependant le souvenir de leur mauvaise action (persiste) comme s'il était gravé sur une table de pierre!

Le Grand lettré se rendit à *Dông thành*.

Le vieux *Lục* y avait déjà fait construire une maison de belle apparence;

et tout était disposé pour les six cérémonies[1].

Tous les mandarins, vinrent rehausser par leur présence les noces de *Nguyệt Nga*.

Les parents des deux côtés, dignes les uns des autres,

voyaient en ce jour avec joie s'unir leurs deux maisons dans la personne d'époux accomplis.

Longues furent les années de leur bonheur,

et les fils qui naquirent d'eux suivirent d'âge en âge la trace de leurs vertus[3].

6° Enfin le « 親迎 *Thân nghinh* » qui est la célébration du mariage suivie de l'entrée solennelle de la jeune épouse dans la demeure de son mari. Quatre de ces cérémonies sont seules actuellement en usage; la demande, le don des présents nuptiaux, l'accord réciproque des deux parties et la cérémonie du mariage.

2) Litt. : « *Ils donnèrent naissance à — des fils — (qui), dans la suite, — joignirent — leurs talons — de Lân — de génération en génération.* » « *Nối gót, joindre les talons* » est une périphrase qui signifie, au propre comme au figuré « s'attacher aux pas de quelqu'un ». Le nom de l'animal fabuleux appelé « *Lân* » est placé là comme un embellissement poétique, motivé par la position élevée des personnes dont il est parlé dans le vers.

APPENDICE

PIÈCE ADDITIONNELLE

Tôn sư nghỉ lại mấy lời,
Bèn lo một nỗi việc đời chưa xong.
Thương chàng họ *Lục* long dong.
« Ngày sau chi khỏi vào trong *Thương tòng?*
« Phải toan một chước; mới xong!
« Giả làm thích quán giúp trong nạn nghèo.
« Tùy thân linh dược đem theo,
« Đặng mà làm phước, giúp nghèo *Vân Tiên!*
« Thương vì một đứng nhơn hiền

1) Il est des personnes que la fortune favorise, et qui parviennent quand même. Il en est d'autres à qui il est donné de parvenir aussi, mais seulement au prix d'un travail continuel. C'est cette dernière catégorie de gens que désigne l'expression annamite « *Long đong* », qui ne peut se traduire en français que par une périphrase.

2) Le mot « *thích — propension, penchant* » indique, lorsqu'il est joint à

PIÈCE ADDITIONNELLE

Le vénérable maître, réfléchissant à la conversation (qu'il avait eue avec *Vân Tiên*),
était soucieux en pensant que ce dernier n'avait point encore triomphé des difficultés de sa vie.
Il avait compassion de ce descendant de la famille *Lục*, qui ne devait parvenir qu'au prix de peines incessantes [1]
« Comment, se dit-il, pourrait-il éviter dans l'avenir la caverne des » *Pins verts?*
« Il me faut imaginer quelque artifice; c'est ainsi que j'atteindrai » mon but!
« Prenons l'extérieur d'un homme qui exerce par goût la profession « d'aubergiste [2] afin d'aider les malheureux;
« puis chargeons nous d'un remède efficace,
« pour soulager charitablement les souffrances de *Vân Tiên!*
« J'ai pitié de ce sage et vertueux (jeune homme);

un nom de profession ou à quelque autre désignation analogue, que la personne qui se livre à l'occupation dont on parle le fait par goût, et non par suite d'une obligation quelconque.

La traduction littérale stricte de ce vers serait : « *Il feint — de faire — la propension — (du métier d') aubergiste — (pour) aider (Vân Tiên) — dans — l'infortune — (et) le danger* ».

« Lâm cơn mưa nắng cho tuyền thỉ chung!
« Ngày sau cũng đặng tam hùng
« Giúp chung việc nước, đạo đồng hiễn vang! »
Tôn sư bàn luận đã an;
Hóa làm một quán, giữa đàng bán chơi.

VARIANTES

I.

Quân gia vưng lịnh đăng trình.
Bôn hành nhựt dạ; tấc tình quản bao?
Phút đâu đã tới *Ô sao.*
« Âu ta kiếm xóm đặng vào hỏi thăm! »
Nguyệt Nga ngồi tính chăm chăm.
« Chàng về nay đã hai rằm có hơn! »
Việc chi chưa thấu nguồn cơn,
Phút đâu vừa thấy quân nhơn bước vào!
Nguyệt Nga liền hỏi âm hao.

«car il doit, pour accomplir sa destinée, traverser de pénibles épreuves!

«Dans l'avenir surgiront trois héros

«qui viendront en aide à l'Etat; qui animés des mêmes sentiments et »suivant la même voie, deviendront glorieux et illustres!»

Après ces réflexions le maître prend son parti,

et, transformé en aubergiste, il s'établit au milieu du chemin [1].

VARIANTES

I.

Obéissant aux ordres reçus, les soldats se mettent en chemin.

Ils marchent jour et nuit; leur cœur n'a nul souci de (la fatigue)!

Tout à coup ils arrivent à *Ô Sao*.

«Cherchons, disent-ils, un village, afin d'aller nous y renseigner!»

La jeune fille était assise et plongée dans ses calculs.

«Voilà, pensait-elle, plus d'un mois qu'il est retourné (à la cour)!»

Elle n'avait pas encore pénétré la cause du retard (de *Vân Tiên*),

Quand, tout à coup, elle vit un soldat se diriger vers sa demeure!

Aussitôt, *Nguyệt Nga* le pressa de questions.

1) Litt. : «*Devenant — il fait — un — aubergiste; — au milieu de — le chemin — il vend — pour se récréer*».

Quân gia quì gối, lạy vào thưa qua:
« Của nầy đem tạ lão bà;
« Quận Công xin rước đưa qua *Đông thành!* »
Lão bà khen « *đứng hùng anh!* »
Ơn đền, nghĩa trả, nên danh để đời!
Nguyệt Nga dạ hẩy ngùi ngùi.
Hai đường dùi thẳng, chưa xuôi mạch sầu.
Lão bà thấy vậy thương âu.
« Con đừng bịn rịn mối sầu làm chi!
« Mừng rày long phụng khả vi!
« Khuyên con nhứt định mà đi trở về! »
Nguyệt Nga trong dạ ủ ê;
Cúi đầu, từ tạ : « Con về cùng cha!
« Bấy lâu phân cách nước nhà;
« Tưởng là hồn trẻ làm ma đất người!
« Nên hư đã có Đức Trời!

1) *Quận Công* est le nom d'une dignité que le roi *Sở vương* est supposé avoir octroyée à *Vân Tiên* en récompense de ses hauts faits. Dans les commencements de la monarchie annamite, lorsqu'un mandarin avait rendu à l'état des services plus ou moins éminents, le souverain lui donnait le droit

Le soldat fléchit le genou, se prosterna, puis, entrant, répondit:

« J'apporte à la vieille dame ces objets qui lui sont envoyés comme » une marque de gratitude,

« et le *Quận Công*[1] vous prie de vous laisser guider par nous jusqu'à « *Đông Thanh!* »

La vieille dame loue *(Vân Tiên)*; elle l'appelle « *un héros!* »

« Il sait reconnaître un service, dit-elle; son nom doit passer à la » postérité! »

Nguyệt Nga est toujours plongée dans la mélancolie.

Elle ne sait quel parti prendre, et son cœur n'a pas encore secoué sa tristesse.

La vieille dame, qui le voit, se sent émue pour elle de compassion et de sollicitude.

« Ô ma fille, dit-elle, ne t'abandonne point ainsi à de sombres pensées!

« Réjouis toi (bien plutôt) de ce qu'au dragon et au phénix il est » (enfin) donné de se réunir!

« Décide toi, si tu m'en crois, à retourner (dans ta famille)! »

Nguyệt Nga, la tristesse au cœur,

incline la tête et prend congé. « Je vais retrouver mon père! (dit-elle).

« Je vis depuis si longtemps éloignée de mon pays,

qu'il doit croire l'âme de sa fille errante sur une terre étrangère!

« Le Ciel, dans sa puissance, est le maître du bien et du mal!

de percevoir les redevances d'une circonscription d'une étendue variable. Ainsi le « 邑公 *Ấp công* » levait les impôts d'un quartier de ville, le « *Quận công* » ceux d'un *quận* ou du quart du royaume, etc.

«Người ngay sao khỏi đổi dời gian nan?»
Lộ đồ nhăm cảnh băng ngàn.
Phút đầu đã tới. Gia đàng là đây!
Kiều công xem thấy mừng thay!
«Duyên sao con đặng về nay viếng nhà?»
Nguyệt Nga tự sự thưa qua;
Gian nan phân hết cho cha tỏ tình.
Kiều rằng: «Nhờ Đức Thánh minh,
«Cha con sum hiệp; phỉ tình bằng an!»

II.

«Tiểu đồng xưa đở giúp ta,
«Đến đây chịu thác bởi nhà *Trịnh Hâm!*»
Đọc văn đến khúc thâm trầm,
Hai hàng nước mắt ròng ròng đôi bên!

1) Litt. : *«(Pour) ce qui est permis (bien) — (et pour) ce qui est corrompu (mal) — dès à présent — il y a — la vertu — Ciel.»* — *«Đức, vertu»*, est ici un titre honorifique, impliquant une idée de grandeur suprême, de puissance supérieure.

«Comment une âme sincère échapperait-elle aux vicissitudes de la »mauvaise fortune[2]?»

Elle se met courageusement en route, et franchit la longue distance.

Elle arrive tout à coup. Oui! c'est bien ici la maison (paternelle)!

Combien grande est, à sa vue, la joie de *Kiều Công*?

«Par quel heureux hasard», dit-il, «ma fille, en ce jour, peut-elle re»venir pour visiter les siens?»

Nguyệt Nga raconte à son père les détails (de ses aventures),

et lui fait clairement connaître tous les malheurs qui l'accablèrent.

«Grâce à la sagesse de notre auguste Souverain,» dit *Kiều*,

«Le père et la fille se voient réunis. Je suis au comble de mes vœux!»

II.

«Mon jeune serviteur, jadis mon soutien,

«arrivé en ces lieux, reçut la mort de la main de *Trịnh Hâm!*»

Lorsqu'en récitant l'oraison funèbre, il en vient à ces mots pathétiques,

à grands flots de ses yeux tombent deux ruisseaux de larmes!

2) Litt. : «*L'homme — droit — comment — échapperait-il à — les vicissitudes — du malheur?*» — «*Khoi*», adverbe qui signifie «*en dehors de*» devient verbe par position avec le sens d'*échapper à;* et de même le verbe «*dỗi dời, déplacer, transporter*», devient substantif et signifie «*changements, vicissitudes.*»

« Tiểu đồng! Hồn bậu có linh,
« Chút tình thầy tớ lòng thành ngày nay! »
Người ngay Trời Phật cũng hay!
Xẩy đâu đồng tử ngày rày đến coi!
Trạng nguyên còn hãy sụt sùi,
Ngó lên bài vị, thêm xui lòng phiền;
Tiểu đồng ngắm ngữa xem nghiêng.
« Ông nầy sao giống *Vân Tiên?* Cũng kỳ!
« Ông nào thác xuống *Âm ti?*
« Ông nào còn sống, nay thì làm quan? »
Trạng nguyên xem thấy ngỡ ngàn.
Nữa tin rằng : « Tớ! » Nữa ngờ rằng : « Ma! »
Trạng rằng : « Có phải người ta,
« Tánh danh tua khá phân qua một hồi! »
Tiểu đồng thưa : « Thiệt là tôi!
« *Hiếu trung* » hai chữ nổi trôi chốn nầy! »
Trạng nguyên nghe nói thương thay!
Bèn ôm đồng tử, khóc rày chan chan!

« Âme de mon jeune serviteur! s'écrie-t-il, si tu possèdes maintenant » des facultés surnaturelles,

« reçois ce témoignage qu'en ce jour t'offre mon cœur sincère de » l'affection qu'avait pour toi ton maître! »

Mais le Ciel et *Bouddha* n'oublient point les âmes loyales!

Voici que tout à coup le jeune homme vient contempler (la cérémonie)!

Tandis que le Grand lettré, toujours plongé dans ses tristes pensées,

levant les yeux vers la tablette, sent sa douleur s'accroître encore,

le jeune serviteur promène çà et là ses regards étonnés.

« Comment ce personnage peut-il ressembler à *Vân Tiên?* se dit-il. » C'est étrange!

« Qui donc, étant mort est descendu dans l'*Âm ti,*

« et qui donc, vivant encore, est aujourd'hui un mandarin? »

Le Grand lettré, indécis, l'examine.

Croyant à moitié, il dit: « Mon serviteur! » Doutant à moitié, il dit: « C'est un spectre! »

« Si tu es un homme, s'écrie-t-il,

« Apprends moi sans tarder ton nom de famille et ton petit nom! »

« C'est bien moi! lui répond le jeune homme;

« moi que les hasards de la vie ont jeté en ces lieux, reconnaissant » et fidèle! »

Quelle est, à ces paroles, l'émotion du Grand lettré!

Entourant de ses bras son jeune serviteur, il répand des torrents de larmes.

«Ơn chàng ví tợ *Thái san!*
«Vì ta ngươi chịu gian nan đổi nầy!»
Mấy năm tớ mới gặp thầy!
Cùng nhau kể nỗi đắng cay từ ngằn.
Ai dè còn gặp bổn quan?
Ba thu gìn giữ mồ hoang đã dày!
Mừng nay! tớ đặng gặp thầy!
Hiển vinh một cửa sum vầy một nơi!
Trạng nguyên xa giá truyền dời;
Trông chừng dặm củ, đề vời *Hàn giang.*

III.

Vợ chồng hiệp mặt tào khang;
Hết cơn bỉ cực, vầy đoàn, thới lai.
Trọn đời nhân nghĩ chẳng sai.
Trung quân, hiếu phụ, đáng trai anh hùng.

«La grandeur de ton action, lui dit-il, égale celle du mont *Thái san!*

«Et c'est pour moi que tu as souffert à ce point!».

Après tant d'années écoulées, le serviteur avait enfin retrouvé son maître!

Ils se racontèrent mutuellement tous les détails de leurs malheurs.

Qui eût pensé que le jeune homme devait rencontrer encore celui qu'il était destiné à servir?

Pendant plus de trois ans il avait gardé un tombeau désert!

Ô bonheur! ils se revoient enfin!

Les voilà tous deux, réunis, glorieux, au même foyer!

Le Grand lettré donna aux chars l'ordre de se mettre en route,

et reprenant des chemins jadis parcourus, l'on se dirigea sur *Hàn Giang*.

III.

De tous deux le mariage avait fait des époux,

et l'infortune avait fait place à une heureuse union.

Jamais, tant qu'ils vécurent, ils ne faillirent à l'humanité ni à la justice.

La fidélité (de *Vân Tiên*) à son prince était, comme sa piété filiale, à la hauteur de son héroïsme.

Tào khang trọn đạo thỉ chung;
Anh em bậu bạn nghĩa đồng hiển vang.
Trân châu, bửu vật, hành trang,
Tạ ơn tôn trưởng, mới an thửa tình.
Vân Tiên, Tử Trực, Hớn Minh,
Ba người huê thủ đăng trình đều đi.
Vào thăm ông quán một khi;
Quán xưa đâu mất? Biết đi phương nào?
Tiên rằng : « Quán thiệt tài cao!
« Giả người thích mãi mà trao thuốc thần!
« Thiệt người ân đã đại ân,
« Vì ta nên chịu nhiều lần gian nan! »
Cùng nhau lướt dặm băng ngàn;
Phút đâu đã tới học tràng; là đây!
Tam khanh vào lạy mừng thầy;
Phơ phơ đầu bạc, tợ rày thần tiên!
Thầy rằng : « Mừng đứng tam hiền!
« Công danh, phú quí, phước tuyền vừa ba! »

Il fut un parfait modèle de toutes les vertus conjugales,

Et les trois compagnons, unis entre eux, s'illustrèrent.

Le Grand lettré réunit des perles, des objets précieux, des provisions de voyage,

afin de satisfaire le besoin impérieux de son cœur en payant de retour les bienfaits de son vénérable maître.

Vân Tiên, Tử Trực et *Hớn Mình,*

tous trois, de compagnie, se mirent en chemin.

Ils se présentèrent ensemble à la demeure de l'hôtelier.

Mais il avait disparu, l'hôtelier des anciens jours! Nul ne savait où il était!

« C'était véritablement, dit *Tiên,* un homme d'un talent élevé!

« Il avait feint de se livrer pour son plaisir au commerce afin de me » transmettre un remède merveilleux!

« Certes, grandes envers lui sont mes obligations;

« car il se donna pour moi, maintes fois, beaucoup de peine!»

Ils se remettent en chemin, et franchissant la longue distance,

ils arrivent tout à coup devant la maison de l'école.

Les trois grands mandarins entrent, et, se prosternant, saluent avec bonheur le maître.

Avec sa chevelure blanche qui flotte au gré du vent, il ressemble maintenant à un immortel!

« Que les trois sages (qui me visitent) reçoivent, dit-il, mon salut » joyeux!

« Que la gloire, la richesse et le parfait bonheur soient leur partage » à tous les trois!»

Vân Tiên cúi lạy thưa qua:
« Trân châu xin đáp ngỡ hoà nghĩa xưa! »
Thầy rằng : « Ta vốn chẳng ưa!
« Làm người nhân đạo đâu ưa bạc vàng?
« Vây nên lánh tục cư nhàn,
« Không mong danh lợi, tầm đàng đi xa. »
Sở Vương rày muốn xuất gia;
Niên cao, kỷ trưởng, chẳng hoà việc dân.
Lịnh truyền bộ tốt ân cần
Đông thành đòi Trạng tương trần nhượng ngôi.
Vân Tiên phân sự tai bồi
Cùng ông tôn trưởng mấy hồi gian nan.
Phút đâu lại thấy hoạn quan;
Việc chi chưa hãn băng ngàn lên đây!
Hoạn rằng : « Tam vị trình thầy!

1) Tel est le sens de l'expression «*xuất gia, sortir de la maison*». On dit en français d'une manière analogue «*quitter le siècle*» pour «*se faire religieux*».

2) Les deux mots «*Phút đâu, tout à coup*» forment un idiotisme un peu étrange, mais d'une rare énergie. Ils signifient littéralement «*la minute — où (est-elle)?*» C'est-à-dire : «*Où est la minute pendant la durée de laquelle telle chose s'est faite?*» Cette minute n'existe même pas, puisqu'on demande

Vân Tiên se prosterne et dit :

« Permettez que, par ces trésors, je paye de retour vos bienfaits » d'autrefois! »

« Ils ne m'inspirent aucun désir! répond le maître;

« Comment, pratiquant l'humanité, suivant la droite voie, priserait- » on l'or ou l'argent?

« C'est pourquoi, fuyant le monde, je vis en paix (en ces lieux);

« (car) insensible à la renommée, j'ai cherché à m'éloigner du monde. »

Sở Vương, en ce temps là, voulut quitter son palais [1] pour revêtir l'habit de pénitence.

Succombant sous le poids des années, il ne se sentait plus capable de veiller aux intérêts de son peuple.

Il ordonna à un messager royal de se rendre avec diligence

à *Đồng thành* et de demander le Grand lettré, pour qu'il délibérât avec lui au sujet de la cession du trône.

Vân Tiên racontait, dans tous leurs détails,

à son vénérable maître ses nombreuses infortunes,

quand, il vit, tout à coup, paraître l'envoyé [2].

Pour quel motif avait-il accompli ce long voyage, et quelle affaire l'amenait? (Le héros) l'ignorait encore!

« Seigneurs! dit le soldat, j'informe le Grand lettré

où elle est; la chose a donc eu lieu subitement. Le mot *« đâu, où? »* est employé de même pour exprimer une négation énergique dans une foule d'idiotismes annamites. Ce procédé n'est, du reste, pas étranger à notre propre langue. On dit très bien dans notre style familier : *« Où prenez-vous, où avez-vous vu que j'aie fait telle chose? »* pour *« Je ne l'ai certainement point faite! »*

«Lịnh đòi cẩn cấp nghi vầy trào ca!»
Tam khanh từ tạ tôn gia;
Kinh đô xá kíp ngôi ba về chầu.
Sở Vương ngự trước long lầu.
Phán đòi văn võ ứng hầu kim giai.
«Trẫm nay chẳng có con trai;
«Lo chưng nghiệp đế, không ai trị vì!
«Trẫm rày đầu *Phật* qui y.
«Nhường ngôi Quốc trạng thượng vì giáo dân!
«Khắp truyền văn võ quần thần!
«Tự xưng *Tấn đế,* gót lân nối đời!
«Ơn ra nhuần gội nơi nơi!
«Nhà an, nước trị, người người âu ca!

1) Litt. : «*Sở Vương — se tenait royalement — devant — du dragon — le palais.*» — Je traduis «*ngự*» par la périphrase «*se tenait royalement*», parce que ni la langue française, ni même, je crois, aucune langue européenne ne possède l'équivalent de ce terme. Il est consacré exclusivement aux actions du souverain et se met, dans une multitude de cas, devant le verbe qui les exprimerait s'il s'agissait de toute autre personne, ou même, comme ici, à la place de ce verbe. L'étiquette veut pareillement que le mot «*ngự*» précède le nom des objets qui appartiennent au Roi. C'est ainsi que le trône du Roi s'appelle «*toà ngự*»; une maison où le roi séjourne, «*nhà ngự*» et ainsi de suite. Mon excellent maître et ami M. *Đức Chaigneau*, qui a été élevé à la cour de *Huế* sur laquelle il a écrit un livre d'un extrême intérêt, m'a raconté qu'un jour son père, qui occupait à cette cour

«que Sa Majesté veut convoquer la cour pour une affaire urgente!»

Les trois grands officiers prirent congé du respectable maître,

pressés qu'ils étaient de retourner à la capitale, pour assister à l'audience du Roi.

Sở Vương se tenait devant l'entrée de son palais [1].

Il commanda aux mandarins civils et militaires de prendre leur place d'audience devant les degrés du trône.

«N'ayant point de fils, leur dit-il,

«le manque de successeur cause à mon âme un grand souci!

«Je vais en ce jour me consacrer à *Bouddha*, et me ranger au nombre » des bonzes.

«Je cède au Grand lettré mon trône; qu'il y monte et instruise les » peuples!

«Sachez le bien, vous tous, mandarins civils et militaires!

«Que lui-même il prenne le titre de *Tân đế;* (je le choisis) pour suc- » cesseur!

«Qu'il répande en tous lieux les bienfaits (d'un sage gouvernement)!

«Que sous son administration pacifique, la joie règne dans tous les » cœurs [2]!

une position des plus élevées, fit hommage au roi *Gia long* d'un panier de petits pois qu'il avait obtenus de graines envoyées d'Europe. Ce légume inconnu parut exquis à la cour; mais, comme on n'en possédait pas en Cochinchine, il fallut lui donner un nom. Or le Roi en ayant mangé, on trouva tout naturel de l'appeler «*đậu ngự*», ce qui signifie «les haricots *ngự*», c'est-à-dire «*les haricots dont le Roi mange*». C'est le nom sous lequel ils sont connus aujourd'hui dans le pays.

2) Litt. : *(Que) les maisons (familles) — soient en paix, — (que) le royaume — soit bien gouverné, — (et) que chaque homme — chante!»* — L'expression «*người người (homme et homme)*», pour dire «*chaque homme, tout le monde*», est de forme chinoise, bien qu'elle se compose de mots appartenant à la langue vulgaire annamite. C'est la traduction du chinois «人人 *Nhơn nhơn (jîn jîn)*».

«Nay đà phong thuận vũ hoà;
«Châu phê sưu dịch bãi tha ngày rày!
«Hội trào gia tước tôi ngay.
«*Kiều Công* nhạc phụ ơn tày bãi ba!
«Sắc phong *Phụ chành trào ca*.
«Tiền trãm hậu tấu khắp hoà tây đông!
«*Hớn Minh* chàng đã trọng công.
«Sắc phong *Thống chế* trào trung rõ ràng!
«Họ *Vương Tử Trực*, bạn vàng!
«Sắc phong *Bảo gia* trào đàng bằng nay.
«Tiểu đồng hết dạ thảo ngay.
«Chức phong *Ngự sử* ngay rày hiển vang.
«*Nguyệt Nga* tiết chói *Sở* đàng!
«Sắc phong *Chánh hậu* vì nàng trung trinh.»

1) Litt. : «*Maintenant — dès à présent — le vent — est favorable — (et) la pluie — est propice.*» — «*Thuận hòa*» signifie exactement «*d'accord, en harmonie avec quelqu'un ou quelque chose*». Ici l'expression est dédoublée, et chacun des termes de l'adjectif composé devient un verbe qualificatif. Ce vers doit être pris au figuré.

2) Litt. : *J'apostille — (l'édit portant que) — les corvées (les impôts) — sont supprimées — (et) remises — (au) jour — d'aujourd'hui.*»

«Comme tout prospère aujourd'hui dans l'empire[1],

«je signe, de ma royale main, l'exemption de tous les impôts[2]!

«J'ai convoqué la cour pour octroyer des honneurs à de fidèles sujets.

«A *Kiều Công*, père (de *Nguyệt Nga*), nous devons un bonheur
»aussi grand que les flots de la mer!
«Je lui confère la dignité de *Lieutenant du Roi*[3],

«avec le droit de condamner en tous lieux (les criminels) à mort
»sans en référer au préalable!
«*Hớn Minh* s'est noblement conduit.

«Je le nomme *Grand amiral.* Que chacun, dans cette cour, le recon-
»naisse pour tel!
«A *Vương Tử Trực*, ce glorieux compagnon (du héros),

«j'octroie le titre de *Défenseur de la personne royale.*

«Le jeune serviteur s'est montré un modèle de fidélité.

«Je lui confie les fonctions glorieuses de *Grand annaliste du royaume.*

«La vertu de *Nguyệt Nga* a répandu un vif éclat sur la dynastie
»de *Sở!*
«Comme elle fut fidèle et chaste, je la nomme *Première reine.*»

3) Litt. : »*Le brevet — je délivre — (d'officier qui) aide — l'administration — de la Cour (de l'Etat).*» En Cochinchine, dans les noms de fonctions, qui sont toujours chinois, le verbe qui désigne la fonction est employé sans sujet. On est obligé, pour le traduire en français, de sous-entendre les mots «*fonctionnaire, officier qui*», ou d'employer un substantif dont la signification réponde au verbe précédé de ces mots. — Ainsi, pour traduire «*phụ chánh*», il faut dire «*officier qui aide (dans) l'administration*» ou bien encore «*coadjuteur (dans) l'administration*».

Gia tăng văn võ lưỡng biên
Tước lộc đẳng đẳng cho tuyền tấc công.
Bá quan văn võ hiệp đồng,
Đưa lịnh *Cao Tổ* am rồng qui y.
Cao hoàng từ giả trào nghi.
Vững an nghiệp đế vĩnh vi muôn đời;
Dốc lòng tầm chốn thiên thai,
Mũ ni, áo bào, haì gai tu trì.
Bà quan văn võ ai bi,
Khấu đầu, vọng bái, traò nghi phản hồi.
Cao hoàng tách dặm đề vời,
Xông pha mặt biển; chơn trời quản bao!
Chập chồng đá dựng thấp cao;
Vỡn vơ liễu múa, xơn xao trước quì!
Đã đành hai chữ «*qui y*»!

1) Telle est la signification de l'expression « *Cao hòang* ». L'auteur l'applique à *Sở vương,* parce que la cession du pouvoir qu'il a faite à *Vân Tiên* intronise une nouvelle dynastie dans la personne de ce dernier.

2) Litt. : « *Fermement — on était assuré dans la paix — quant à la charge d'empereur, — (pour) éternellement — être exercée — (pendant) dix mille — générations.* »

(Sở Vương) accorda ensuite aux mandarins civils et militaires

des élévations de grade et des augmentations de traitement, selon leur degré ou leur mérite.

Puis, ensemble, tous

firent cortège à l'ancien Roi qui se rendait à la pagode pour y prendre l'habit religieux.

Le prince représentant de l'ancienne dynastie [1], prit alors congé de la cour.

La transmission du pouvoir suprême se trouvant assurée pour d'innombrables générations [2],

il avait résolu de chercher le chemin du ciel

en travaillant, sous l'habit et la mitre des bonzes, chaussé de souliers grossiers [3], à réprimer ses passions.

Les mandarins civils et militaires, la tristesse dans le cœur,

Se prosternèrent en croisant les bras sur la poitrine, et retournèrent au palais.

Franchissant la longue distance, l'ancien Roi

sillonne la surface des mers, sans souci des lointains horizons.

Sur son chemin s'entassent les rochers tantôt bas, tantôt élevés.

Les rameaux des saules ondulent joyeusement au vent; brusquement les bambous se courbent.

C'en est fait! désormais (le Prince) entre en religion [4]!

3) Ce que l'on nomme «*Hài gai*» n'est pas réellement un soulier confectionné avec des épines; c'est simplement une chaussure faite d'une matière grossière, comme l'écorce d'arbre, les feuilles, etc.

4) Litt. : «*C'est arrêté — (quant aux) deux — caractères — «se conformer» à (la loi de Bouddha) — (et la) «suivre»*. Le terme «*Qui y*» ne signifie pas proprement «*se faire bonze*», mais seulement recevoir un nom de religion et suivre certaines pratiques ascétiques.

« *Thích Ca! Phật Tổ!* Chứng vì lòng ta! »
Nam mô hai chữ «*Di Đà!*»
Phước Long sơn tự nay đà tới nơi!
Anh em! ai nấy đều suy!
Hết cơn bỉ cực, tới thì thới lai.
Trung quân, lòng chớ đổi hai!
Hiếu phụ, khắn khắn; mẫu hoài, tri tri!
Mừng đời *Tân Đế* trị vì!
Muôn dân thiên hạ đều thì hân hoan.
Thãnh thơi nhà trị nước an.
Ra tay tả truyện, lưu truyền hậu lai.

« Grand *Bouddha!* s'écrie-t-il, vous lisez dans mon cœur! »

(Puis il récite) l'invocation sacrée *Dì Đà!*

Le voici parvenu à *Phước long,* la pagode de la montagne!

Ô vous tous, mes amis! pensez y!

Lorsque le temps du malheur est passé, le bonheur vient et lui succède.
Sujets loyaux, que votre cœur jamais n'éprouve de changements!

Que votre piété envers votre père, votre tendresse pour votre mère ne se démentent jamais!
Saluons avec joie l'avénement de *Tân đế!*

Tous les peuples de l'empire étaient remplis d'allégresse.

Sous son heureux gouvernement le pays fut tranquille et libre.

Pour moi, j'ai écrit cette histoire pour la transmettre aux générations de l'avenir.

VIENNE. — TYP. ADOLPHE HOLZHAUSEN,
IMPRIMEUR DE LA COUR I. & R. ET DE L'UNIVERSITÉ.

南無仁字弥陀
英俺埃乃調推
忠君弄渚對仁
憫代新帝治位
請台[illegible]治渃安

福隆山寺肣它細尼
歐杵否極細時泰来
孝父背匕母懐知匕
閇民天下調哀欣歡
蚪栖寫傳溜傳後来

終

小童歇舵討踖
月娥節煙楚堂
加增文武兩邊
百官文武合同
高皇自者朝侫
篤悪尋準天台
百官文武哀悲
离皇踖埃提溈
豈董移碌湿高
乏仃台字皈依

戢封御史哥肅頭荣
敕封正后為娘忠貞
爵祿等已朱全郡功
遂令离祖庵蜂皈依
儀安業帝永為閉代
帽帔袄袍踏芰修持
叩頭望拜朝侫返回
衝波栢渡蹎夫嘗包
湞溈柳楳眞滈竹跪
釋阿佛祖證為悪些

楚王御畧龍構
朕於庄固晃騋
朕剮投佛飯餘
泣傳文武群臣
恩𣈜潤浍尼尼
於它風順雨和
會朝加爵碎𨀈
敕封輔政朝歆
漢明払㐌重功
户王子直伴鐄

判隊文武應侯金階
怙徵業帝空埃治位
讓嵬国狀上位教民
目稱新帝踃麟絠代
弫安渃治得乙謳歆
珠扯搜役罢他寻剮
僑公岳父恩脊海波
前斬後奏泣和西東
敕封統制朝中焒爛
敕封保駕朝堂朋於

荣浪憫等三貫
雲仙趻䄂踈戈
荣浪些本庄於
丕铖另俗居涧
楚王𠸒问出家
令傳部卒殷勤
雲仙分事𤼸培
發浇夷体宦官
宦浪三位呈荣
三卿自謝芋家

功名富貴福全皮𢈱
珍珠𠱊答吽和美初
溫得仁道浇於泊鐄
空蒙名利尋唐彭赊
年萬紀長庄和役民
東城隊狀相陳讓嵬
共翁尊長𠎪回艱难
役之渚军氷舒进低
令隊𬋩急宜𠘃𨤵歆
京都舍急嵬𢈱衛𨤵

滿種合栖糟糠
論代仁美庄差
糟糠論道始終
珍珠寶物行裝
雲仙子直漢明
飢探翁鋃及欺
仙浪鋃寔才高
寔得恩色大恩
共饒踯淡氷舒
三鄉飢涯棚柒

歐杆否極面團泰来
忠君孝父當隷英雄
英俺倍伴美同頭崇
謝恩尊長買安所情
巴得携手登程調彭
鋃初澂杙別彭方弟
假得適貫麻摔萧神
為凿械郷彭吝艰难
ノ澂色細學場毋伭
拯乙頭洎似扁神仙

狀元𦖻吶傷台
恩払峦似泰山
余辨佪買及棠
埃提群体本官
㦜砛佪卬及棠
狀元車篤傳移

卞揞童子吳属滇匕
為𡸈仆絽艰难对卮
共饒計洝登茇自根
𠀧秋僊侍墓迖㐌𠱊
頭荣叏衬森面叏尼
𥊛澄埃𡳵提溈翰江

小童初拖扒些
讀文典曲深流
小童魂倍固灵
得頭美佛拱咍
狀元群唉津沫
小童莊仰祐迎
翁弟托歡陰司
狀元祐体語嗙
狀浪固沛得些
小童踈寔罪碎

典低貌托罢咍郑歆
台衍渃相涌已推边
拙情榮佪弄誠寻矜
侈漂童子寻刷典魂
祚进牌位添吹弄煩
翁尼牢種雲仙拱奇
翁弟群耕矜良溫官
姅信浪佪姅号浪麻
姓名須可分戈没何
孝忠台字溪濡準尼

月娥冲脃鴆衣
泂数分𬮻渃茹
鏚虚奄固德吳
路途旺景氷舒
僑公祐体㥊台
月娥自事踈戈
僑浪洳德聖明

蹭頭自謝昆術共吒
想𦋦魂祂濫麻坦得
得𨀈牢塊對移艱難
丿洶奄細家堂𦋦低
緣牢昆卭術吟喭跕
艱難分歇朱吒訴情
吒昆森合匪情平安

軍家鄆令登程
發覺色細鳥巢
月娥魁併針匕
役之渚透源杆
月娥連晦音耗
貼尼宪謝老妃
老把咧蹲雄英
月娥胞唉愧愧
老妃体丕傷慪
惆刷龍鳳可為

本行日宿聟情奈包
毆登劍姑邛飢晦啼
払術矜色台淋固欣
發覺被体運人跳飢
軍家跪跧褳飢疎戈
琶公嗔違邊戈東城
恩坰娄呂鋮名衣代
台唐樋倘渚吹脈愁
昆仃紵練緬愁夕之
勸昆一定麻趁阻術

尊師扔夷買刷
傷払户陸竜東
沛筭𠬠斫買衝
隨身灵藥宪遶
傷為𠬠踌人賢
寻婁拱卭三雄
尊師盤論㐌安

卞𢗖𠬠𣷭役代渚衝
寻婁之塊𠚢冲蒼松
假滥適館抗冲难饒
卭麻濫福執饒雲仙
臨杆滑暛朱全始終
執徵役渃道同顛荣
代㕥𠬠館𥪞塘牛制

APPENDICE

2085

行匕遶踉媄昆
狀元衛細東城
扳𡶀粇礼産床
𡢐家色稱𡢐家
𣝂𢆫別尒精神

2080

托它杝刧醜群碑名
陸翁署色搓營扵廊
各官趍户嫩娘月娥
㓰㥃𠯹户叏𠱊成𨉟
生昆娄納蹐麟𠁀匕

寃家㛐意吕衝
漢明子直蹸䙰
哵朱弄庄憘弄
2065
哥哥牢庄劭彭
㹫昆蹲憘慂台
阻術渚及細沿
汰調抔媄昆娘
罷改垃矽剪蓬
2075
美箕果殺余回
溫得朱別義溇

2060
少之鋮溪麻蒙細喙
哵浪花窖温嗽昭蝓
群拰栖贯岩蓬溪之
術朱嫂匕底欺捸鞋
倍鐄跄褷蹎蹝跳蚶
2070
体訡翁级踊蚶连唐
鬼飢夹補冲墻倉松
㹫昆嘆哭坤齷蚶耒
惜功崙點粉抹闭娄
及杆患难共饒朱踰

莊浪晃固紅顏
朱払体柄伮払乙唹
油得群妆跡初
媄晃哿夷杜承武公
共饒盤論㐌衝
燸蒻打蝙丗防違緣
砼它細次狀元
翰江㐌細俸連揀軍
泊鐄珠寶袄裙
狀元宪謝答恩漁樵
渙樵砼卬名標
恩丗受覘貼彭㵢車
狀元渚及阻術
体𤩍莊㐌蹲祺冲軍
莊浪想字婚姻
媄晃碎典禮㥊狀元
武公㐌竜黃泉
眞傷祖拙婢娋分尼
狀浪掤鉢浩峇
杜跬竜坦忽肅牢衝

翁帝托斮陰司
狀元欺意晦払
佘辨佪買及祟
埃提群体本官
狀元欺意惘盃
叚崔車駕姗衛
武公自斮洴鑛
媄昆仍莽户樞
共芸初固恩情
鸞浪命於庄咍

翁帝群耗刷衣溫官
沛仆童子模难準尼
共饒計浽登芟自垠
巴秋僊侍墓迯㐌末
佪祟森合在尼大提
甸餘發㐌貯祺翰江
彩鸞共媒墁荘扨愁
聉雲仙耗及朝功名
沛舺連違路程禍埋
咹得群㤻仍𡬷冲墻

体丕鋮弭行仙
小童晷侍墓墳
貼趍勸教尒輴
2005 嬌渚税卬得岦
状元術細大提
小童魂倍固天
讀文恔細珠眉
得蹈丕拱動弄
2015 状元群唉津淶
小童䏚仰禗迎

2000 溫得埃乃辰停不仁
㝵戈腨吏色䝩臣辨
併宪骸骨術喺圭弨
群當踈烈飢出大提
傳軍排席户皮癸躭
2010 妥情榮佃悪誠导矜
堆衍淚玉滁蹈湧匕
發凴色体小童細魂
昨迸排位吏吹悪煩
翁厄牢種雲仙拱奇

郑郑綢泊状没漢群郑崔
歆歆調鐀元仴明仴歆乚
祓衛劍宪車裴子裴塊岦
鄭細泊謝篤僉直僉托拱
唔翰幈老整庄飤泖吒藉
剮江樸汜斉彭奏羝盃推

剮湃状月差冲嗔魁倍傳
关神元娥軍弄逸齋鐀軍
果浽子自護虎國皮跲搗
敫曳直謝衛憘状栢褳綈
理船漢倘違拱及如蹎逬
尼払明戈衛為朝箬蹓彭
吒洸逬東月泖榮舶蚶朱
應踰塘城娥羝逿楼衛未

罷剪諸將調斷
戶王戶漢戶裘
狀元買晦叉剌
1965 傳軍引鄭歆飢
明浪埃嫚叫英
斛斷刮郭朱末
直浪明儂吶帛
初矜仍耆無誼
1975 歆浪洳量故人
狀浪係躋英雄

1960 狀元請歇营花逦魁
共饒哎旺調盃調哄
鄭歆罠意各得併宰
栖褪泣歇咖嗍各英
罯它宪退庄苓衣崔
1970 底之菱相躋魁肝肝
折蛛埃用鈖鑛溫之
油朱奴耗溫之鍼身
本碎買瘦浸吝嗔容
节埃固折耆傍溫之

丕拱道主美碎
漢初固駉董公
代初碎倿別包
1945 体得忠正庄吟
典矜買熷正邪
崔匕朕拱穬容
郑歆畀都暴残
月烕畀嫣忠貞
1955 僑公署縝罪寃
状元撲贓色平

1940 太師意閻劫鬼於重
餧倘呂布劫涌茄劉
太師矜固恪弟得初
啦吟計毒立嚧謀賒
拱為課署在些弃用
1950 太師革職術共民間
交朱國状料算法刑
勅封郡主頭荣朝堂
矜朱復職濫官東城
轎鐄傘鉑頭荣術茄

太師畧陛跪奏
訴婚惡意群拱
狀元栖趚烀烀
1925 楚王祜像判浪
太師畧庄卢爐
油朱日月熷燗
踖奸証固坦夫
狀元奏畧朝堂
1935 鄭歆畀都奸邪
楚王判畧陛前

1920 烏戈叛動閉數拱為
月娥本寔罪衣欺君
卞宄幅像跪登溫憑
月娥貞節峦朋得初
少之民庶麻邊細娘
1930 坤熘坧垉拱迣哨代
役尼為朕䏡刷鍼冤
太師貯養碎奸沖沼
害碎瑣畧拱它棋番
仍疑將吘碎賢麻崔

1915 1905

庄楚狀今沛矜判楚楚仙
嗚王元傳之它浪王王明
娘聙跷開㝡除朕跐聙进
唄奏奏晏固骨怍䣘狀馭
狀卿署剪狀实浩金元阻
元舒蒐都斷衝番階術斷

1910 1900

共開月扇滥寔固晒差宪
饒数娥㭰牢夷的挪官兵
署朕各除典生骨磯接阻
固想役邛浚狀实醽違吏
姻浪頭賊月孰法賞飫朝
緣娘鏇鳥娥冲仙才祺歇
課於熷戈貢渃遅狀邉提
頭番煳未胡㳄逜元凱携

雲仙迸馭阻卌
漢明欺意停兵
明浪嫂嫂於浇
雲仙宅漢明飢
明浪想姊於番
惆刷森合受茹
仙浪娘併溫牢
吁迦量奇皮連
狀元自者老妃
碎術嶽幅像危

体祺題字號畀漢明
英俺惆恬許情共饒
鄧俺卌相姊妯体弟
月娥蹲踐晚嘲固緣
決宅兵馬邇泻鳥戈
賊它安賊謳歌回朝
娥浪夫相回朝奏連
今他罷署買鉞術茹
叫唗哎吏月娥函导
奏嗔免罷違蹟術骈

雲仙聵呐晦昉
熢衣粺意媥浪粺之
娘卞許寔𠬠欺
雲仙倍屈竈跪埶晒
踈浪矜及娘低
嗔坦𣅶褪仕排源杆
𠝹嚐誓海盟山
揔恩署沛坦恩朱未
雲仙本寔粺碎
及饒矜㐌匪未約㦖
月娥榜湖杷怗
姓信浪伴姓疑浪埃
踈浪㐌寔畀得
曲𣳮嗔據頭排分戈
雲仙引跡初卌
月娥欺意哭和如渭
恩情強計強唹
奔群綜練夫被創蹟
侈聵軍鳴喋㖼
罰皮棱棓泣排干戈

雲仙魓莊月娥
祝𥚇幅像弄它生疑
嗨浪像以像之
㖶埃窖啓客傁種命
頭雁渚熷事情
嗔妑可吶姓名碎詳
老妑庄敢吶奸
像尼本寔煄娘魓低
雲浪娘捇夫低
吶冲𤙭户像尼些𦙫
月娥悪叱㖧提
栖衣種栖得哝遅得
魓笈栖袄虎的
雲仙体丕晚唭受欺
浪牢娘庄吶彭
咍𠛌些嗨動之庄𦊚
月娥刧納踈戈
得冲幅像𤙭𦊚雲仙
払它術準九泉
妾林論道另汚𩚵陵

1825 1835

坤齷費罷店秋
沛之晦叩南曹
月娥強解杆愁
呌浪埃於冲茹
月娥雖恨駭雄
老妃應吶得弟
於低本仍弹妃
雲仙買吶事情
宅兵揲賊為戈
老妃瞋吶恨台

1820 1830

坤齷掀戧隊橋邊牢
店矜朱典店弟及饒
侈睻落取於澂細茹
塘術閞隘指姍朱共
雲仙竈取倘衝跳飲
店房還栖固飲茹些
溢牢男子法麻庄啍
碎界國狀朔廷差姍
落澄典晦嗦茹妃低
冀翦渚執碎矜媒糙

遡鄉塊印罷岩
趨皋戈尚烏巢
狀元刮骨突耒
1805 喂崔罪費調棱
受命落壞飢卌
受命冲準徽橕
叚尼細次月娥
店虖燐荒烟魁
1815 觀音課署吶之
乇行移湟鑛泒

1800 元戒骨突運鼗奈包
發樂馭擦衍滄傷喂
頭撩古馭返回本軍
美它最覆落澄貶賖
路遠害尚發它散更
1810 別埃麻晦路程阻卌
於低併皂欣叵薛末
庄咍冲腦徠徊役之
要離呐妾弄拱妝懷
拱願斬準潤墓尋饒

漢明鎚降荒雷
元戎骨突湲衝
漢明神力难鯨
1785 雲仙頭隊金魁
沒命旺陣剟無
倍傍揷馭阻斮
三軍劍教調抒
法邪骨突歐方
1795 中前左右兩边
沵機骨突遯踵

1780 皀撞調被沒鎚命亡
皀犿拺鍗拱共漢明
体扎化法敦命阻躍
犿拎鎚泊命魋馭烏
体矦骨突変徒夭魔
1790 傳軍軵狗瀰掖茿旗
夭魔祜体旻睬調散
炣匕溲陣打扎雲仙
狀元骨突打連最导
狀元遂馭及肅逊遠

尋初縸案連彭
楚王判署剪廷
敕封副將平夷
一声奮發威番
開山直指登程
溫縣恩渃咹翁
發濼兵到開城
將番台騎堂匕
夷添骨突元戎
漢明卌飭先鋒

皈旅於岗翠徽隱命
旨傳赦罷漢明隊衛
仙明相會擧之檻棚
先鋒後襲鼓回進兵
領旗平賊破城烏戈
討吒踮主買卌雄英
烏戈祜体出衍拒當
没払火虎没払赤龍
栖狢發趯相凶遝遝
打共火虎赤龍叉回

雲仙自意隣羅
辮娄令搗科詩
阻銜踈唄椿堂
1745 雲仙預中魁科
佘剎紫吠叱咍
雲仙飤謝朝廷
修聵固賊烏戈
楚王判罢凱鑚
1755 狀元奏涌堌蝰
固得户漢貉明

1740 溫閨經史除科應期
雲仙飤謝嗔彭就場
京師舒埃叏唐尚畊
罕推全子寔畀觧矜
北方及袱罕扇鋮名
1750 今須衣帽顕荣銜茹
撫圍開隘兵家餘舒
旨差國狀摸團排蜉
嗔差叏將英雄提兵
飭當項刎孟鯨張飛

陸翁述役朝廷
僑公刷於西川
仙浪感美月減
西川舒埃倘衝
月娥刷於渃番
埃提胡越堆方
体払肔吏添旁
抉回固拙女生
吶崔淚派隊杆
崔昆於吏邊尼

頭擺傳往許情共仙
拱為模倭貶權逬卌
碎嗔鄉妬謝吒娘共
典尼卌相僑公哭連
別牢朱叩團圓共払
拱為摜造鷀鴈分饒
坦矣包安分祮朱停
韠朱株桂穡梗牡冊
拱為受事怨恨鍼掑
散埋体楠朱[illegible]弄耄

仙浪患难掣包
達𢭂禮物嚴莊
㵢鐄魂媄顕灵
想皮源渃橧核
推得𦨂這哭栏
雲仙渃相如涓
翁浪固僑月娥
洳娘鋮買𡶀皮
雲仙𦗏呐唉喂
呣浪娘意於涜

媄碎墳墓尼节咏安
讀𢭂文祭署槃明生
證朱昆祂弄誠㝵吟
功高斉丈美苔於朊
台迸罘討涜朋得初
祭未吏晦役初於茹
銆鐄鬼執劉茹鄧吹
庄之苦餅補圭𪾺未
𢠩弄㤴吏没回練數
卬昆細謝答句恩情

仙浪英夷故鄉
明浪俺本庄埋
敢兇排栢蚺詩
1685 仙浪福及科尼
尒鞴噉惚獎萋
耿虛群固耿鍼
漢明阻夷庵霄
陸翁港相滌涞
1695 坫廊姑伯販賖
翁浪計乜尒觧

1680 恩饒娄及科場仕咍
㝵初縸沛案苔速彭
乜停台字飯餃尉尼
牢牢拱併森面共饒
苦艷群想郎聶妥揹
1690 勸的字胣朱紵討踶
雲仙術没腨遲細尼
埃提昆耗連代体吒
調㥊趂典貨茹嗨探
昆撻疾病咹𨋤尼市

欺店鄉体佛妃
月娥半信半疑
跳飢体仍彈妃
月娥停胣扵耒
晦探畀準鳥巢
叚尼細次斘代
姘店鄉体翕仙
計自梁病塘賒
崴吒鬲色過㬎
雲仙阻夷圭茹

得它覓保鋮糙細低
打料肚相遠蒭衕茹
溫藝絺緄縷縲麻崔
自低買歐溪濡準芇
開山佘埃蒭飢細尼
雲仙課意扵尼廚厚
兜朱靈藥相連創斘
典砕併色賍它粧觧
榔弄枚細潭乚涙沙
漢明逸瑰軠西埃塘

照花禬册本皮
侈被貫六更巴
降进塄粉叉詞
台邉坡棓椹檳
遅澄唐垞𫢋偽
戈柙耒吏遡岩
鞋砫蹭碍倘衝
月娥彭卭回娄
得踲夫佛拱哪
呣浪娘沛月娥

古圖八寶整齊燕册
月娥袍筆題嗚句書
觴拢幅像沒睬卌彭
店房問敲及欺腠雪
固排蛇匕瑚咖彭遠
螮吟吲唯蝸吽惱憹
皮澆夫包彙東路頭
尋尼盤石午便扐蹎
老妃撤想沖棱彭卌
可須動強術茹共些

溫得執一牢仃
細仫縁乇變縁
字浪春不再來
溫之寔分紅顏
望夫初拱鼉煄
崔乙勸渚咀斟
月娥假俿㑊盃
碎嗔哎夷宥尼
碎嗔裶謝雲仙
吒昆瞔吶㑊悪

係罪歷東固經固權
腠清霈沫攃船除埃
尋矜花要哝埋花残
甄更祛凰裣鳶冷弄
尋樸疴痗膈紅酡波
画共昷老浸茹朱吹
踈浪得固功餕閑遲
唉須踸乙仕画姻縁
溫斎罡餎朱全始終
撰茹檝使動旁朱吹

胡楊初買寡煄
夏姬猷貔調吟
漢初呂后青春
1605 唐初武后寔之
據沖冊啟吶卌
埃乜拱於沖美
得些庄祕得些
莊鋮積分紅顏
1615 月娥別都小人
裴翁唁叫嘮朱

1600 群貪顏色宋分拱放
最邊允府最墺陳君
群弟高祖佘停異姬
異尊欺祕三思敢耗
没代究暢拱弋没代
1610 正專側湼蒐衣拱魔
得些洸祕仍弄像顏
學隊如意啟払文君
溫声算斫脫身朱未
誘娘朱叩雖堆昆命

主春群於園桃
主春卌塊園春
抡代埃忌覇郎
1585 哈之仍娓於厨
泠汀没隻船情
埃曾楠袄空禧
娘牢庄恃畧娄
娥浪曾讀吏經
1595 庄番退港鄭澆
儉浪娘屬吏經

1580 蜂戈蛉吏别包鐃吝
花残蘂沼畀棱補荒
叵春痫歇豺鑌坤謨
没根剎揀罘務泠湿
迸台滚港哎佘飢澆
1590 唆餌空箍唆萋空槁
衣揞幅像闭娄寔躺
滥躲昆媽字貞滥頭
覡得細翀園柚私情
牢庄推察衣佘鄉空

殳户為渃烏戈
詒户分姁紅顏
月娥仍俺愁悲
自寻体栖月娥
体娘徐幅像人
像尼牢種雲仙
娘浪係分女兒
寡觧篤論字從
儉浪娘呐差未
溫得冲埃暖涓

弗咍抔罡吒蘢叱究
哀得保养娄筭理之
發涚裝儉細欺衛茹
店乜陳逐房花尒吝
驗冲情意寅儺嗨連
閑娄徐固尽天調之
沒句正節沛拱飢弄
雅牢托丕殳煄麻崔
埃曾半得麻魁帮胪
罷迸尒栖得初儻吊

没命挖幅像煄
翁浪娘於何方
娘浪陣亂歆戈
最聪呂跳細低
裴翁蹲旺相娘
頭雖嗜晦事情
裴翁惆違術茹
浪些生卬株徽
冲茹空媽後生
月娥於奄安尼

侈浣夷及裴翁道園
役之麻典冲園花些
洗船鍼浚身卌對尼
嗔翁燸察踈疠落唐
庄莊臺閣拱衍譽纓
娘卞衪寔役命踈戈
台遲對袄餒麻溫昆
駱畀裴儉奴群於京
导矜鄭及蟥蛉福夫
店店扔量事代貺賒

埃咍婢嬅金運
月娥躲竈鈡溈
俸朘攺屈莞棱
1525 掣包霜雪店冬
觀音傷媽討跙
別浪娘僑月娥
堆巴觧姅貥低
月娥綆發惺啼
1535 寔虛渚別溫牢
叓命閹仍㤓慎

1520 鄧溫皇冶渃畨論代
湃神迻擣飢尼㙲刷
月娥魂唉制刷陰宮
命鄉鈡㙲冷湃埃咍
卞兜娘吏底刷園花
1530 尋尼娘㶧朱戈腨尋
嫡煄娄仕森回没尼
定魄買扚尒刷占包
悲徐別劍尼弟敗身
發滂夫包鄉嬹彙東

皇天不負弄誠
雲仙英唉固咍
嘆耒𥘷像𪀄拯
金蓮式𢧚恍台
共鐃調庄敢吁
彼受罡彼朔廷
泂朱謹慎𢀨唐
詠婚術渃烏戈
併耒衝舍斫年
督官車駕迻迎

𢀨軿顛吹拙情吏低
妾愿侍摟弄𨁪貝払
社涌渃沚倍鐄跡𨁪
共軍彩女受排調户
料筭謀計庄朱滿情
督官咍卭乙命托寃
金蓮替𥘷溫娘月娥
埃麻拍𦬑埃麻尋螻
發洸船㐌典頭隘閙
交朱僚將扶娘術番

1495 1485

官嘆連店迸帆庄僑疊堆
軍浪美砕寻張戈公乚方
調箕洛庄皮船罪渓亂南
听港礼別細倍役玉退北
㐌奴如店隘阻君流浣備
数徽詞弔銅躍王沙楼為

1490 1480

踈景月俸濵各朱各意昆
岫衣娥脿濵官鋮官罪嗔
揭体妝汤渡過父埃瑰㗂
幅姤貫乚蘋迹子乃祕吏
蕭得邏俸洞愧台拱術受
珠群絲牢乚乚塘罪低刺
没術庄嘛沛蹲賒調探湓
命澆踰乚滂齷吹傷茹㤇

1475 1465

身娥公月缶各衽沒庄扇
尼浪浪娥迸官耒寻之弟
術徽脆倍矜車湛沒拱妸
湛湛乇遣乇篤相跳噜要
鳥离怡金典本涗沒哨術
戈溇悼蓮寻皮沙賖妯畨

1470 1460

乇自卭迸各軭愧貼閼決
仃低仃迸官迸乙尼衝弄
殳賖紵親保侍自底役竈
涹購練父護女者吏湛準
遞埃麻竈迻預跳朱沛黄
魔侯吒船踖禩對吒謳泉
坦体漆祜竈蹎阻荞役及
得吒愁戈船稨術耗茹饒

娘浪役意乜停
昆嗔迦褪陸翁
吽朱恩美揆仝
1445 僑公別扚署娄
陸翁姗違丈欺
哥岑睞乍登壇
搗姗幅像撩迸
月娥嗄哨哭嘆
1455 罡哥未役濫斎
龍煄麻庄体煄

1440 群卢乢字恩情渚衛
濫斎罡詔論共雲仙
防娄亟準黃泉及饒
領朱銭泊給侯迻彭
月娥𠼷達礼傳產床
1450 咹齊瀾坦朱扒雲仙
冲茹朱典朗埕調佈
雲仙英唉澊鐄固咍
下宅鐄泊謝剻陸翁
乜停受溇騰紅無緣

義情碨奇堆邊
牢牢没托夜衡
僑公娘裣當户
1425 卞吀飢預帳前
庄戈罒役朝廷
娘浪群計之昆
傷吒歳索乜高
歳粃俸熾梗柚
1435 公浪之詑役跕
睛砱乜典夢进

1420 臭𨀈共主吏捎恩煄
衪命叛主衪弄事夫
䏧昆嘆咀介旬添煩
衪㕵教訓朱全身名
帇吒固洞押情之昆
1430 他偽拙分詄群管色
哝欺焙冷貝帇別浇
最祜最察埃侯朱吒
唉安𦙶衪麻戈渃得
可算織使台进送行

僑公郢令朝都
月娥冲胣如抱
失情簪奴変棋
招君初拱貢胡
杏元初拱庄安
台娘庄色沛趁
招君踊黿江河
杏元跡黿池灵
閔矜分泊畀些
情夫婦姜君臣

忠君兕敢吶哺調节
更遲庄昕仍惱式依
預幔補舍還賤魅户
為的延壽畫圖術番
為的蘆起仇前劉拱
又為蹟主又為討吒
傷弔茹漢娘它指生
傷的良玉論情道臣
愿共幅像捽它終身
情賒拱論姜貯拱鍼

牢朱⿰亻荒渃安民
諸官埃別謀神排⿰丬廾
太師產固仇⿰丬占
倍鐄⿰足免蹭奏戈凱鐄
課⿰石今賊侮𢧚亂
拱為貧色破殘中⿰礻乇
冈朱安賊烏戈
迻昆⿰女丐卒交和辰衝
月戕⿱罒开⿰犭丐僑公
蕆皮⿰台二糝⿰月馬紅當橕
娘⿱罒开國色傾城
夷添⿰台二字才情叱託
妸娘衜渃烏戈
主畨⿰忄業⿰月㐌乙⿱罒开罷兵
楚王⿰耳宜奏順情
珠批遣使⿰丬廾营東城
赦封僑老太鄉
役冲茹渃朕停邑的
月娥⿱罒开跭⿰年戈得
撰㝵⿰月尚⿰亻㐱⿰台二进貢胡

聂辦誓庄婆帆
身昆群等钟夹
僑公弄叱庄慍
固得郎奇嵬高
瑄电昆媽僑公
太師用禮物鄉
僑公坤押月減
太師弄庄穬推
侈欒賊侮行凶
打飢細綱銅開

淹銀邊伴橋籃違得
嗔徐幅像論代衣崔
昆皮侍節吒吹理弟
太師戢重沖朝赦封
歲皮台糝絲紅諸控
恩得媒妁結宮獨家
禮侵邊吏術茹太師
兇調怨恨算棋飢弄
烏戈國號兵戎曳乱
楚王判嗨兩班群臣

傷為缸糝嵗頭
傷為渚卬頭荣
傷為堆侶渚成
舡更庄吵絶珠
陽閒砱庄卬貯
僑公式曳跐岍
勸浪渚可鳩迯
彈琴埃妥找練
娘浪之掣浽傷
砱它鸞鳳禮排

得代如俸蚨蝣呂廊
渚濡事叢花残功名
毦香鉢渚埃行得數
栖裼幅像肆疠如寅
陰宮別固成身庄罪
聴昆嘆咀怊惲弄鑛
蹄皮耕托罪唐初砱
庄戈摜造運搓坤常
欺空撒挭秞唐庄台
裣傾襘隻分尼色甘

悉䁥儥卬昆低
仰嘆坦穦美高
陸翁自謝蹓蹎
1325 月娥渠病咀嘆
枚欺誓啐神唐
工夫徐待開數
別饒諸卬尒回
誓初鑒胣棋刷
1335 惜台叐等英才
傷為烟冊弄棋

1320 忘弄傷枚易悵卬弟
椥群槎詄理弟朱仃
僑公差几家臣逸鄉
缻更淚王村控肝鑛
渚愧段慘吏芷緐愁
1330 他空朱及貝頭辰崔
几群得詄美喂罪美
傷得君子別代弟沛
藝文業武弟埃敢皮
枉功弟体唶之罪嵬

傷昆分泊宗台
月娥之掣湲愁
劍痢勸講朱娘
得代如俸蚨蝣
拱渚同席同床
拱如剞数馭戈
娘浪署色重愿
公浪恩署義初
陸翁告謝嗔躡
語畀昆祂詄趁

愿初群姤昆扇於羗
陸翁体丕強㔙肝鐄
解杆煩惱斜芒祂愁
㬎群最詄工夫呂鄗
拱渚鍼字糟糠羗麻
扐弟麻塢楯花朱煩
油台價蹇拱禊緬緣
連宪錢泊謝遂朱得
碎羗敢熙賟得溫之
咍羗骨格群拱像尼

踈浪聀喈屯荣
别信自意忍矜
僑公冲肥愣惶
陸翁得呐共吒
𦨭嘆拙分踈桃
娘浪果實如𠝺
月減蹲預邊房
公浪弟拙情初
陸翁叐貝數禝
月娍𧙻𠵐分明

昆碎渠病𢬣唐補屁
發聀得呐肥尼忖控
阻飢述夷共浪月減
緣昆𠝺色溜花迭𦭷
漢江渚及鳥橋涑茉
嗔吒差几對得飢冲
栖揞幅像哭湄如渭
𢖖兒昆可究邊得禝
栖蹎楄鞠種卬昆命
陸翁欺意事情買咍

虎惛丕拱得些
雲仙英唉故知
栖捽港相阻斮
武公虎憓冲佘
綵鳶共媒瓊莊
次尼細次月娥
僑公迸戢太鄉
斮詞泣歇貯賒
邛信寫捷迦迸
僑公晦嚩雲仙

匆類禽獸丕麻恪之
溽鑛固別世尼庄罚
倍衛轍使尋戈東城
瓶尋梁病失情托宽
媄昆揀襉居喪冲茹
河溪府意遠吒學行
旨差斮郡東城禎民
晦嗏户陸殷勤尼尼
陸翁郛令細尼营前
陸翁忟典俸連哭嘆

哈罘學退唐宮
得矜苐沛菇秦
吶牢庄別虎諶
武公虎憘掣包
彩鳶冲帳跐斮
妾它庄論俞誓
惜台胣俛嚨匕
空應衣拱溫忓
直浪埃呂鳳先
瑪煄蔙鞊群鮮

猵的劉剌避共世民
不圍婀猵異人祕咻
得些鄖易罘禽獸牢
魅珍空攺理它朱戈
皿嘲棄拳新科買衚
呂皮使陰呂皮攏神
店秋除待俸唛闭遲
妥嗙俞吶庄為庄堅
防箕兜退貂婢嘹卯
弄帯麻荽嗙俞月花

共饒渚鄭贋論
沖代尒北故知
公浪老拱啐啿
崔匕勸渚咀嘆
細低衣於夷低
防欺亐曇飢斟
直浪槐日地硯
嫡仙畀直姊妯
庄哈得學册之
哈畀學退渚齊

得它曇托些群溢之
尒莊同道尒得同心
啐緣昆祉瑟琴拱揚
老它併卭浸塘吐哈
共昆嫣老森画室家
体王子直拱畀雲仙
荚俺初固警顏共饒
姊妯俺伴敢滗弃倿
吶斟仍啃異奇苦瞻
嫡臥子斜遂術桓公

雲仙欺意安弄
武公溫事詐貞
自尋墻砂害扎
尋乚粧點粉抹
侈澆子直皮衕
公浪諸呣添煩
傷扎分泊於笹
聢戈子直悌弄
嘆浪悌恕靈初
美牢妥負才芩

於尼庵寺伴共漢明
弋情戶陸勉情戶王
彩鳶漢許弄強添慍
防欺及拳蹲魅朱吹
飢茹戶武探皮雲仙
扎它臨病黃泉賒制
拱為月老縛綵緬紅
台行淚玉洞乚如滑
美它結美情渚匪情
榜鑽渚及瑁樸奄癎

鼃昆如旱鼃油
堆彙日月雯頭
有三失孝乜停
想崔株怞弄肝
明浪得於沖塵
湿离鑌別歲鑌
崔乚英諸倍術
包睬歇六災难
甘羅最及拱樸
椷虛固教於矣

命尼澑溇準弟別澆
奴弟鄧呂功溇生成
小童罢乜為命托宽
瘫疠胗曲如挖如擯
固欺富貴固客艰难
及杆焒趙年強添吹
於低娘媷算皮菓湯
宄饒些仕立唐功名
洞衣姜子拱荣受爸
奔墫牢鄧對移牢衝

英時術畧咏親
彭被細府烏寘
郎𦐂倚勞邂帛
碎卞湲陣叟欺
命溫命貂埃卢
案峕𡶇郎朔方
被埋吏及厨㞑
雲仙䏘吶惨傷
明䏘緣據感情
仙浪啣湲椿楦

群碎挫衿畧路蔀京
及昆官縣鄰生畀撞
及昆嫣卒乡荒庄為
扮払擲蔀撥彭叟蹤
捕栖受罪納朱縣堂
碎卞蹴獄尋唐術低
埋名隱跡闭遲婷娘
卞排曲突災肰分命
台竹淚㴱如舵湝傾
箴高索献賀煩勞刀

漢明跪跈褦連
尼台両泊衣停
櫵浪老本羝空
1145 恴弄庄泂賍埃
箕徽奴港通容
公侯富貴默埃
雲仙聙別得踔
老櫵阻吏林山
1155 仙浪色及會尼
明浪初篤甋詩

1140 恩翁救功雲仙伴夢
砕蓴報答拙情朱翁
没命通且徽松歆埋
祿棱桧桂歆埋拖弄
朘清霽沫伴共絥很
1150 稅樓帯別銭財芇咍
嗨嗏犺户防导埘恩
仙明台啊返還庵霽
攄牢王友於低滥之
及扒武庙拱彭受容

老樵倍仰袄箴
咺麻咹旺朱安
塊棱蚺細我𠀧
老樵[illegible]躂奔程
雲仙[illegible][illegible]故知
明浪敢晦仁兄
仙浪庄掣吶之
汵汀[illegible]溜[illegible]沬
明浪低苦晦[illegible]
樵浪庄可魁数

[illegible]飳冲禬晚[illegible]雲仙
老蚺餝孟舡仙術茹
埋[illegible]吏及吏茹漢明
漢明遶晦事情吏欺
倍[illegible]伴屡群疑浽命
摅牢[illegible]浽身形世尼
身尼弟固恪吱核澑
[illegible]低埋妬坤末[illegible]难
嗔飢厨仕論謗共饒
飢棱扽桧半侯[illegible]番

雲仙聴哨惆台
老樵聴呐回数
亟得冲雪朱炭
雲仙聴呐買詳
語醒量奇离苔
埋娄術細東城
老樵買呐崔乚
糙咍傷几討踖
仙浪冲胣怞悼
吏添瘘殇四肢

倍鑌強踐呈排署娄
鷄冲世事摽頭罝嘆
苦魅鈡帶埃慢祝傷
拱莊豪傑别唐討踖
救碎受課恩脊再生
坩恩救補篤行胣碎
溫恩麻吏醒回牢咍
尼崔底老找胗術茹
胗它粧餡空和味之
泂彭遠妬麻彭牢来

軛㝵悤餅渴涌
遊神祜体哀懷
買咍畀陸雲仙
塊塘叓埃放賒
遊神阻夬山中
老樵餂擒産床
細唐大蘆畀澄
咍畀夭怪邪奸
老樵連跳夬斯
之朋迸嗜晦唔

洳巴凡莢拖弄歆埋
察冲命駒固排符仙
共饒抛找調連究斷
細尼大蘆夫它興東
雲仙群唉戢儂迷瘗
最埋摽鉢毖鼻戈棱
侈瞋固嗜冲棱咀嘆
撚核夏老夕唐害人
寔畀叓駒文人模難
固牢模祂災難世尼

掑弄篤論討蹎
𠬠番𠁀飭舒㝵庄消
咯聀咏㗂𠄩邊
𢬣捨塘最𥒥𨗆砬𥕄
雲仙欺意駭雄
扐𠁀買別武公害命
𠰘唭昆造訴貞
字緣倒啅字情瀾滈
嚙命災難掣包
買迸塊渡吏𠀎冲塘
緶愁埃窖絍㐌
另尼𦀊䊸模唐纆侶
冲塘婁窖瓊疊
泂𠁀朱塊埃拟𢪏垑
寃家咹畧窖掑
喂崔𨉟体群之麻筭
色仃賒𡎟人問
預命𠀎準石盤艄姑
店冬𦬑𩆍退嚧
霜沙落〻坦〻滑爐冷瀧

碎𥊚得吶會尼
浪王子直杜扇首科
些油閭結𡢐家
户王户武𠬛茹買樘
公浪泂𠬠役命
沛筭𠬛斫找情朱衝
𥊚浪沖𡶀啓松
固𡎝溇瀋箾逢坤𧊉
東城舒埃群賖
兜払補姑埃麻别濼
侈皮䏶色跱頭
雲仙魁𡳪跖橋咀嘆
武公𧊉姑呐払
𠦳船朱祕迻迎東城
𧊉趍皮六三更
找飢𡎝最補仃雲仙
補耒踈匕跐連
𠦳撥搠桂移船浩賖
仙浪各註迻些
嗔迻朱細圭跖仕咍

初群傷几模難
没刷喧執膠胐
武公坤吻弄煩
吠仙卧唉魋低
公浪媒唉瓊莊
黙悲算料溢牢
鳶浪蹭龝如嵛
埃朱蓮誚叏盆
他空律髎叏皮
篤弄徐待名儒

況硶埃妥涓唐義仁
渙翁自者躡顛䢳船
恩情世利固全丕嗃
朱些阻吏娄尼料算
㖀弄愛女彩鸞体弟
本空押媥理弟押昆
初硶埃妥兜塼鬭塩
埃曾樜楔遡共榴梨
妥兜佘王預䜣𠑕夫
埍𠒥固埍雕戝体尼

佘埃於叩好心
佘埃咍扐事代
乜呭次鬚達頭
1005 雲仙嗔乜歇厲
找仙飢暑前堂
庄弋怍世河唭
漁翁乜固功逡
漁浪弄老庄潺
1015 忟初冲尚蘆山
典婁亭長渡船

1000 喂容篼徽渭淫袄饑
忟尼艷苦淯尼郎翁
啼冲事世添慪朱代
漁翁庄乜潜為逡鄉
武公祜体弄乾虎卧
1010 没喇嗆粘嗍得㝵初
㝵婁些仕卢怇坩恩
嗔軀仁義咍欣泊鐄
固翁漁文逡払伍員
呱卧項刎弋污烏江

船樓叟隻於代
雲仙㤐細翰江
渙浪些於同鄰
仙浪初包呵刷
獨煄畀道糟辣
霖辨詞論恩情
拙咖救死恩溇
渙浪夕道壻昆
怵懋麻痗翅鵮
啖欺踸跐細䏧

沁湄扯霽犻為翰江
武公得於䝼塘低庄
塊巴曲泳良路細尼
獳家包安过移庄傷
之朋細拓尋方畋命
及杆患難埃行補饒
嗔遂細妬畧娄朱踚
恪弔紨織麻逾肫金
𠇗偽景遅坤尋核初
渚信淹首渡初麻咻

澳翁欺意晦唔
漁浪舟扵共些
仙浪翁袍之餧
埋麻濡溇細低
漁浪弄老庄嘛
渃冲沼胖瀝瀾
剔滩埋泳惱丕
叓命通且溫咹
僥傲矝渡埋潭
經綸匜產冲廼

雲仙排熷每唐斯賒
散埋歡唿貝耗朱惱
身尼恪体粿味連核
空之叛答命尼绪乚
篤夕仁義蔀除堌恩
叓句名利庄瀑弄低
寻龚興虀店尼制膢
跬找紂掛瘦扰鈎滛
叓瓢夷坦惱湛埃咍
迦鼎迋世惱醝冲毎

955 945

語雲悔放雲冲鄭鄭店泠
畀仙晁埋仙船歆歆序汀
命皮画夫命埃假欺洛船
沛焙焐色畝庄哨意禮鈡
港蹎旻烱鈡咀叫蚪如渡
潘栖捺寻润蚪夫栖詞東

950 940

咍僅翁翁蛟調朱雲逊積
澂僎爐紂龍傷得仙阜嘆
群瑰肆祜拟户式被牢旻
喉魄胞体拖陸曳駒沐忘
邛如妃撼飢㤞袍搵蟣孤
魁醮爐蹢冲悼莿蹢痲蓬
陽買栢迸堁冲配竈霜僅
洞来眉坡嗣弄波潙戀僕

童浪佪細尋祟
得浪叓騀晁縣
頭栖栭鯆卒台
小童庄吸嗨嘶
得乚祜体傷喂
小童於狆棱荒
没命扵坦大堤
篤弄呂妟袄餌
次尼細次雲仙
冲巾湙淣渚滇

庄咍得埊穴尼畀埃
扵咣空別落淶細伭
芀之鋮浽湝尼可傷
艄陵邉媽哭嘆没回
叫饒扒鑭調躍舯塘
芟業侍媽悪筭論皮
鬓移勸教最衛嗯吪
駐麻論義托賫名賢
䡣更魁預艭船咀嘆
感傷分佪模難欺空

尾耒淚泒涌匕
山君蹄夷没邊
小童式拽㦄㤵
姅惘姅夷忤台
𥝢夷放塊賈軒
嗨騃妃館狆唐
舘浪崔乜卌魔
小童䀙吶驚瑰
𥝢捽渃相凌匕
小童倍屇跐飤

店彦魁預檜松肵消
哏綆搗緈擯迸卌塘
祐戈踊坦爍匕賈㕣
趨卌準首尋栄雲仙
儿奔得半罥番润洞
餶戈固体得衷庢畀
欺埋廊坫得它趨壿
嗨浪別㘸弟壿指澄
修聙哨吶頭棱滂滈
坫廊賈嗨倘弟細低

雲仙魕仍待韙
雲仙嘆哭我陵
闭娄坦客流汾
矜它台我分饒
歆浪英渚愧情
雲仙之掣溪淶
小童被絺坤衕
分俞群炕之慢
掣包仍湲迭悚
雲仙魄固灵剔

鄭歆衕呐小童級咹
固凴地陷天崩声灵
没祟浸佪路程餕饒
群埃攏畧拖娄朱躺
碎嗔遂細東城良崔
帆它遠霄倘吹没皮
叫𠹚庄透罚皮棱荒
感傷户陸溡鑽包偽
渡江弟別湑坡弟咍
宄碎遠唄拖栖顛共

没碎術罯咏親
當欺患難及饒
自低朱細東城
路回細準江冲
仙浪情罯義婁
歆浪英轄魋低
飤棱劍策外科
小童倍鉏妣彭
鄭散冲胣釣刀
罯朱徐級唆屑

台得阻役群客彭婁
得芩妟補得劢牢行
冲命固病步行牢衝
尋船出仕搭從貝饒
固傷隤可執饒崙尼
小童卧細罯尼共出
防欺滝渡風波不期
泂朱鄧役管之労刀
杯卧童子紒飤檜核
窖仙衣用謀尼買衝

製包咹雪鄉霜
油朱才智比帀
佨偽遲客他鄉
仙浪趁色僅僎
童浪拙姓塊棱
徽西皮屈桶夫
徒詩叓婁皮術
英術矜色紅辨
仙浪碎本庄埋
歆浪子直杜高

幔夫照坦塘長労刀
及杆危變別牢朱常
人情帀別埃傷麻咖
尋尼核檜蓓坡扐蹎
尋尼舘舍仕停扐与
佪祟擬扎細尼大提
鄭歆祐僨夷祺嗨嘶
攄牢迯病辟鄉準尼
庄咍諸友科尼体帀
碎共英儉調飢拳人

帛浪群洎冲袍
童浪碎唉於低
趙帛別庄群之
於低廊坫苦弄
童浪冲襬永輝
仍卢趨渚介寐
傷台錢诶病群
崔匕咺強塊低
雲仙之掣溇愁
當欺涓霸竜從

辰卬急祂麻捽朱棨
病箕油可觪尼半彭
鉤扇劉啅逖彭塊妄
哝欺涓暖埃防拖枝
罢信鋮縸還聇鋮啉
命蝸枯押雕蠶婞燉
佗僞坦客咐唄体尼
鄧碎勸教餒尋共饒
小童擲扎戈橋葬奔
得盆吏及景盆可傷

柴連拮嚐噭逬
請翁大聖斉天
請翁元帥征西
請翁佛祖阿彌
夷逬公主五龍
請冲千將千兵
請冲泣歇鬼神
朱卧匹道符夫
小童俺仍遶廁
飯茹䟽唄柴帛

逬翁盤古坐前証明
共把武后調連細低
共妃嫖母森囬叐欺
十方諸佛扶持執功
平蠻五虎會同安營
共罪三府洞庭鯠鱗
共調筇準凡塵楹制
旺飯跬孟如廁庄差
領符阻夷筭排菓湯
法符乜趧柴筭方弟

童浪碎庄匆都
閑娄祟佪餒饒
渚專病意卬安
法浪衛祕捽低
童浪碎也户賒
嗔祟咺飭絮煩
法浪固苦之牢
童浪碎本倘兮
法浪些別經權
小童聵律飢聰

歡祟斷飭渚户苦鸁
泊停缶尹防娄彭塘
耒碎仕祕鬼迎朱些
朱祟算料立排壇斷
極為得病於若庄安
斷功符呪渚專格弟
臥輒些渚耒捽符衛
病之麻遣絮皮渚專
病南渚北麻痤買才
弄惻倍龃輒聰渚專

帶東奔半澇濱
童趁叐貝細茹
童浪聵哨柒低
法浪印色高栖
戈淹鮓体押鰢
765 法咍啍霽呌滑
法咍唍念叐句
法咍洒荳成兵
775 法咍蹈火赴炭
可捽巴月泊迦

760 得些指飢茹扵庄賒
道士祐体弄麻棚台
除魔掩鬼法柒吒咍
夷添符呪初硶埃皮
飢棱彶体沛跳褳遑
770 差駐遣猿迸駒勿樓
扨收兩物飢瓢壺灵
紑形以將破城闗王
魁鈕蹲擻閙唐天究
鄭柒纖使立壇諸朱

求財卦意賒噅
拎錢招[illegible]祜戈
莊成[illegible]卦六衝
化[illegible]溫卦遊魂
擄冲卦意麻盤
吹鋮發病声灵
閩朱病意卭痊
童浪法於澂低
法咍嗜[illegible]吨賒
小童買趨奔乙

咧卧害呐仍廁哂些
𠬝交[illegible]索吏亞爻重
体文父母刻共子孫
吏添世動刻屯細官
歳尼買[illegible]毋喪冲命
為徵麻鬼路程叱天
沛尋荣法諸專潙尋
則浪拱於準尼跳[illegible]
[illegible]罪道士於茶香村
呣嚓道士香村準帝

温潤周易尒舞
黄金野鶴册高
千支調於冲[illegible]
達錢貿没罪迸
槃卞噭卦神灵
應飢蠻則鞊箸
童浪得於東方
見茹户陸罪払
則浪丁卯韓矜
命金夷於宫乾

欵迸罪卦毗彖餘文
六壬六甲垃弟庄哈
色通关坦夷哈役得
桐樓磯[illegible]朱鮮買誠
祜粘崴仪路程縵之
邛槃招卦叉欺買詳
因彭奔牟神唐庄安
崴皮台簪群唐疎秀
賢之甲子喝舃庄安
崴尼罪崴舃郎冲代

庄戈滥福朱払
小童仍語寔才
迸寻庄扒拙吊
董浪飢姤柒魂
島浪鄉体欺店
鬼神得扵蓮高
小童卧可戈橋
小童瞻呐趂連
則浪些則牢囘
些低吊沛藿柒

弟埃喙局像唐之埃
倍鑛撝袷庄宗連捽
強劳冲肥如疱如瘐
病時庄戚麻像泊添
先師覓保叟恬占包
哝欺唐詫理弟别兇
違翁柒則扵頭西圍
違翁柒則達錢麻魂
則咍色嗅得魂色荅
噃噅噃吻呐呖空任

脈良讀賦蘆山
六君四物湯名
夷通八陣新方
童浪棠定固才
帛浪六部調衰
攄沖經絡麻通
三蕉積熱色娄
黄蓮黄栢黄苓
外良朱點萬靈
可悴缸両銄湧

達粞飢病別唐死生
十全八味產停内傷
臨社外感頭湯五祟
頃飢魂脈論排茱之
部開邉左脈彭浮洪
命門相火色衝逬頭
涸朱降火沛投滋陰
加飢朱倍熱心買平
沖良朱旺凡睛買衝
補添味茱底防頭湯

帛浪唉暫扐安
及些病意乙夸
童浪銭鉑庄彭
埋麻病意叩安
帛浪些於準尼
冊之拱挻冲茹
罨袩醫學夕頭
錦冲銀海精微
踘冲集驗良方
味之產達君臣

爛尋魂脈頭湯買停
鉑銭冲祿產行包饒
蹟棠扐量鄧調菄湯
鉑群瓶兩拌邈朱棠
些代綯業溫棠皮些
內經龟產外科添年
婁魂壽世次求東醫
共罗綱目劍之青囊
共罗御算硬唐回春
東衣炮製逬分燈焳

荣牢庄叻杅愁
哝欺茈病姅澄
仙浪枯椁莽肝
爨霞群体之觉
固身沛苦贝身
童浪夫坦固咍
殳命袿署祜娄
本空廓坫之低
放埋及客戈塘
扰饒欺意晦叻

命彭色窦涌珠添潤
冲徽苦料钟棱坤算
喂崔晁相色茈祕愁
蹟彭色海命疠如寅
身喂身别余吝庄埋
珊彭渚邛余寻吏疠
清匕坡培油匕鞊核
嗔吝細署寻荣菄湯
得傷指保飤廓同文
及荣滥菄粘畀趙帛

引身飢準安詞
呐耒踊果姗彭
菴澄掞前倘衡
鍼虛拙分之濘
苾句不孝色停
仍抹叉恣弄崙
弟咍湝沚芘澑
叉命僎僅唐霄
典砯臨事買詳
小童覽丕踈戈

脫安名利另唐是泳
雲仙祐体強疑冲弄
怜隊杆吏惱儂隊杆
步功養育畑恩生成
犄命麻慒朱命少昆
仍啉呂妥湝徽朱耒
弟咍分泊如灰体尼
恪弟隻爲落排叫霜
賢之柴吠科場群縣
錦伭朱細圭茹群數

修覍伴索放卅
歆浪英渚憂煩
儥饒苦溪執饒
雲仙拮挭迸唐
趍皮及埃賒匕
館浪傷等英雄
庄埋麻及艱乇
仙浪踏隊恩朱
館浪些拱揶傾
徽樸满碧搕画

直共歆儉佔麻邊仙
科尼庄及些顧科婁
殳彙胥泊油匕可傷
鄭歆所夷佮行淚沙
俸覍翁館奔波遠共
邊匹凡菓底防護身
當欺過斛東神拱恢
冲弄情匕唉快賒賍
儥丕解買避壓細低
没歉白蒴浸梎金剛

入塲發夷及喪
役冲矣坦别之
㐌行渃相涌涌
翹帆包管𩄲漂
傷台㐌字劬劳
舘浪矣坦声灵
埃匕祜僥拱傷
油朱灼鬼謀神
要離初窖達𢪀
唐趍𠬠𦚠庄䝯

僅僎几於吕廊得趍
牢移物對群之麻篭
想包饒夷疠弄洞饒
𢆥重徽渃捻朝𦝄疠
𠀧𨐮乳哺别包饒情
霄渭兜發撥梗天香
吕皮報孝吕皮立身
仉塵埃拱凢塵如埃
字才夷貝字災没韻
欺戈欺夷尒吝衝波

英俺埃乃調傷
仍林功遂名成
助飢冲館安尼
小童咀嘪嘆騩
直浪色典對尼
最歆湯菓養安
悲睬急違署埋
綀蕭帽泊祆禯
仙浪墣北昆南
冲命空翅空函

夫喂牢安負唐功名
弟咍慈母幽寘最移
佪柴嘆咀料俞遠來
夫牢夫妥負才得趙
小童倍唉歹忖諸煩
除莖為餡斟塲仕咍
擮圖成服內尋朱衝
據遠冲禮文公麻歹
喏徽倍巳色甘弃侵
祂之踋埃祂之措唐

功名富貴呰之
棱儒渡聖濵濛
舘浪泒別意低
儉歆畀都芻都
科尼仙乙頭功
莽群盘泊是非
几函得陰質唐
雲仙皮跳頭斷
開封祐罕事机
舡行港相涚沙

牢朋通且殳欺愠弄
易埃洛湧朱窮丕為
莿箕㐂洴醞尼賞朱
僨仙荒意潹怗沖弄
歆油固杜拱空斷之
侈䏠藙點殳欺入場
湧濎屡罡扎揶團𠀋
俸澋侈及信茹改書
命沙𨌫坦迭徐魂花
夫南坦北柮悼斷膓

嚴麦乇尒都摠
陳團弟固怙慪
得砛固恄初弟
散浪老館吶咽
禬蒹遠分衿蒹
錧浪及六涓灞
浩冲鄭湃青台
柱台彈掀聰蝼
仙浪翁舘渚哄
共饒結伴同心

耭胥鉤月祛襪袄裘
胥朘受襊公侯占包
閟蚪埃禁閟飢埃垠
油朱踈役拱倘半飷
固滉於湿麻跕逬高
螠輣泜汫覓包饒夫
祜舡昆相鄉焊如珠
浩滈頭趡鸂政喔哄
低它㤈夷黠得竹林
欺樓欺䣼欺琴欺詩

傷的元諒槐乚
傷翁翰愈庄理
傷排廉洛色卌
袛戈經央佘吝
直浪厨袛佛鑛
傷民牢庄出身
舘浪尭舜課初
夷齊庄肯執周
翁伊翁傳揞才
太公初没㭘鈎

呂皮執浩夷躍衛耭
嚴鼓刷表最菩彭縣
被刷嘔逬衛跆敎民
姅分夷恄牂分夷傷
埃咍沖舘隱藏經綸
及欺爆夏算分以滑
苦垠巢父坤塤許由
没余没尚埃侯之埃
几耭得耦祝依之澂
歆理滝渭點油慍制

仙浪冲濁渚詳
館浪怙役尋拋
怙茂槃紂多洋
485 怙茂幽厲多端
怙茂五霸紛紜
怙茂叔季分崩
傷畀傷德聖人
傷柴顏子拱揚
495 傷翁諸葛才劣
傷柴董子离賒

480 庄哈傷怙怙傷理弟
怙姿怙登怙飢細心
底民典溪沙埝拙墒
底民俺嫋林炭閒分
遺皮對訴夕民辱因
490 齦投最打陵咒絣民
欺尼宋衛六陳六匡
眨逝沒歲措塘功名
及期漢末邑仃配波
志它固志鬼麻空鬼

衣欺待客𩈘郎
吞盤茶𩇢色衛
儉歆群咲僅僥
儉歆祐儻𩈘篭
庄咍翁館𠹚之
仙浪翁館𠹚埃
𠹚卧孫價空爐
直浪𠛌吶有緣
館浪經央色曾
晦艮些沛吶𣘃

待得文物待莊英雄
罘得𩲡吏没涌𠀧書
發書仙直没悇調衛
𨇜疑仙直曰從古詩
撫𢭲𠸍照没欺𠹚𥄭
館浪𠹚几不才圖書
畧它儻摜空撫盤消
勢冲經史固全共庄
䰟耒吏遣弄恆怞悼
爲徵咍㤞拱畀咍傷

征征被熾栭夫
侈兇及件故知
没得於郡潘章
445 没得於府陽春
缶得吏及缶得
倹浪聝哨要仙
歆浪渚别湿离
卞叫翁舘吲浪
455 舘浪舩鄭哝兮
箕畀菓弊押楛

440 缶得尋舘拷弓待期
調排貉户没欺卬詳
貉歆户鄭尋常藝文
户裴貉倹索澄堆逝
調飢没舘愠哄仰迎
450 矜它及栭匯顧約泑
勿書買熷比市才能
可箅臧使徒咹朱皮
鮎鱗鰭鳳本皮少凴
尼碼節黜奴瓢葯香

彩鳶倍鉏廾彭
賖乚皮叏埃塘
䠶戈水秀山奇
得台吏及景台
共饒爲拙情懷
功名埃庄約麻
共饒盘洎斯賖
直浪蝇鉨域溇
仙浪鴻鵠調飍
莽群盘洎共饒

雲仙桔梗叏欺就場
及王子直画團調彭
匪情鲋跡及期蝇飍
恪弟仙子制剔蓮菜
䡊叵磯醽没爲句書
叵層裥武叏賖跡戈
字才字命初和桔饒
點油演湃點油制霄
咬欺海翅落排衕娄
龞澄京地色侯細尼

踈浪君子赴功
忘弄傷驗妝胥
尋矜聖主治茂
菅包拙分騰紅
松油邛字顯揚
嗔行貧箬補登
仙浪如炤買燃
埋緣呀女畀捕
鵉浪央馬經綸
聶觧弄咺貞忠

嗔傷葡梛字從痔踈
塘賒舒埃嗔逸受刷
愿朱灵凰及尼梧桐
脑除坤掣尋[illegible]苦量
妾嗔台字糟糠朱朋
制黎捐榴制腠捎烟
易冲受炷麻檀尒炉
渚疑昊起唉卢買臣
固句正節固韻鏊容
另房雅子値房王儀

寔莊樑棟色停
直浪仙本高才
情祺麻及饒低
硶它結義弟兄
修覺腠色蹲頭
武公阻夷後堂
尋埋皮烟徵夫
唫畀視美送情
俸腠皮路梗柚
蚺趍皮六平明

可別訟戶才岑吧訟
敢覺鸝鵠遊翩叉排
直肅顛讓仙尼仌英
眞術埋仕上程共饒
雲仙飢準書樓持安
店曷吠保彩鸞每剎
小見粧默蚺尼梨庭
防婁朱塊不平共饒
雲仙飢謝繐數出行
彩鸞蹲畧花庭欽容

所低固没户王
吒它差祕戈跶
濕离离濕別才
365 發覺子直細侯
公浪尼咟訖昆
洄朱直跓共仙
雙匕訖駉交祺
朱咍期夾及期
375 公浪丹桂訖梗
喈鐘庄打牢呭

360 粭罪子直文章律岱
朱昆共駉試制噅排
丕婁竹件共梅買牟
武公產特殳瓢醽唁
書咍夕鄧醽唁賞連
320 祕句莽水有緣夕題
陸王訖户都藝殳期
白㕣鉤易釦之如衡
榜鐄篠泊色停名梯
荒畑鄧許署撩罷命

郡城社景魂得
翰江發色細尼
武公祐幅心書
祐戈相貌雲仙
肩蟳相鳳啾崙
仍哝几晋得秦
䏧它㦁㤥和㕣
公浪㥊義塀郎
雲浪咖量岳爺
公浪昆篤䨚詩

景樸如欹得鮮如抹
雲仙卌相受回呈書
㥊緣琴瑟繒絲卬連
可唎户陸福貫生昆
逬分骨格頒論逬分
吊咍字偶鄧斯字佳
箕妯南諫奴貅東床
洞怙役諾沛算役狛
大科油鄧小科怙吃
牢空結件麻彭就場

朱遶癸駉小童
習它定字良緣
昆得畀武粉鸞
字浪胡越一家
理油跳鄧湯胥
雙親吠保皮衝
斟彭浩淡氷澄
賖祜湊椰塘槐
吏祜滸奴徽尼
式奐錦踐别包

曰書受幅咧共雲仙
共官休致於汚翰江
崴皮台罷容顏漫麻
覘彭細姤撈斛書尼
軒蹟色産受續縧紅
雲仙共妸小童移蹟
艙南蒯色遂春戈夏
信螉偽僅哨蟜柒粉
洪滈涛演徽園碜离
連梗鮎吶軏泑鯽唭

忟句朋友之交
鋮棱𠁀易叐樓
箕尼字庙拱斯
共鐃排户駱未
漢明趁署就場
惆浪矜僥昆些
洞数烟册加功
雲仙達蹌踈浪
敢頭爻毋安心
雙親僥吶添慍

準尼色及理弟乡恄
洞朱固姤共低連韻
堆些飢姤拧頭叐回
台払自謝調躅𣘃唐
雲仙群咲回鄉喍詀
吒糙仍想僕糙仍瞾
昆㐌鋮字桑蓬共庄
庄欣得古拱朋得今
鄭昆呂㖼青衾朱未
吏怙黴渃賒吹𧊉重

阻飢卞祕筆硯
漏匕没忘悪誠
莫浪舒渓山川
嚩娘娄唉群数
雲仙自備月娥
賖祐栖鼻顛痴
枝句萍水相逢
庄咍名姓畀之
答浪些拱筞詩
雲仙別理正邪

達槃香案祝愿神灵
啟卌没幅像形雲仙
字恩底胣字縁渠愁
嚩払頑継次頭劉卌
艸唐吏及得蜱京圻
形离倍倍異奇吒凶
英雄吏及英雄没欺
没命挹籥麻彭傳吃
漢明姓字鄔眉圭茹
係畀異相乙畀才高

勞刀分祂之瀼
奴吊呂鄧功恩朱払
僑公𥉰呐連傷
吪浪狠唉暫安命鐄
欺吊吒伶役官
曰書戈姤迸払迎低
𢈱𡨹庄急時遲
吒顧呂鄧恩尼時崔
後堂昆可暫蹓
㐌𢖵胣祂朱慍弄耗
西樓𦔳點郎𠀧
月娥𨼸仍㤕𢥈分命
移蹎𧉊準花庭
祜𦙫耒吏𠰉情故人
嘆浪流水高山
寻吊𥉰鄧哨蹕知音
字情強想強深
悶波苦漭悶淫苦派
爲爲坦𧁷夫駴
唉埃妾底朱埃扨煩

碨砣𠁀字鴛鴦
𢆧共月老唉翁
有情之閉牛郎
崔匕婏唉金蓮
䟢戈𨁪傀塘羝
𢆧夫朱鄧𣃣論
發𣾼色細府堂
呣浪𦓡祂隨兒
月娥踈役前程
月娥𦝄唉愧匕

縯愁埃宮問王卧弄
聶辭朱論字從買安
忘弄織女為扒麻迎
把車朱姉戈沔河溪
𨉞呌猿啍罰皮湝徹
聶辭朱撥弄崳唄扒
僑公祜儻弄強生疑
掾牢鋮溇昆趍𠬠𠆳
僑公想溇事惰庄慍
扐隊杆夷㳕洡隊杆

書耒尼妾頭𨁾
雲仙祐覔吮嗷
色毛麻叓添台
固句愈出愈奇
如丕埃忍收埃
祐衣别意斯賖
固句觸景興懐
埃飞拱於冲美
雲仙自著返回
抟命麻嗙朱命

語䶵量䵥文人体节
埃咦飭嫣才高北尼
庄番謝女拱齊西施
朱哈才嫣釗之才腂
雲仙和吏叉排捞蚶
梅和韻鳥鳥和韻梅
唐賖嗇嗇淡騀爲乙
及僥俐色浒俐時崔
月娥嘆咀情喂罙情
字恩渚呂字情吏紅

雲仙苦湲𠃣声
字恩色紗字情縺綆
別浪姤窖嘹低
恩箕畀余貼尼吒郎
及饒當六𢀭唐
没刷拱沛𢆥鐄拱派
恏句重義輕財
芾埃𪜀𧘇貼埃𠃣𠯪
踈浪拙分女兒
本渚别理固欺覓弄
埃哽仍栖英雄
傹簪崔夫𢟘共樓簪
𧵑嘆簪唉畀簪
色無緣閉埃拎麻嘛
拸簪払色𠃣𦖻
妾嗔迻𠬠排書渚自
雲仙昕夫浪唹
𠃣書朱急除除渚娄
月娥應𠹸浪倿
冧𣩂連冩糝句𣧵韻

姤它别字始終
月娥别意庄𢒼
踈浪賤妾𢒼唐
侈𦕃刷呐清轁
東城本寔圭㞷
月娥本蹲婢娟
踈浪砛及知音
雲仙聦稲庄褪
物之叏拙哙畀
貼尼油貼沕潙

呂畀低沛遶共夕之
嗨戈粘户叏欺朱詳
庄咍君子圭鄉尼芇
雲仙𧊒妥弄芇配波
户畀陸氏粘畀雲仙
聰𦕃刷呐栖連捽簪
嗔㪇没物底扲夕信
月娥𦕈儬強辰湟那
妾分渚弋払它夕𦗛
弄吱拱沛稲𦗛牢停

从昆弟敢改吒
庄戈罪事不成
臨危不及解危
罯車君子暫魁
河溪戈妬拱財
及低當六钟唐
想句觳德酬功
雲仙聙呐晚哄
矜它熷卬檩杆
固句見義不為

峦油㪍淡塘賒拱停
咍玉拱庄上程乡之
惜㕰辩拱補趍叉回
咋朱賊妾褷耒仕分
嗔遶共妾坩恩朱払
貼銭庄固泊鐄拱空
䙊之朱匪忘弄共的
从恩齣易齷得吕恩
弟埃併寔匆欣从吃
从得僥意拱非英雄

踈浪碎寔得蹎
沖車貿挾苦哺
雲仙瞔吶動悪
寬寬𠸗姑渚𣛠
小妲昆姄𡶀埃
庄咍㤕户罗之
罨娄渚罕脆尼
踈浪碎僑月娥
圭茹於郿西川
差軍兇幅書術

沙機鋮買咻犧凶徒
蹭頭㝡迡救姑碎共
答浪些包除湧娄罗
娘罗分姄些罗分䝨
𠸗澆鋮淩芒災不期
閨門分姄役之細低
台娘埃佃埃𦬑吶𣛠
尼昆娘婢㤕罗金蓮
吒滥知府𣛠沔河溪
違碎戈姑定皮宜家

民浪屡奴群低
哝欺畫虎不成
雲仙躊夷边塘
叫浪咟党凶徒
風莱楠𧾷烀烀
署棋役與在鄙
雲仙左突右衡
娄羅罢費琶散
風萊庄及阻𤝞
撲耒僂蜆鍩螉

戈祐相倍踈痨乜停
欺空命夷墫命冧𡎝
撇樓濫棍社廊衝無
渚消濫退戊胡窖民
倘芇夷敢礼凌飢低
傳軍罢費俯画箭蓬
恪芇趙子搗安當楊
調挠𠡚教社唐趍蹎
被仙没棍扒蜀命亡
呣埃嘆哭於冲車尼

民聉啫吶寛台
因刷固党娄羅
塔饒於準山臺
悲徐泝刼村鄉
坫廊庄敢吶之
昆埃冊玉命鐄
哝欺纀党行凶
雀乙庄敢吶娄
雲仙湥悼雷霳
碎嗔𡶀飭英亳

𠮩饒蹲夷嗚刷分戈
𥸷罕杜預號罕風萊
得調怍奴固才坤當
僥昆媽卒戈塘坏𢧚
感傷𠇍妸女見纀難
𦟐桃毦栁容顏泠弄
柱莊嫩女𨁪共匹夫
趍𢀭朱塊料毆細命
呣𥊚屡奴群停尼芇
救得朱塊労刀唄尼

嘆浪天各一方
嘗包身袛氾油
包睐魚水及緣
計自昔埃貫矜
祱禗風景添傷
之朋飤準鄰家
役之啰哭熷烀
仙浪咟註缸昆
民浪小子畀埃
仙浪據事溫窂

柴扨段慘個紅緐愁
扡襶子路掛瓢顏淵
煳名昆討匪願碎跢
痗迷併㐌分寻衝霜
汜溈埃蘡壞塘群睐
署畀尋伴娄畀扚顛
調鬼饒趨飤棱蓮衛
役之鋮没踦乜趨㤇
咍畀没屢山臺遠蚤
唉停蹟吏麻捽没刷

因機自事分浪
雖罪熘泣尼尼
娄昆拱訢理尼
数昆㕣字科期
嬿為馭唉群賒
包睮朱細北方
娄油鄭字顕崇
冲機否極泰來
雲仙倍鼪謝恩
蚒杉坡㜳蹎夷

役得庄恪役腹連夫
欺麻欺許欺為欺苔
呂罪署沛晦崇溫之
魁星乜炯紫徽添爆
徺皮路倴鵲它呞散
及狨蚒塘昆買鋮名
佘剞柴吠前程庄差
侍命朱援役埃渚瀥
㬎觵眞晅膠朏如剞
愧愧袆吏怓尼學塲

咍畀縜絣役茹
閑數螺飭攻書
鋮虛庄別溫牢
鄧朱熷潑事情
尊師坙唉咀嘆
晦浪萬里長途
咍畀昆唉胡疑
雲仙達蹭踈戈
椿楦葳鶴色高
尊師聍吶漆傷

咍畀德泊咍畀才踈
會卮庄及群除會芇
之朋噲吏理芇朱明
旿娄斱淡登程買安
祚跗暑寨僨払阻無
牢渚拮換阺無役吱
祟盤没役科期群車
小生渚罕役茹羌包
貢祟棣許音耗朱詳
找犺螺準前堂袩腠

吟它及會龍雲
志林𡥦鳫邊霄
盜縣冲𡌅得𡚻
尊師盤役災難
攢美庄敢吶𨁈
娄油熷𣳆濁冲
勬昆𥟿準風壓
庄埋麻及六饒
尊師飢準後堂
庄咍𨉞摸役之

埃埃麻庄立身貝尼
名碎鄧鄉𠰘𦴭吨𢢲
罟怏毅補娄畀顕荣
錦冲数系科場群賒
吹柴傷佪𢗰悼冲𢖵
沛筭没法衣防護身
柴朱𠚢道符神𠃩遠
𥟿滝拱僥進岩拱安
雲僊𠊝僅𢖵乾生疑
尊師得吠科期群賒

陸雲僊歌演
畧畑祐傳西銘
唉埃唛咯麻瞚
縣時忠孝温頭
固得於郎東城
達貉羅陸雲僊
遶柒㝵央炊經
文乜起鳥騰蛟
修瞚攜會科詩
閉數𦋦聖預祺

吟哄台字人情要離
侍嗟役畧芩咦身𥿗
媽時節行羅句捭𨉓
修仁積德㪯生昆賢
蕆放台檯藝專學行
腨睭包管𡏧程勞刀
武淥三畧六韜埃皮
雲僊飢謝尊飾瞋術
乇鮮氣象夷吹精神

陸雲僊歌演

www.ingramcontent.com/pod-product-compliance
Lightning Source LLC
Chambersburg PA
CBHW051821230426
43671CB00008B/794

* 9 7 8 2 0 1 2 5 8 4 2 7 3 *